世界は見ている、ここが日本の弱点

中川浩一
元外務省交渉官
日本国際問題研究所客員研究員

JN085459

育鵬社

はじめに

世界は「戦争」の時代に突入した。

2022年2月、ロシアによるウクライナ侵攻は、「法の支配」という戦後の国際秩序を根底からくつがえし、2023年10月、ハマスによるイスラエル攻撃は、イスラエル軍のハマスへの殲滅《せんめつ》作戦という「力」と「力」の戦いに発展し、世界を震撼させた。

そして2024年4月、中東史上初めてイランがイスラエルを直接、攻撃し、第五次中東戦争勃発の可能性が高まっている。

ウクライナでも、パレスチナ自治区ガザでも、戦争によってすでに夥《おびただ》しい人の血が流れた。同時に、人命や人間の尊厳を守るという崇高な理想を掲げる国際社会や国連が、それらを〝守ることができない〟という現実が明らかになった。

1989年、東西冷戦が終了し、1991年の湾岸戦争の勝利で始まった「アメリカ一強」時代。しかしアメリカは、2001年のアメリカ同時多発テロ、2003年のイラク戦争を経て、この20年間で衰退する一方である。

この間、アジアでは中国の台頭を許し、アメリカはいまや中国を制御することができなくなっている。また、ロシアのウクライナ侵攻を止める意思も能力も見せず、世界の火薬庫中東においても、アメリカのヘゲモニー（政治的、経済的、軍事的に優位に立つこと）の凋落《ちょうらく》は明らかだ。

そのアメリカは今年２０２４年11月、４年に一度の大統領選挙を迎える。アメリカの変革は世界の変革だ。そのときを息をひそめて待つ国もあれば、バイデン後に向けてすでに活発に動き出した国もある。

アメリカの同盟国で世界で唯一、アメリカに絶対忠誠を誓う国、「国際平和」という高邁なスローガンを掲げつづける国が日本であり、日本人だ。

日本が隣国から攻撃され戦場になったとき、アメリカは派兵し、最前線で日本を護り、本当にともに闘ってくれるのか。

残念ながら、絶対的な答えは「ない」。

日米同盟は探そうと思えば穴だらけ、逃げ道だらけのお寒い状況だ。

でなければ、日本国の総理が交代するたびに、わざわざアメリカの現職大統領から「尖閣を護る」とのひと言を引き出す努力は必要ないだろう。

それだけ日本のアメリカ依存は極まった状況にある。

民主党と共和党の分断に止まらず、急速に弱体化するアメリカの真の姿を知れば知るほど、日米同盟もまた幻想ととらえ、それを盤石《ばんじゃく》なものにする果敢で新たな戦略が、日本には求められる。

日本人は戦後、民主主義国家の道を歩み、平和を享受してきた。

しかし、世界が戦争に突入する時代、そして「力」による現状変更が統一ルールになりつつある時代に、我々が戦後享受してきたはずの平和や民主主義という基本的価値は、いまや風前の灯で、世界では通じなくなりつつある。その不安を誰しもが感じている。

日本人は本当に世界で生きていけるのか。

私たちの国の民主主義はこのままで大丈夫なのか。

これら究極の問いかけがいま、日本人の胸元に突き付けられている。

私は1994年に外務省に入省して以来、2020年に退職するまでの26年間の外交官生活のほとんどを激動の中東とアメリカで過ごしてきた。

海外での生活は、エジプトでのアラビア語研修にはじまり、いま戦地となっているイスラエルとパレスチナで1998年、駐ガザ日本政府代表事務所の初代外交官を務めた。

その後、アメリカではワシントンD.C.（以下、ワシントン）駐在を含めて計13年間。加えて、東京の霞ヶ関本省勤務時には、各国への出張で70ヶ国以上を訪れたが、その間も中東と関わりを持ちつづけた。

4年前、外務省を退官したが、その後はシンクタンクの研究員、ビジネスコンサルタントとして、毎月、中東に出張している。

そんな私が毎回、日本に帰国するたびに思うのは、日本は何て平和なんだろう、何と住みやすい国なんだろうということだ。

近年、この平和な社会に浸り切った若者が、海外に目を向けない傾向があるという。その理由もわからないではないが、世界から見ると〝特異〟だ。

「海外に出でよ」とまでは言わないまでも、日本の未来を思うにつけ、漠然とではあるが、これでいいのかと暗澹《あんたん》たる気持ちにもなる。

中国、北朝鮮、ロシア。

地政学的にも、核兵器を保有する覇権主義国家を近隣に三方擁する我が国は〝世界一危険な国〟と呼ばれている。

それを緊迫性を持たず、実感としてとらえていないのは、当の日本人だけだ。

危険が迫ると危険から目を逸らし、砂のなかに頭を突っ込む習性があるダチョウのように。

それでも逃げないよりはまだマシと言えるのかもしれないが。

島国の日本では、日常生活で日本語以外の言語は使わなくても済む。

東京のコンビニでは最近、スタッフのほとんどが外国人だ。

皆、驚くほど流ちょうな日本語を話す。

その優秀さに驚愕し、職業柄、ついつい彼らはスパイではと勘繰りたくなる自分も顔を出す。

日本を敵視する国から日本にやって来る人々のなかには、当然ながらスパイが潜んでいる。彼らはひそかに日本での協力者を探し、そこから繊細かつ大胆に諜報活動を行っている。しかも彼らはステルスで、表面的にはその帯びた使命を微塵も感じさせない。

それが、世界の標準なのだ。

日本はいま、戦後経験したことのない、国際的な危機のなかで激しく揺れている
それを知りながら、その現実から目を逸らす日本人は、危機が足元に迫り、戦火が靴を焦がすまで、これまで通り平和な日常に浸りきり、「井のなかの蛙《かわず》」「茹で蛙《がえる》」的状態であることを甘受することになるだろう。何の疑いもなく。

そして、世界はそんな日本を、日本人を冷徹に見ている。大甘の国、油断の国として、弱点を知りながら。彼らはそれを決して口にしない。


アメリカに匹敵する世界のインテリジェンス大国、イスラエルですら、〝油断〟すれば、今回（2023年10月）のようにハマスの攻撃を受け、国の滅亡の危機を招きかねない時代である。

イスラエル勤務時代も含め、ユダヤ人、イスラエル人の優秀さをつぶさに見てきた私にとっても、今回の攻撃はいまだに信じられない。

しかし、イスラエルはこのまま戦いつづけるだろう。

アメリカが止めても、どれほど世界中から非難を浴びても、自国を守るため、国民の命を守るために。

少しも大げさではなく、いま世界は生きるか死ぬかの分岐点にさしかかっている。
選択と決断を日々迫られている。
日本も、例外ではない。
そんな時代にあって、いま日本人一人ひとりができることとは何か。
それは自国を客観的に見ること、知ることである。
自国の「弱点」をしっかりと認識することである。
それが自国を守ることにつながる、最大の防御である。

この本は、ガザ、イスラエル、ワシントン、サウジアラビア、東京など、世界と日本を幾度となく行き来し、激しく揺れ動く世界に身を置いてきた私の、日本人には耳の痛いメッセージであるかもしれない。

今後、さらなる混沌の時代の到来に日本が、日本人がどうすればこのまま平和な生活を享受しつづけられるか、そのことを切に願うがゆえの一元外交官の本音と警鐘を打ち鳴らす一冊であるととらえていただけたらと思う。

中川浩一

01 外交官の情報収集力は国益に直結する

２００８年から２０１１年の３年間、私はワシントンの日本大使館で勤務した。26年の外交官時代のなかでこの３年間は、もっとも多くの外交公電（公電）を書いた。公電とは、外務省本省（外務大臣）と在外公館（大使館、総領事館、そして政府代表部）との間で、機密情報のやりとりをする電報のことで、外交官の任務で、もっとも重要視されるうちのひとつだ。

公電はテキストベースの機密メッセージで、公文書の一種である。大使館勤務の外交官は、赴任国における政治関係等のさまざまな情報を入手し、それを記した文書をシステム上で、パターンコード（当該案件の本省の主管課の番号と、その文書を政府内のどのレベルまで共有するかを５段階で付したもの。たとえば総理大臣ならA、担当官のみならE）を付して公電する。

僭越ながら、当時メジャーリーグで大活躍して、１試合３本以上のヒットを打つ「猛打賞」を数多くとったイチロー選手を見習い、私は、一日３本以上の公電を書くという意味での「猛打賞」を目標としていた。

公電は、⑴日時　⑵情報収集者　⑶情報相手先と特徴　⑷発言ポイント　⑸本文の順で書く。

ワシントンの日本大使館で「公電を書ける」ということは、アメリカ政権要路とのアポ、もしくはワシントン界隈の情報筋とのアポが取れた証であり、それ自体が評価の対象となる。

情報は、「誰から取ったか」がもっとも重要だ。

単に偉い人だけではなく、その筋の裏で「キーとなるような人物」に会えると評価は上がる。内容は短くてもよい。

たとえば「バイデン大統領が○月○日、モスクワを電撃訪問する」という情報を、しかるべき筋（キーマン）から取れたなら、価値は高い。

逆に、それほど重要でない人物から得られた情報をだらだらと、相手の言いっぱなしのままで書いた公電の価値は低い。

２０２４年2月、２０２０年に外務省本省と在中国日本大使館など在外公館との間で、機密情報を含む外交公電のやりとりをするシステムが中国からサイバー攻撃を受け、公電情報が漏洩《ろうえい》、流出していた事実が明らかになった。

外交公電には、日本を敵視する国との争いを未然に防ぎ、抑止力を高めるために日本がいまやるべきこと等が盛り込まれている。さらに外交公電の漏洩、流出は外交官の命を危険にさらす。私も含め、このニュースに強い衝撃を受けた外交官、元外交官は少なくないはずだ。

なぜなら、いまの中国は何が起きてもおかしくない状況だからだ。

中国にとって不利な情報をやりとりした人物は、特定されると直ちに公安警察にマークされるが、元外交官でも例外ではない。私の知人も在中国大使館勤務の元ベテラン外交官だが、「僕もいまの中国には行かないというか、行けない。行くと自分の身の安全が保証されないからだ」と言っていた。

外交公電は、通常のインターネットとは遮断された仮想専用線システム「国際ＩＰ－ＶＰＮ」で送受信している。

内容は、外務省本省と在外公館の間で交わされる報告や指示などで、当然、相手国政府の機微情報も含まれる。

中国からサイバー攻撃で侵入された「国際ＩＰ－ＶＰＮ」とは、通信経路としてサービス事業者の閉域型ネットワークを利用するＶＰＮ（Virtual Private Network）のことで、専用の広い帯域がある。

帯域とは、電気信号などの通信に使用される周波数における「もっとも高い周波数」と「もっとも低い周波数」の範囲のことを指す。帯域は道路のように「広い」「狭い」と表現され、一般的には帯域が広いと一度に送信できる情報量が多くなり、狭いと情報量が少なくなる。

ＶＰＮでは、物理的には回線をほかのユーザーと共有するが、ＩＰ－ＶＰＮの場合には１社で１本の回線を専用する。道路に譬《たと》えて言えば、自社の社員以外は通ることのできない専用道路をつくるようなもので、自分専用の道路なので、安全性は極めて高いとされている。

セキュリティも、ＩＰ－ＶＰＮのほうがインターネットＶＰＮよりも安定した通信を実現し、確保できる。専用線に近い環境での通信を行えることができるのがＩＰ－ＶＰＮのメリットだ。

今回、中国からサイバー攻撃を受け、公電情報が漏洩、流出していたとなると、そのＩＰ－ＶＰＮのセキュリティが破られたことになる。丸々、４年経ってその事実が公表されたということは、すでに万全の対策が講じられているからだと思う。

公電が漏洩した経緯、内容や規模、発覚した経緯等は、第一級の国家機密でもあり、一切明らかにされていないが、特殊な暗号を用いるシステムに侵入され、秘匿が求められる外交公電が漏洩、流出したという事実は致命的で、国の運命を左右されかねない極めて深刻な事態である。

私自身、イラクやパレスチナなど中東の戦場にいて、命の危険と隣合わせのなかで、情報収集を行っていた経験がある。その情報は外交公電によって逐次、外務省本省に伝えられた。

外交公電には、日本の安全を確保するために、外交官が命がけで収集した機密情報が入っている。それが漏洩、流出したとはすなわち、外交の最前線にいる外交官の命が危険にさらされることになる。万一、情報が漏洩、流失したことに気づかない状態で長期間が経過していたとしたら、まさに国家の危機を招きかねない事態でもあった。

安全保障環境において、日本を取り巻く脅威は日増しに深刻化・顕在化している。とくに、中国は南シナ海や東シナ海において国際法を無視して現状変更の試みを続けている。対応する航空自衛隊の中国に対するスクランブル発進の数も増加傾向にあり、高い水準のままで推移している。

明日にも中国が台湾に武力侵攻するのではないかとの懸念が高まるなかで明らかにされた、機密情報を含む外交公電のやりとりをするシステムが中国からサイバー攻撃を受けたという事実は、繰り返すが極めて深刻である。

近年の米中対立、ロシアのウクライナ侵攻、北朝鮮の弾道ミサイル発射などを受け、戦後もっとも厳しく複雑な環境に置かれている日本が取るべき道は、外交による敵国への抑止だ。その外交の最前線で外交官は日夜、命がけで機密の情報収集、インテリジェンス活動に努めている。

外交官による機密の情報収集の手法には、メディアなどの公開情報を集めて分析する「オシント」、人が人に接触して情報収集する「ヒューミント」、通信や電子信号を傍受して分析する「シギント」などがある。

ＡＩの時代においてもなお、これらの情報収集の能力を有する若手外交官の育成が喫緊の課題だ。

そのことが日本外交の命運を握るからである。

ここで、外交官にとって情報収集と公電がいかに重要かについて、私が経験した実際のケースを挙げて説明したいと思う。

私が入省した1994年当時は、各自のPCから公電を発信することができず、研修生がタイプで打ち込んだ紙と一緒に、本省の通信室までフロッピーを持ち込んで、通信室から世界の在外公館に発信した。当時の上司にはPCでの入力ができない人もいて、さらにそれ以前の公電はPCもなく手書きが主流であった。

繰り返すが、公電は外交官が、海外の大使館でいかに活躍しているかを示す実績と証拠である。大使館という組織の情勢の見方（これを「意見具申」「当館見方」などという）となり、書記官としての個人の腕の見せどころでもある。

霞ヶ関の本省の各担当部署の仕事は、担当地域の大使館から接到（おもに省庁で用いられる言語で、文書などがある人や場所に届くこと）した公電に、朝一で目を通すところから始まる。

私が、中東イスラエル、パレスチナの現場で力を入れた情報収集のテーマは「アラファトの後継者問題」であった。一国の指導者の後釜がどうなるかは、とくに中東、ロシア、中国のような独裁国では、極めて重要な情報だ。

他方、アメリカ、イスラエルのような民主主義国家では、選挙予測が大使館の大事な仕事だ。しかし、本当に重要なのは、選挙結果を見越しての事前人脈構築である。

私がワシントンの日本大使館に着任したのは２００８年７月のことだ。

その年は秋に米大統領選挙を控え、すでにオバマ陣営、マケイン陣営とも、選挙キャンペーンの真っ只中であった。民主党のオバマ政権が誕生する場合、ブッシュ政権から、外交政策、人事の大刷新が行われる可能性がある。そのため、とくに注意が必要だった。

２００８年夏の時点においては、すでにオバマ大統領が優位との見方が支配的であったことから、私は、オバマ政権発足後の人脈形成を容易にすることを狙いとして、とくにオバマ大統領のキャンペーン・アドバイザーが多く集まる領域に最初から足を踏み入れて、彼らの外交政策に対する考え方の情報収集にあたった。

彼らは、シンクタンクのＣＮＡＳ（新アメリカ安全保障センター）、ＣＡＰ（アメリカ進歩センター）などに所属しており、これまでのいわゆるワシントンの伝統的シンクタンク、ブルッキングス研究所、戦略国際問題研究所（ＣＳＩＳ）、外交問題評議会（ＣＦＲ）、ヘリテージ財団、ＡＥＩ（アメリカン・エンタープライズ公共政策研究所）、近東政策ワシントン研究所（ＷＩＮＥＰ）とは異なるオピニオンリーダーたちだった。

そして、大方の予想通り、同年11月、オバマ大統領は大差でマケイン候補に勝利した。

その後の私のワシントンにおける任務は、オバマ政権の中東政策関係者等に食い込み、その政策のフォローをすることに移った。

いまさら言うまでもなく、ワシントンは国際政治の一丁目一番地であり、国際政治のあらゆる政策・情報がここから世界中に発信されていく。

そのなかでも、とくに私の専門分野である中東の動向については、世界のすべての情報がここワシントンに集まり、発信されていく。情報収集担当の外交官の腕の見せどころと言えた。

ワシントンでは情報は至るところに落ちていた。

しかし難しいのは、これらの情報をどのように摑み取るかだ。実際は極めて困難な任務である。というのも、残念ながら、米政府関係者が中東の情報について日本の外交官に提供を求めてくることはまずあり得ないのだ。

これは中東の情報に限らず、米政府関係者のほうが圧倒的な量の情報、高い質の情報を持っているからである。如何《いかん》ともしがたい現実であり、情報収集の鉄則であるギブ・アンド・テイクがここでは成り立たない。

サッカーに譬えれば、ワシントンは日本にとっては完璧なアウェーであった。厳しい言い方だが、少なくとも情報収集担当の書記官にとっては、中東の（政策はともかく）情報収集に関しての日米同盟は存在しないとの気構えで任務に臨まなければならなかった。

私がワシントンでの中東情報収集活動のなかで、もっとも緊迫したのは、２０１１年のアラブの春で、オバマ政権がどう対応し、対峙するかの情報収集だった。

「アメリカ大使館員がリビアから緊急に撤退するかを、急ぎ情報収集してくれ。次官からの指示だ。それによって日本の対応も決まる」

アラブの春が勃発して以降のある日、私の直接の上司だった秋葉剛男大使館政務公使（当時、現・国家安全保障局長）が血相を変えて現れ（普段は、部下への指示は内線電話だ）、私に指示を出した。

私はすぐさま米国務省のリビア所管のマグレブ部長（当時）に電話した。運よく、マグレブ部長は、私の電話に出てくれ、貴重な情報を提供してくれた。ちょうど、これからリビアのアメリカ大使館に、至急国外退避するよう指示を出すところだと。日本の在リビア大使館員のとるべき行動への大きな参考となる情報となった。

ワシントン時代、多くの情報を得られた私は、何本も公電を打った。3年という短い期間の大使館勤務のなかでは、記録的な多さだった。

「君は外交官としての一生分の公電をワシントンで打ったね」

離任時に、当時の藤﨑一郎大使からかけられた言葉は、いまでも私を奮《ふる》い立たせる金言となっている。

嬉しかったのは、何より自分の日ごろの情報収集がいざというときに、日本の国益に直結したことだった。

外交官の情報収集力が強化され、外交公電の質が上がることが、日本の国力を強化するのだ。

02 外務省のアメリカ偏重主義が国を危うくする

外交官は国の命を受け、赴任先の中枢に飛び込む。そこで、危険を冒しながら、独自の太い人脈を育む。しかるのちに、目立つ存在となるやその国に疎《うと》まれ、睨《にら》まれる存在となる。有能な外交官とはただ相手国に好かれるだけの存在ではない。

自国のために、ときに自己を犠牲にし、命がけで任務を遂行する。そういう宿命を帯びた存在だ。私も外務省を退職した4年前まで、外交の最前線に身を置いてきた。

知人の外交官も赴任地で尾行されるのは日常茶飯事としても、さまざまな方法で何度も脅しを受けたり、それが何者の仕業かは判然としないが、深夜、自宅のファクスが鳴りつづけ、延々と白紙が排出される嫌がらせを何度も受けたという。

外交の最前線で国家の命運を握る外交官の活動は、一部を除いて表には出にくいが、かくも重責を担っている。

その日本外交を弱体化させているのが、外務省に存在する〝スクール〞と呼ばれる外国語区分による縦割り派閥だ。

外務省には他省のように東大閥、京大閥といった学閥は存在しない。

代わりに、外務省用語で〝スクール〞と呼ばれる研修語学別の派閥が存在するのだ。

具体的には、アメリカンスクール（英米派）、チャイナスクール（中国派）、ジャーマンスクール（ドイツ派）、スパニッシュスクール（スペイン派）、ロシアンスクール（ロシア派）などに大別される。

現在、国家安全保障局長を務める秋葉剛男氏は、海外勤務はワシントンの日本大使館しかない。ワシントンの日本大使館にはエリート集団が集まっていて、秋葉氏はその象徴的な存在であった。

まさに冷戦後の「アメリカ」一強時代を反映した人事だ。

外務省では、英語には4種あり、アメリカ語、イギリス語、オーストラリア語、カナダ語である。アラビア語研修を命ぜられた私にとっては、「俺はアメリカ語」「私はイギリス語」と、その違いを殊更強調する同期は鼻についたものだ。

ワシントン日本大使館の政務班長（公使）は、将来の駐米大使と目される人物がなるポストだ。とはいえ、必ずしも「アメリカ語研修者」が配置されるわけでもない。元フランス大使の飯村豊氏もこのポスト。ジャーマンスクールの森健朗氏は経済班長（公使）だった。

ドイツ語（ドイツ派）はかつては栄華を極めた。

外務事務次官まで上り詰めた村田良平氏。最近では、前述の私の上司であった森健朗外務事務次官。ドイツからの帰国子女の彼はドイツ大使になることはなく、北米局長、外務審議官、外務事務次官のエリートコースを歩み、昨年2023年夏、退官した。私も二度部下としてともに働いたが、大変気さくでさばけていて、ポストに固執するような人ではなかった。

ちなみに、モスクワの在ロシア日本大使館政務班には、ロシア語以外に必ず英語、仏語など非ロシア語の大使館員が配置される。

私の上司や同僚も在ロシア日本大使館に勤務していたが、彼らはロシア語ができないので、欧米の外交団との関係維持、情報収集がおもな任務だった。

一方で、日ロ関係はロシア語の牙城だ。

東京本省では、ロシア課長は歴代ロシア語の勝ち組が独占していた。

しかし最近は、例外としてロシア語の課長が北米局に登場するサプライズもあった。


外務省では、入省前から個々に予め特定の外国語を割り当てられる、外国語による完全な区分け（派閥）主義だ。毎年、総合職（旧一種）、専門職を含めて計約80人の新入省員が、専門の外国語を割り当てられる。

英語が約30人、フランス語、中国語、ロシア語、スペイン語、アラビア語、ドイツ語が各5～8人程度だ。

専門職員には、これらも含め44の言語のなかから割り当てられる。

基本的には、一度割り当てられるとほかの言語への移動はない。

外交官が外国語を習ううえでもっとも気をつけなければならないのは、その専門の語学を学ぶことで相手国のことに精通するあまり、相手国のことを盲目的に好きになってしまうことだ。

そうなると、日本の外交官であるにもかかわらず、早いうちから相手国に洗脳され、取り込まれ、相手国の利益を代表してしまうことになる。

これは外交官として大変危険だ。

日本の外交官は常に日本の国益の体現者でなければならないからだ。

英語、フランス語などは赴任する対象国が多いので、こういう現象はあまり起きない。

ところで私の専門とするアラビア語は、外務省内ではアラビアンスクールとは呼ばれずに、「アラビスト」と呼ばれる。

これは、要は「個人」を指すものだ。

アラブ諸国がともに連携できないのと同様、外務省の総数150人程度のアラビストも立派な集団なのだがまとまれない。皆一匹狼で、「アラブ大好き」な傾向にあり、とくにシニア層にはイスラエル・ユダヤ憎しが植えつけられている人もいて、私も苦労した。

そういう経験もあり、私も外務省時代には、アラビストの後輩には「とにかくイスラエルに行きなさい」「イスラエルを知りなさい」と口酸っぱく言う面倒な先輩だったと思う。

中東を知るということは、アラブだけでなくユダヤとは何かを知ること。それがイスラエル、そしてユダヤロビーが大統領選挙を左右するアメリカを知るということだからだ。

これに対してチャイナスクールは、あまり良い表現とは言えないが、一時期スクールを超えて「チャイナサービス！」つまり「中国大好き人間」と揶揄《やゆ》された時期があった。「アラブ大好き人間」に負けず劣らずに。

本省の中国課長は、ほとんどチャイナスクールで独占されている。

現在も、中国・モンゴル第一課長（政治）、第二課長（経済）はともに旧一種（総合職）の中国語専攻の外交官（チャイナスクール）が務めているが、かつてその不文律を破って、英語研修（米フレッチャー法律外交大学院）、国際法課長の秋葉剛男氏が、当時の中国課長（現在の中国・モンゴル第一課と第二課を統合した課）に就いたときにはニュースになったぐらいだ。

ちなみに、台湾にはチャイナスクールのなかから、日本台湾交流協会にローテーションで派遣される。その場合、外務省を一旦退職し、次のポストでは外務省に復職して勤務する。

かつて、台湾の政治指導者であった李登輝氏は晩年のインタビューで、チャイナスクールの人たちを批判し、嘆いている。

〈日本の国会議員や外務省の官僚、あるいはマスコミにもチャイナスクールのような人たちがいる。なぜ、日本人の中に、これほどまでに中国におもねる人が多いのか。おそらく、あの戦争で、日本が中国に対して迷惑を掛けたことを償わなければいけないという、〝贖罪《しょくざい》の意識〟が座標軸にあるからなのではないか。〉と。

チャイナスクールに批判的な立場をとる論者は、彼らが「中国政府の代弁者として機能し、日本の国益を損ねている」などと論じている。靖國問題、教科書問題、歴史認識問題、尖閣諸島問題など日中関係の諸問題について、日本側の一部議員やチャイナスクール外交官たちの姿勢に原因があると。

一般人であれば、中国など特定の国に対してどれほど深い愛を持とうが自由だし、問題はないが、外交官は相手国に高い関心、興味を持っても、「愛する」のは決して許されることではない。

とはいえ、チャイナスクール外交官のような中国語専門家のおかげで、いまの日中関係は成り立っている。中国に勤務する外交官は、ハニートラップも含めて日常的にプライベートを監視され、その秘密をがっちり中国に握られるリスクが絶えずある。簡単な任務では決してない。

前中国大使の垂秀夫《たるみひでお》氏も、今年２０２４年、ＢＳの番組に出演した折り、大使時代、休日に趣味の写真撮影で中国各地の景勝地をめぐっていたが、どこに行っても常に遠くから中国の当局者に監視されていたと告白している。

垂氏は日本台湾交流協会台北事務所総務部長を務めた経験がある。

現在外務省では、台湾については、政治・政策面を中国・モンゴル第一課で、経済面を中国・モンゴル第二課で扱っている。

かつて中国課はひとつで、そこで台湾も扱っていた。

その後、中国課は政治と経済に分けられ、中国第一課、中国第二課とふたつの課で対応することになった。台湾も政治と経済に分けられた。

また、モンゴルについても課の名称に使われていないのはおかしいという声が挙がり、現在の中国・モンゴル第一課、中国・モンゴル第二課となったというエピソードがある。

中国語専門家のなかで、「僕は中国本土」「私は台湾」と完全に色分けしている話を私は聞いたことがない。個々の外交官の希望はあるものの、そこは「ひとつの中国」なのだ。

では、米英専門で純粋培養されて育った外交官はどうかというと、基本的にユダヤ社会、キリスト教圏の社会しか知らないので、それが世界基準だと錯覚する。

ロシアのウクライナ侵攻以降、世界の秩序が激変するなかで、欧米の先進国の価値観しか知らない外交官はG7至上主義に走る。実質、グローバルサウス（アフリカ、ラテンアメリカ、アジア、中東の新興国など）が主導している世界にあって、欧米追従の日本外交もまた、世界から取り残されていく危険性がある。

チャイナスクール、ロシアンスクールなど縦割り派閥〝スクール〟の弊害をあえて記すと、配属された特定の国やエリアに深く入り込むことはできても、グローバルな視野で考える経験や能力を身につけることがないため、世界の潮流から取り残されるきらいがある。

そこには、米英露中の縦割り派閥の担当外交官が長年、外務審議官、外務次官のポストを独占している不平等の弊害が、日本外交の弱点として露呈している。

改善策としては、入省する段階での語学による区分けを撤廃、世界各地の大使館で勤務したあと、改めて資質を判断し、本人の希望を聞いて言語、配置を決めること。語学研修はその後実施するのだ。それから、外務審議官、外務次官の人事を米英など特定の国やエリアから選出するのをやめること。一外務省ＯＢとして、外国語区分による縦割り派閥改善については、この2点を提言したい。

さらに、外務省内には、入省してからの業務により、法律畑を歩むことの多かった人々は「条約局マフィア」、経済協力に関しては「経協マフィア」、会計部門の専門家は「会計マフィア」というような派閥が存在する。

ところで、なぜ外務省内にある派閥の名称に、イタリアのシチリア島を起源とする組織犯罪集団である「マフィア」などという、〝物騒な〟名前をつけたのかは不明である。

「条約局」は２００４年に解体。かつて「条約局」は彼ら自身では相手国との交渉はせず、本省の机で対処方針を書き、前線に出る地域課に無理な指示をするだけで、省内で疎まれていた。事務次官含め幹部が必ず勤務する登竜門ではあったが、省内の評判は良くなかった。

その後、名前を「国際法局」に変更し「交渉官」の肩書を新たに設置して、自ら交渉を行う部署に生まれ変わった。ここに私は交渉担当官として、2001年から2004年まで勤務した。

また、主要国首脳会議（サミット）のロジ（宿舎、通信、車回しなどの裏方作業）を担当する「サミットマフィア」というグループも存在感を増している（48項参照）。

いわゆる「会議屋」だ。かつては多額の外注をするため不正の温床となった。

しかし、国際社会のさらなるDX化・合理化が進む時代に、日本の外務省はいつまでこの会議屋の仕事を専売特許としていくのだろうか。日本の若き外交官のやる気と能力を最大限生かし、外交のやりがいを感じることができる制度構築が必要だ。

03 トップリーダーの資質なき人物が国の命運を握ることの危うさ

岸田文雄総理は「国家観がない」と言われる。国家観のないリーダーは国際政治では尊敬されず、能力がないとされ、国家的不利益をこうむる。

それだけではない。

元々国家観がないリーダーは国民を不安にし、未来への展望を描けず、社会が揺れ動く。

官僚の書いたペーパー棒読みで、自分の肉声で直接国民に語りかけることをしないリーダーに「これから私たちの生活は、日本はどうなるのだろう」と国民は疑心暗鬼になり、不安にかられる。

社会が、国家が不安定になるとどうなるのか。

歴史に学べば明らかだ。

その先にあるのは絶望だ。

日本国の最高責任者、トップリーダーたる内閣総理大臣の資質とはどのようなものだろうか。

人権と個人の尊厳を敬い、国民と国土を守り、他国の支配や干渉を跳ね返す強い精神力を持ち、我が国の繁栄や国柄を堅持し、健全な社会秩序を尊ぶ。それらの基盤のうえで、国民の信頼を担保する見識や能力を有する人物ということになるのではないか。

総理に求められるのはそれだけではない。

何より日本の文化や歴史に根差した国家観を持ち、それらを折に触れて自らの言葉で国民に語りかける、そんな使命感と行動力を兼ね備えているのは当然である。

それは理想だと言われるかもしれないが、そういう人物であって初めて国民はトップリーダーとして自国の命運を委ねることができる。

国の最高責任者たる者は自らを律し、最高責任者たる覚悟と能力を有し、修練を磨いてきた者でなければ務まらない。その志と資質がない人間は国のトップリーダーを目指す以前に、そもそも政治家になるべきではない。ましてや、代々「政治」を家業と化してきた世襲の政治屋議員など論外であり、一刻も早く法的に制限されるべきである。

他方、国民は選挙の際、何年か先の総理の職責を果たし得る複数の人材を発掘し、応援し、いかに養成し確保しておけるか考えておくべきだ。これも大事な視点だと思う。

先の大戦以来、かつてない緊迫感を帯びている世界と周辺国との関係のなかで、岸田総理がどの程度のレベルの資質と政治力を有したリーダーであるのか、真のリーダーとしてふさわしい人物であるのか、元外交官、現ビジネスパーソンとして、年間を通じて海外と日本を往来していると、自然とその力量と欠落しているものが鮮明になる。

世界最大の原油産出国のひとつ、サウジアラビア。ロシアのウクライナ侵攻以降の原油価格の高騰もあり、この国では実質的な権限を握る弱冠39歳のムハンマド皇太子（首相）が、脱石油依存を図るべく「ビジョン２０３０」という壮大な計画を掲げている。その実現のために、関係省庁、機関の隅々までに指示が行き届いており、国民のムハンマド皇太子への支持は絶大だ。

このような明日を見据えた国家戦略を持ち、具体的な計画を国民に提示し、自らの言葉で語る強烈なトップリーダーとしての資質が、政局に翻弄される岸田総理には欠落している。

現在の日本において、総理の責任がいまほど重い時代はない。一刻の猶予もない。信頼できるリーダー、この人なら国民が自分の命を預けることができるというリーダーが必要だ。いつ隣国に攻め込まれるかもしれないとも限らないのだから。

岸田総理と次のリーダーを志す政治家は、いろいろな国のリーダーからここぞというところをいつも学んだほうがいい。

2022年9月27日、安倍晋三元総理の国葬が日本武道館で執り行われたが、参列者のなかに、多忙なスケジュールを縫って訪日、元総理宅で弔問を済ませてから国葬に参加し、とんぼ返りしたインドのモディ首相の姿があった。

国ごとにグループでまとまって献花を行うなか、モディ首相は単独で献花を行ったが、遺影を見つめて黙禱する姿は強い印象を残した。

モディ首相は2007年、西部グジャラート州首相時代、安倍元総理と初めて面会して以来、長く親交をあたためてきた。

2017年9月17日、安倍元総理が昭恵夫人と、モディ首相の生まれ故郷のインド西部のグジャラート（現在のグジャラート州）を訪問した際は、モディ首相自ら空港まで出迎えた。8㎞にもわたる沿道には5万人の市民が手を振り、安倍夫妻を歓迎した。

翌2018年、モディ首相の来日時に安倍元総理は山梨県の別荘に招待している。

そして、モディ・安倍の首脳同士の深い信頼関係は2019年、安倍元総理が提唱した外交戦略クアッド（日米豪印戦略対話）にインドも参加することでひとつの結実を見た。

安倍元総理の提唱する「自由で開かれたインド太平洋」構想を共有する日本、アメリカ、オーストラリア、インドの4ヶ国の枠組みで、中国を事実上包囲することになった。

安倍元総理の悲報に、インドでは首都ニューデリーの大統領府や公的な施設などで半旗が掲げられ、弔意が示された。

モディ首相率いるインドは、クアッドのような敵対する中国を意識した外交ネットワークには積極的に参加しつつも、ウクライナ侵攻では戦略的関係を有するロシアを非難することはしないという、国益に沿ったしたたかな外交を展開している。同時にグローバルサウスのリーダーとしての地位を確固たるものにしようとしている。グローバルサウスとは、先述のようにアフリカ、ラテンアメリカ、アジア、中東の新興国などのことで、発展途上国と同様の意味で用いられる言葉だ。

このように独自の国家観を持つモディ首相の外交は、日本の現政権も学ぶ点があるように思う。国の指導的立場にある人は、モディ首相のように独自の立ち位置、判断という外交戦略が必要である。その戦略を自らの言葉で国民や世界に訴えかけるべきだ。

そのインドでは下院総選挙の投票がすでに始まり、今年2024年6月1日まで7回に分けて行われる（開票は6月4日）。

ロイター（2024年4月26日付）によると、世論調査ではモディ首相が率いる与党インド人民党（BJP）が容易に過半数を獲得すると予想されており、モディ首相は異例の3期目に入るとの見方が強い。

インドの有権者10億人の信頼を得て、モディ首相の新たなるリーダー像が見られるかもしれない。

安倍元総理の国葬には、イラン、サウジアラビア、トルコ、ブラジル、エジプトなど、安倍元総理が訪問したグローバルサウスの国々の首脳が数多く参列した。

安倍元総理の80ヶ国の訪問外交のほとんどが、グローバルサウスの国々だったからだ。

日本のメディアや日本人は、世界の中心はG7（主要7ヶ国）だと思っている。政府までもが、G7の民主主義こそが世界の模範で、日本はそこに入っていなければならない、入っていて当然という感覚だ。

しかし、G7はいまや時代遅れで、国際政治や国際秩序を主導する力を徐々に失いつつある。逆に、国際秩序を再構築するうえで原動力となっているのがグローバルサウスだ。

その存在を岸田総理には自覚してほしい。

ウクライナ戦争、そしてイスラエル・ハマス戦争以後、自国の経済、安全は自分で守る時代になった。そのためには、G7よりもむしろグローバルサウスとの関係強化が重要だ。

国連においてグローバルサウスは、1964年に77ヶ国の発展途上国で発足した国連の「G77」に中国を加えた「G77プラス中国」を指していたが、当初の78ヶ国から現在は135ヶ国に増え、いまや国連加盟193ヶ国の約7割を占める一大勢力になっている。

対して、G7を中心とする経済的に豊かである国々はグローバルノースと呼ばれて区別されている。

安倍総理（当時）は、そのグローバルサウスのなかでもサウジアラビアを大変重視していた。当然だ。日本の中東への原油輸入依存度は95％を超え、サウジアラビアはそのなかでも半分以上の割合を占めるのだから。

安倍総理の最後の外遊は2020年1月、サウジアラビア、アラブ首長国連邦、オマーンであった。先ほども述べたが、そのサウジアラビアで実権を握るムハンマド皇太子は国民に愛され、信頼され、そして強い指導者だ。アメリカのバイデン大統領にも中国の習近平主席にも臆せずものを言う。

いまの日本の指導者に欠落しているものが、中東のこの指導者にはある。

安倍元総理のような、地球儀を俯瞰《ふかん》した外交、モディ首相のような、国益に沿ったしたたか、かつ戦略的な外交も参考にすべきだ。

新たな国際秩序づくりが模索されるなか、日本が重視し、推し進めなければならないのは、民主主義陣営のG7やアジアとの外交だけではなく、中国、ロシアの〝草刈り場〟となっている中東、アフリカ、中南米のグローバルサウスや中央アジア等への戦略的なアプローチだ。

安倍元総理の時代を除き、日本外交は中東、アフリカ、中南米等の国々を軽視してきた。その結果、中国との星取り合戦にいまや〝完敗〟の状態だ。

日本にいると想像できないかもしれないが、中国のアジア、中東、アフリカ、ラテンアメリカなど、グローバルサウスにおける影響力はすさまじいものがある。

2022年8月、中国の調査船がスリランカ南部のハンバントタ港に入港した。調査船は中国人民解放軍傘下の組織に所属し、高性能レーダーで人工衛星やロケット、弾道ミサイルなどを追尾、監視する能力を持つ。

中国は海洋調査を行う船だと説明し「他国の安全や経済利益に影響しない」と主張しているが、調査船が軍所属であることからみて、寄港が軍事活動の一環なのは明らかだ。

スリランカの隣国インドが、自国の軍事活動を監視される事態を懸念するのは当然で、インドは「スパイ船」と呼んで警戒し、中国船の寄港は中印対立の新たな火種となりかけている。

ハンバントタ港は、中国の巨大経済圏構想「一帯一路」の事業として、中国の投資によって整備された。しかしながら、湾岸整備に要した巨額の債務返済に窮したスリランカは、運営権を中国企業に譲渡したため、事実上〝中国の港〟と化している。

インドが事前に反対していたにもかかわらず、スリランカが中国船の寄港を認めざるを得なかったのは、中国の債権を背景にした圧力に抗しきれなかったからだ。

スリランカはアジアと中東、ヨーロッパをつなぐインド洋に位置し、原油などを輸送する海上交通路の拠点となっている。「自由で開かれたインド太平洋」を掲げる日米豪印にとっても、地域の安定を揺るがす中国の動きは看過できない事態だ。

中国の巨額の援助や投資は、相手国の発展のためではなく、自国の影響力増大を主眼にしている。途上国を借金漬けにし、産業開発の基盤となるインフラの使用権を得る「債務の罠」。これにはまったのは、スリランカに限らない。周辺のパキスタンやバングラデシュ、ミャンマーも同様で、中国資本による港湾開発が進んでいる。

中国はウクライナを侵略したロシアを擁護し、台湾との境界線を侵犯する現状変更も行っている。

国際政治と世界経済の安定を導く大国というよりは、国際政治と世界経済を不安定にする破壊者だ。

国際秩序が激変し、世界を主導するプレイヤーが多角化するなか、日本のトップリーダーがやるべきは外交訪問先のプライオリティの大幅変更と外交官の配置換えだ。

外務省がこれまでのように「エリート外交官はまずアメリカ」的な発想を続けていては、日本の先行きは暗い。

「エリート外交官はまず、グローバルサウスに行け」

と国のトップリーダーが命じて、かつ自らも訪問して初めてこれらの地域で中国に勝ち、国連や国際社会での地位も上がる。

アフリカなどグローバルサウスの国々は、国連の最大票田だ。

国のトップリーダーに求められているのは、それらの国々に足繁く通う、地を這うような泥臭い外交だ。

04 日本が国連の常任理事国に入れない理由

ロシアによるウクライナ侵攻が始まって以来、国際連合（国連）の安全保障理事会（安保理）では、ロシアを常任理事国から外すべきである、という意見があると同時に、新たに常任理事国を追加すべきとの議論が高まっている。

日本も長年、常任理事国入りに名乗りをあげているが、いまだその夢は果たせていない。それどころか、常任理事国入りの見通しさえ立っていないのが現実である。

なぜ、日本は常任理事国に入れないのか。

現在193ヶ国が加盟する国連だが、その中枢の安保理は15ヶ国で構成される。

第二次世界大戦後、戦勝大国のアメリカ、ロシア（かつてはソ連邦）、イギリス、フランス、中国（かつては中華民国）によって構成される常任理事国と、非常任の理事国10ヶ国（2年毎に改選）で構成されている。国連とは、この第二次世界大戦の勝者が主導する組織であり、安保理常任理事国の構成を見れば、それが明白である。

一方、日本はこの非常任理事国に12回選出され（その回数は国連加盟国中最多）、任期を全うし、国連に大きく貢献している。

では、常任理事国と非常任理事国とはどこが違うのか。

一点挙げると、「拒否権」を持つか、持たないかの違いであるが、この拒否権の有無は、国際的に国の存在をアピールするうえでとてつもなく大きい。日本がこの拒否権を有すれば、たとえばプーチンのウクライナ侵攻にも明確かつ効果的な意思表示ができる。しかし、安保理常任理事国でない日本には拒否権がない。そのために、万一他国から日本が侵攻を受けた場合、安保理に抗議の議題を提案しても、現在の安保理常任理事国が拒否権を行使すれば採決が否決されるという、弱い立場にある。

安保理の拒否権とは何か。

手続事項（国連憲章に定義は存在しないが、安保理の議題の決定などを指す）を除くすべての事項に関する安保理の決定は、常任理事国の1ヶ国の反対（拒否）があった場合には成立しない、というものだ。

この「拒否権」を持つのがアメリカ、イギリス、フランス、ロシア、中国の5常任理事国で、人権侵害で非難を受けつづけている専制主義国家のロシアと中国が入っているのが最大の問題なのだ。最近では、ウクライナに一方的に軍事侵攻したロシアへの国連の非難決議が、当事国であるにもかかわらず、常任理事国でもあるロシアの「反対決議」で採択されないという不条理がまかり通っている。ジョークではない。これが国連の現実なのだ。

その現実から脱するべく、安保理改革が叫ばれているが、これら常任理事国は「拒否権」という既得権益を手放さず、改革実現の見通しは立っていない。

さて、日本は一時アメリカに次ぐ世界2位の経済大国となるなど、いまなお世界に大きな影響力を持つ国である。

にもかかわらず、なぜ常任理事国に入ることができないのか。

そこには、世界における日本の立ち位置と日本の外交の限界がある。

まず、日本の常任理事国入りにはどのようなメリットがあるのか。

簡単に言えば、日本の国益を国際社会においてより良く実現していくことができるということだ。日本の常任理事国入りに賛成する国は「世界における日本の地位からすると、世界の平和構築のために積極的に参画していくべきだ」「日本は国連に多大な財政的貢献を行っているにもかかわらず、重要な意思決定に加われないのはおかしい」とその理由を挙げている。

日本は、ドイツ、インド、ブラジルとともに常任理事国入りを目指し、国家連合（G４）を結んでいる。

しかし、他国による反発を受けて実現の壁は高い。

G４の常任理事国入りに反対を表明している主要な国はイタリア、メキシコ、韓国、アルゼンチン、パキスタンである。

東アジアでは中国、韓国が日本の常任理事国入りに反対しているが、ヨーロッパではイタリア、スペイン、オランダがドイツに反対している。

「かつて、日本はファシズム国家だったから」との意見で、中国と韓国が日本の常任理事国入りに強く反対を表明しており、採決となっても、常任理事国である中国が拒否権を行使すれば日本は入ることはできない。

では同盟国のアメリカはと言うと、２０２１年、外務省が発表した「米国における対日世論調査」によれば、「日本の国連の安全保障理事会（安保理）における常任理事国入り」に賛成したアメリカの有識者は79％と、常任理事国入りを望む声が年々増えている。

２０２２年5月23日、日米首脳会談でバイデン大統領は「日本が国連安保理の常任理事国になることを支持する」と表明した。

「国連安保理が改革される際」という前提条件付きではあるが、同盟国であり国連全体でも強い発言力を持つアメリカの支持は、日本にとって心強い援軍だ。

一方、日本の常任理事国への道を阻む壁はむしろ国内に存在する。この壁を乗りこえるのは容易ではない。

国内の壁とは、言うまでもなく日本国憲法第九条である。

第九条の条文は、〈日本国民は、正義と秩序を基調とする国際平和を誠実に希求し、国権の発動たる戦争と、武力による威嚇又は武力の行使は、国際紛争を解決する手段としては、永久にこれを放棄する。２　前項の目的を達するため、陸海空軍その他の戦力は、これを保持しない。国の交戦権は、これを認めない。〉というもので、安保理の主要な任務である紛争地帯におけるＰＫＯ（平和維持活動）などは〈武力の行使〉そのものであり、武力なしで、平和維持活動はあり得ない。

この集団的自衛権の武力行使を、憲法第九条は禁じているのだ。

２００２年から２００４年の2年半にわたって実施した、東ティモールでの自衛隊のＰＫＯ活動の際は〝抜け道〟が用意されていた。

自衛隊が国連のＰＫＯに参加する場合は、「紛争当事者の間で停戦合意が成立していること」が前提で、武器使用は自衛隊員の生命等の防護のための必要最小限のものに限られるというものだった。

さらに、停戦合意が破れた場合は、自衛隊は業務を中断、撤収することができる等の、参加5原則という前提を設けている。

そうすることで、憲法に反することなく、自衛隊はPKOに参加できるというわけだが、このような絶対的安全地帯のみでPKO活動を行うのは日本だけで、こんな自国中心主義の国が安保理の中軸である常任理事国の一員を構成するには無理がある。

他国の軍隊はそのような前提は設けておらず、「自衛隊のPKO活動は偽善ではないのか」と、参加国からは非難の声が挙がった。もし、その日本が常任理事国となれば、当然、戦闘が行われている地域で自衛隊が安保理のリーダーとして活動し、他国に戦闘を指示しなくてはならないのだ。

「日本は憲法第九条のしばりがあるので、銃弾やミサイルが100％飛んで来ない地域で活動します。銃弾やミサイルが飛んで来る戦場での活動はできません。不十分な分は資金で〝補完〟しますから、ご理解ください」などというふぬけた日本の理屈が、国際社会で通じるわけがない。

繰り返すが、日本が常任理事国になれば自らはできない戦場での行動を、他国に実行させることになる。自国ができないこと、したくないことを他国に押し付けることになれば不公正であるし、国際社会からの非難と批判にさらされることは火を見るより明らかだ。

また、1956年の国連加盟から68年を経たいまも、国連憲章の旧敵国に関する条項、いわゆる「旧敵国条項」に日本の国名が記載されていることも、常任理事国入りを阻む障壁となっている。

旧敵国条項とは、第二次世界大戦における連合国の敵国、すなわち日本、ドイツ、イタリア、ブルガリア、ハンガリー、ルーマニア、フィンランドの7ヶ国が、国連で確定した事項に反したり、侵略行動等を起こした場合、国連加盟国は安保理の許可がなくとも軍事制裁を科すことができる、というものだ。

つまり、国連は旧敵国を永久に無法者と宣言しているのだ。

国連加盟国中、アメリカ、中国に次ぎ第三位の分担金（国連憲章上、加盟国が負担することが義務付けられている国連の活動を実施するための経費）の負担国である日本が、国家戦略としてもこのまま旧敵国条項に記載されていていいわけがない。

旧敵国条項から「日本」の国名を削除するためには、国連のなかで日本を支持してくれる国の賛成票が必要だ。

国連の採決は国の大小に関係なく、1国1票。日本の味方に何ヶ国がなってくれるのかと言えば、まだまだ少ないのが現実だ。

常任理事国のロシア、中国は、旧敵国条項から「日本」の国名を削除することに反対すると予測される。そして、その中国の影響下にあると言っていい中東、アフリカ、中南米、中央アジアなどのグローバルサウスの国々の大半も追随すると思われる。

国際的地位を高めるために、ロシアや中国は長い時間をかけて、独自にこれらの国々を経済的、軍事的に支援してきた。

一方、日本はと言うと米欧中心主義で、ロシアや中国と比べグローバルサウスの国々との外交に重きを置かなかったことが、旧敵国条項の改正・削除についての採決にも反映されかねない事態を招いている。

1995年、第50回国連総会で旧敵国条項の改正・削除についての採決が行われたが、賛成155、反対0、棄権3で採択され、日本政府にとって懸案であった同条項の削除が正式に約束された。

ただし、この採択が「現実」のものになるためには、国連憲章を改正しなくてはならず、そのためには最終的には安保理において、常任理事国5ヶ国すべてが賛成したうえで、加盟国3分の2以上に批准されて初めて発効となる。

常任理事国の中国とロシアが反対する以上、日本の国名は旧敵国条項に残ったままだし、仮に両国が賛成しても、加盟国の3分の2以上が批准してくれるか……何とも言えないのが現実だ。

このように現状では日本の常任理事国入りは極めて難しく、ハードルが高いと言わざるを得ない。今後は改めてG4との連携を深めるとともに、グローバルサウスの国々への丁寧できめ細かい、地道な貢献が必要だ。

05 アジア版NATO結成に日本だけが蚊帳の外

近年、アジアの国々にとって最大の関心事は、NATO（北大西洋条約機構）のアジア版のような枠組み、国際的な軍事同盟の構築である。

なぜ、そのような軍事同盟をアジアの国々が求めているのか。最大の理由は、アメリカがインド太平洋海域での優位性を失いつつあり、代わって中国の台頭が大きな脅威となっている現実があるからである。

冷戦中に西ヨーロッパがソ連の脅威に対抗してNATOを結成したように、いま、東アジアではアメリカに全面的に頼らなくても、中国、北朝鮮、ロシアに対抗できる軍事同盟が必要だとの声が高まっている。

NATOは第二次世界大戦後に設立され、1949年にアメリカのワシントンで調印された同盟組織で、現在はイギリス、ドイツ、フランスなどヨーロッパ30ヶ国に加え、アメリカ、カナダの北米2ヶ国を含む計32ヶ国が加盟。安全保障および防衛の分野において、協力し、対処する。

最大の特長は、北大西洋条約の第五条に列記された次の内容だ。

〈締約国は、ヨーロッパ又は北アメリカにおける一又は二以上の締約国に対する武力攻撃を全締約国に対する攻撃とみなすことに同意する。〉

つまり、NATO加盟国は1国でも攻撃を受けたら、全加盟国に対する攻撃と見なし、全加盟国で攻撃国に武力を行使し、攻撃を受けた加盟国を援助するというもの。戦争を仕掛けようという国は、

「多数の国を同時に敵に回すことになるので、戦争を仕掛けるのは困難」という状況になる。

まさに集団安全保障の極みで、多数の国家が条約によって戦争その他の武力行使を相互に禁止し、違反国に対しては、残りの国が一致協力して集団措置をとることによって成り立っている。

中国、北朝鮮、ロシアの直接的な軍事脅威に対して、日本とオーストラリアは近年とくに危機意識を持ち、変化を余儀なくされている。日本政府は憲法第九条の解釈を変え、軍事費を大幅に増やして軍事的即応性を高め、アメリカとの共同行動を優先させるべきだと考えており、自らが中国との戦略的緊張関係の最前線にあると認識している。オーストラリアは中国の戦略がアメリカのみならず自国も紛争に巻き込む可能性が高いとみている。

アジア版NATOが最終的に現実となるかどうかは、習近平国家主席の動きと今年2024年11月に行われるアメリカの大統領選でトランプ大統領が誕生するかにかかっている。トランプ政権が誕生した場合、アメリカ・ファーストで予測不能の動きを行うかもしれないからだ。

アメリカが日米同盟を破棄し、米軍が日本から撤退したら、中国に対する最大の抑止がなくなり、極めて深刻な事態となる。それは日本のみならず東アジア、東南アジア、太平洋諸国にも同様だ。そのとき、インド太平洋版NATOが誕生する必然性は極めて高まる。

なぜなら、アメリカが唯一の超大国ではなくなり、日米同盟が中国を抑止できないような状況に至れば、日本は当然、日米同盟に代わる対中抑止の新しい枠組みを考えなければならなくなるからだ。

世界にはいま、民主主義を標榜する国家と、国際法のルール遵守にも世界秩序の維持にも端《はな》から関心がなく、ひたすら領土拡大に向かって突き進む専制的で覇権主義的な国家の二代潮流がある。

そして、政治体制の近いグローバルサウスの国々は、専制的で覇権主義的な国家に呑み込まれようとしている。

民主主義国家は、覇権主義的国家に睨まれたら、隷属するか、呑み込まれまいと毅然と対峙するか、選択する道はふたつしかない。

呑み込まれまいと毅然と対峙するにもふたつの選択肢がある。

断交するか、交易や人的交流を続けながら軍事的には向き合っていくかだ。

資源の乏しい日本の取るべき道は、当然後者だ。

中国に領土や領海を奪われ、徐々に呑み込まれるのではないかと常に危機意識を抱いている国が、アジアには日本以外にも存在する。

それらの国々はいずれも、軍事力のある専制主義国家に攻め込まれたら、自国のみで防衛し、戦い、勝利することは不可能であると認識している。

いま、日本やアジアの国々でＮＡＴＯのアジア版のような軍事同盟を求める声が挙がるゆえんだ。

日米同盟に加え、アジア版ＮＡＴＯがあれば、アジアの安全保障環境がより強固なものになる。

しかし、これまで日米同盟に長く関わってきた政府関係者、防衛関係者からは、ＮＡＴＯのアジア版の発想に激しい反発もある。

「中国は地域各国の最大の貿易相手国だから、各国は将来的には中国とより建設的な関係を築くことが目標で、アジア版ＮＡＴＯはその可能性をなくす」

「ヨーロッパとアジアは違う」

「アジアで多国間防衛同盟の結成は現実的ではない」

「あくまで日米同盟が基軸だ。それを越えた枠組みは行うべきではない」などの主張がその理由だ。

要は、アメリカとの関係に慮《おもんばか》ってばかりで、アメリカの国際社会における影響力の低下という現実から目を背けようとしているのだ。

2021年8月の米軍のアフガニスタン撤退の混乱ぶりや、核をちらつかせるロシアを恐れ、ウクライナ侵攻を黙認し、かつ、ウクライナに米軍の派兵も行わないという自国最優先の政策を推し進めるアメリカを見て、世界各国の信頼は地に墜ちつつある。

いま、日本の防衛で真に考えるべきことは、アメリカ一国依存からいかに脱却するかだ。これは経済安全保障における中国リスクと同じ考えに基づくものだ。

そのような危機意識のもと、私が考えるアジア版NATOの構想について、以下に記す。

アジアでもっとも厳しい安全保障環境にある日本が旗振り役を務め、日本にアジア版NATOの本部を置く。核兵器を保有する軍事大国アメリカも旗振り役として加え、韓国、フィリピン、インドネシア、シンガポール、タイ、マレーシア、オーストラリア、ニュージーランドを入れ込んで、同盟に据える。

インドは非同盟路線を歩んでいるが、中印国境の緊張関係を思えば、加盟する可能性はある。

しかし、現段階では中国への政治・経済依存度が高いカンボジア、ミャンマー、ラオス、パキスタン、スリランカ、ブルネイ、ベトナムの加盟は難しい。

アジア版NATOの実現には日米の両首脳が旗振り役を務める必要があるが、その動きを知ったら、当然中国は黙っていない。

アジア版ＮＡＴＯの設立について否定材料を挙げればきりがないが、それを実現しなければ、これからもずっと各国独自の孤立平和主義の道を歩むしかない。

習近平体制が長期化し、中国の覇権主義がより牙を剝いているいま、アジアでも軍事同盟がなければ、ＮＡＴＯを持つヨーロッパのような平和は望めない。

しかし、国連の常任理事国入りに憲法第九条が大きな壁になっているのと同じ理由で、日本はアジア版ＮＡＴＯの設立にも運営にも関わる〝資格〟を持てない。アジア版ＮＡＴＯが本家のＮＡＴＯ同様、集団的自衛権を前提とする限り、加盟国が攻撃されれば、全加盟国は一丸となって反撃しなければならず、現下の日本にはそれができないからだ。日本がアジア版ＮＡＴＯに参加するためには、まずは憲法を改正して、集団的自衛権を行使できるようになる必要がある。憲法第九条がある限り、日本は、たとえアジア版ＮＡＴＯに入っても、ほかの加盟国と一緒になって、攻撃してくる国に対して武力で反撃をすることはできないからだ。

決して十分とは言えないが、憲法改正を行うまでは、日米安全保障条約を結んでいるアメリカを頼りに、自力で防衛力を可能な限り向上させるしか道はない。

とにかく重要なのは、日本自身が根本的に変わることだ。

06 このままではAUKUSに入れない日本

２０２４年４月８日付ロイターによると、アメリカ、イギリス、オーストラリアの３ヶ国は安全保障の枠組みＡＵＫＵＳ（オーカス）を通して、日本との防衛パートナーシップを認識し、先端防衛技術分野で協力することを検討していると明らかにした。

しかし、日本はサイバー防衛強化や秘密保持に関する規則厳格化が必須となる。協力には課題が残る。

ＡＵＫＵＳは２０２１年９月に結成された、オーストラリア・イギリス・アメリカ３国間の安全保障の枠組みである（ＡＵＫＵＳ＝Australia-United Kingdom-United States of America）。

設立の狙いは、インド太平洋の海域において、軍事力を高める中国への抑止だ。バイデン政権が重視する、同盟国や友好国の能力を総動員する「統合抑止力」の一環で、とくに原子力潜水艦（原潜）の配備によって、法の支配をつき崩そうとする中国を抑えつけて好き勝手にさせないという意思表示だ。

日米同盟のアメリカはもちろん、イギリスとオーストラリアからも技術力と経済力がある日本と連携を深めたいと、ＡＵＫＵＳへの日本の参加を期待する声が日々大きくなっている。

その背景には、台湾海峡や南シナ海、朝鮮半島などにおいて中国、北朝鮮、ロシアの脅威が高まり、アメリカ単独では対応が難しくなっているという現状がある。

ＡＵＫＵＳは、日本が参加することによって、既存のミサイル防衛システムでは迎撃が難しいとされる極超音速ミサイルや量子技術、AI、サイバーなどの先端技術分野での共同研究や開発を行うことが可能となる。

日本にとっても、AUKUSへの参加が決まると、日米同盟に加えて、より高度な防衛技術を手に入れることができる。

「中国は日本のAUKUSへの参加に断固反対する。AUKUSは、アジア太平洋地域の平和と安定を破壊する軍事同盟であり、徒党を組み、我が国との軍事的な対立をエスカレートさせている」と中国の報道官は記者会見で述べている。

日本がAUKUSに参加できないように、中国はひそかに日本の企業の幹部や親中議員に工作活動を行っているとされている。

中国海軍は、水深が深く潜水艦の探知が難しいとされる南シナ海において、核兵器の搭載が可能な潜水艦発射弾道ミサイル（SLBM）装備の攻撃型原子力潜水艦（攻撃型原潜）配備を進めているとみられている。

AUKUSがオーストラリアの攻撃型原潜の配備を急ぐ背景には、この海域で中国海軍が海洋進出の動きを強めていることが挙げられるが、オーストラリア政府自身も、自国で通常保有している潜水艦のみでは中国海軍の脅威に対抗できないと判断し、アメリカやイギリスから原潜の技術供与を受ける決断をしたのだった。

このまま中国が南シナ海での実効支配を強め、インド太平洋での影響力を強めると、その海域の秩序が壊され、自由な航行ができなくなる。

オーストラリアは日本と同様に、これまで核兵器保有を否定してきた。

しかし、今回、原子力潜水艦を保有することで、中国の核に対する抑止力を持つことになる。

まさに、ＡＵＫＵＳの目玉はアメリカとイギリスが協力してオーストラリアに攻撃型原潜を供給するという取り決めなのだ。

同時に、オーストラリアの攻撃型原潜の保有は、他力本願とはいえ日本にとって同海域の安全保障の面で歓迎すべき事態と言える。

攻撃型原潜は就役から退役まで燃料交換不要で、航行速度が高く、長期間潜水が可能だ。しかも射程距離の長い弾道ミサイルを搭載できる。

しかし、原潜はこれまで、ＮＰＴ（核兵器不拡散条約）で核兵器保有を認められたアメリカ、ロシア、中国、イギリス、フランスの5ヶ国と、ＮＰＴ未加盟で核兵器を保有するインドしか配備していない。

日本がオーストラリアのように、ＡＵＫＵＳに加盟し、原潜の供与を受けるためには乗りこえなくてはならない障壁が三つある。

ひとつ目は、機密情報や先端技術の取り扱いにおいて必須の「セキュリティ・クリアランス（適格性評価）制度」の法体制を早急に構築することである（24項参照）。

ふたつ目は、機微情報や機密情報を漏らした者に厳罰を科す特定秘密保護法、いわゆる「スパイ防止法」の制定だ。

そして、三つ目は、憲法改正だ。

日本国憲法が専守防衛を規定しているため、集団安全保障面において他国に協力できる軍事行動が限定的にならざるを得ない。

また、核兵器保有がすぐには難しくても、アメリカはもちろん、イギリス、オーストラリアの原子力潜水艦を支援することのできる法整備を行う必要がある。

日本がAUKUSに参加するには、サイバーセキュリティへの対応やスパイ防止法などの法整備に加えて、暗号化技術などの最新技術や高度な情報を加盟国と共有するための法整備も必要不可欠だ。

ロシアのウクライナ侵攻においても、情報の優越性が戦況を決定することが示された。戦争ともなれば、シームレスに信頼性の高い情報を得られるか否かが勝敗を決する。

オーストラリアへの原潜供与が現実になれば、非核兵器保有国としては初の原潜保有となる。なお、オーストラリアは原潜の供与計画に対し、引き続きNPTおよび国際原子力機関（IAEA）の規定を遵守すること、核兵器を保有する意思はなく、原潜にも搭載しないことを強調している。また、アメリカ、イギリス両国も、AUKUSの協定について、IAEAと協力し、NPTに定められた核不拡散上の義務を遵守することを誓約している。

日本も中国を牽制《けんせい》するためにも、防衛力を高めるためにも、AUKUSの枠組みのなかで、オーストラリアのように攻撃型原子力潜水艦を保有し、配備すべきときに来ている。

07 北方四島はロシアの核戦略に取り込まれつつある

ロシアの軍事侵攻で、ウクライナは領土を奪われつづけ、塗炭の苦しみを味わっている。日本もロシアによる北方領土の不法占拠が80年近くに及び、島民の苦しみが続いている。

ロシアのメドベージェフ安全保障会議副議長（前大統領）は2024年1月30日、北方領土返還を完全否定し「北方領土については、日本国民の感情は知ったことではない。ロシア領だ」とSNSに投稿した。

ロシアの憲法に基づき、北方領土問題は「永久に解決済み」との考えを示し、ロシア領との前提であれば日本との平和条約の締結に反対しないと表明した。

また、北方領土の開発が進み、兵器が配備される可能性にも言及した。

ロシアはウクライナへの軍事侵攻を開始した翌月となる2022年3月、北方領土問題を含む日ロの平和条約締結交渉を打ち切ると発表した。根底にあるのは、対ロ制裁に加わる日本への反発だ。

プーチン大統領も2024年1月、極東で開いた企業家との会合でロシアが実効支配する北方領土を含むクリル諸島（千島列島）について「必ず行く」と訪問する意向を明らかにしている。

2024年3月に大統領に再選された現下、北方領土に足を踏み入れる可能性は高い。

2024年3月にウクライナ侵攻以降、欧米を核で恫喝《どうかつ》しているロシアにとって、極東最大の軍事基地のある千島列島や隣接する北方領土の重要度は増している。

カムチャツカ地方のルイバチは、ロシア太平洋艦隊の核兵器搭載原潜の基地があり、頻繁に往来する核戦略上重要な海域だ。北方領土と隣接しており、日本へ侵攻するとなれば、前線基地のひとつになるとされている。

核兵器を積んだ弾道ミサイル原子力潜水艦（ＳＳＢＮ）を敵の攻撃から守るためだ。日本固有の領土、北方領土がいまや、ロシアの核戦略の最前線に組み込まれている。ロシアにとって北方領土の重要性は日々増している。

そもそも、北方領土はいかなる経緯でロシア（旧ソ連）に奪われたのか。

１９４５年８月14日、日本は「ポツダム宣言」を受諾して、連合国に降伏した。しかし、その後もソ連軍は８月28日に択捉島《えとろふ》に上陸、９月１日には国後島《くなしり》、色丹島《しこたん》に達した。１９４５年９月２日、東京湾上の戦艦「ミズーリ」甲板で、降伏文書の調印式が行われたが、ソ連軍は日本の降伏文書調印後も侵攻を続け、９月５日までには北方領土をことごとく占領した。

戦後、日本が国際舞台に復帰し、経済力をつけるなかで「固有の領土」の返還を求める日本と、ソ連・ロシアはすれ違いを続けてきた。

奪われた領土を取り戻すべく、日本がロシアとの北方領土交渉で返還にもっとも近づいたのは、ソ連崩壊後の１９９２年、エリツィンがロシア連邦初代大統領になったときだ。

エリツィン自身は交渉することに前向きだったが、彼の周辺のナショナリストが北方領土を絶対渡さないと反対していたと言われている。そのとき、人の良い日本外交はエリツィンを無理に追い込むことをせず、その結果、最大の好機を逃したと言える。

エリツィンのあと、領土拡大に執念を燃やすプーチンが政権の座に就いたことで、北方領土返還は遠のいた。

しかし、現在、ウクライナ侵攻で国際法を無視したプーチンの領土拡張主義に非難が集まっている。いまこそ日本が北方領土問題を国連に持ち込む好機である。

外交のやり方次第では、ロシアの譲歩を引き出し、何らかの有利な決議を引き出せるはずだ。

ロシアがウクライナに軍事侵攻した日から8ヶ月後の2022年10月7日、ウクライナ議会は突如、北方領土について「ロシアによって占領された日本の領土」と認める決議を採択した。「北方領土に関する日本の立場を支持する」と宣言し、「北方領土が日本に帰属するという法的地位を定めるため、あらゆる手段を講じるべきだ」と国連やヨーロッパ議会などの国際機関も一貫した支援と行動をとるよう訴えた。

ゼレンスキー大統領も同日、公開した動画でも議会の決議に触れ、「ロシアの占領下にある北方領土を含め、日本の主権と領土の一体性を尊重する。ロシアは北方領土に対し何の権利もない。ロシアが占領しつづけようとしている土地をすべて奪還しなければならない。世界の誰もがそう理解している」と北方領土交渉で日本の立場を支持するよう国際社会に訴えた。

そのうえで大統領令に署名し、ウクライナ最高会議（議会）も同様の声明を出したことを明らかにした。

ゼレンスキー大統領のこの発言に対して当時、日本国内では大手メディアも含めて、〝領土奪還に日本に援軍！〟と歓喜の声が湧き起こった。

しかし外交の専門家の視点からとらえると、日本人や日本のメディアのこの反応の仕方は間違っている。

日本は欧米各国とともに、ロシアに対する制裁を行っているが、ロシアはこうした対応に反発する形で日本に圧力をかけていて、北方領土を含む日本との平和条約交渉を一方的に中断した。

それに対して、日本国内で動揺が広がっているのを見逃さずにウクライナが投げて来たのは、表面上は日本に〝援軍〟を装いながらじつは胸元に投げてきた、のけぞるような際どい球なのだ。

日本国民が真に北方領土返還を願うなら、この発言に対して「ＮＯ！」「ありがた迷惑」とウクライナ政府に抗議を突きつけなくてはならなかった。

なぜなら、ゼレンスキー大統領の発言の真意は、クリミア半島に続き、ウクライナ東・南部４州が一方的にロシアに併合されたのを受け、ウクライナを支援する日本との結束を示し、ロシアに対する国際的な非難を強める狙いがあったと分析できるからだ。

領土問題は第三者が介入しても解決することはできない。「当事者間でしか解決できない」というのが、国際社会の常識であり、とくにそれが領土紛争が絶えない中東では暗黙のルールなのだ。

もし、ゼレンスキー大統領が日本を応援するつもりなら、「日本側の了解」を得たうえで、自らプーチン大統領とウクライナで併合された領土と北方領土の返還も合わせて交渉して、結果を出すべきだ。

そうでなければ、ゼレンスキー大統領の発言は、現在の日本とロシアの関係をいたずらに刺激し、壊すことにもなりかねない。そういう意味でむしろ逆効果と言える。

日本政府としては、ウクライナに抗議の申し入れをすべきだ。

当然、抗議をしていると思うが、もし抗議をしていなければ、外務省の怠慢であり、ここはむしろ外務省のロシアンスクールの腕の見せどころだと思う。

外交官として、忘れられない経験がある。

最初の赴任地だったパレスチナのガザで、私はパレスチナ解放機構（ＰＬＯ）を率いた指導者、アラファト議長の通訳を何度も担当した。

アラファト議長はイスラエルから領土奪還のために人生を賭けた政治家、戦士だった。

そのアラファト議長が、立場の弱いパレスチナが強者のイスラエルとの直接交渉で領土を奪い返すのがいかに難しいか、本音をもらす場面に幾度か遭遇した。

イスラエルは現に領土を占有している。最後は仲介者のアメリカに頼らざるを得ないのだと。

その後、在ワシントン日本大使館で勤務した私は、中東和平交渉を最前線で仕切っていたアメリカのデニス・ロス交渉官と差しで話す機会を得た。

その際、長年疑問に思っていたイスラエル・パレスチナ問題について、アメリカの立場を問うた。

デニス・ロス交渉官の回答は当時の私には意外なものだった。

「領土問題は、当事者間でしか解決できない」

というもので、

「いくらアメリカが折衷案を提示しても、それを飲むか飲まないかは、最後は両国の当該政治指導者の人生を賭した決断である。中東ではその決断は命を落とすことにつながるからだ」と。

実際1993年、オスロ合意に調印し、パレスチナに領土を譲ったイスラエルのラビン首相は、2年後の1995年に暗殺された。

一方、アラファト議長はオスロ合意によってイスラエルとの歴史的な和平協定を果たし、パレスチナ自治政府を設立した。

ちなみにアラファト議長は1994年、この功績によって、イスラエルのラビン首相、シモン・ペレス外相とともにノーベル平和賞を受賞した。

しかし、イスラエル側で和平を主導していたラビン首相が暗殺されてからはイスラエルとの和平プロセスは停滞。晩年にはイスラエルとの対立やパレスチナの内紛に苦しめられた。

アラファト議長も結局、最後までエルサレムを譲るという決断ができず、領土問題は未解決のまま、2004年にこの世を去った。

領土は国の力の源泉。

国民が命を守り、生き抜く基盤だ。

だからこそイスラエル建国があり、それに抗《あらが》うパレスチナ、ハマスの闘争があり、ゴラン高原を取られたシリアのいまがある。

中東では、領土は人の命そのものなのだ。

領土はいつでも奪われる可能性がある。人命もまた、しかり。

そして、奪われた領土は戦争によって奪還するしかない。

それが中東の常識であり、世界の常識なのだ。

ロシアに不法占拠されている北方領土、韓国に不法占拠されている竹島、中国が領海侵犯を繰り返す尖閣諸島など、日本人は自国の領土を防衛するという意識が低く、ことを荒げることを避ける傾向が外交にもある。

領土を奪われても、奪われそうになっても、ただ「遺憾」とコメントするだけでは、周辺国の脅威に打ち克つことができないばかりか、国土を護ることができない。「日本外交は世界の非常識」と嘲笑の対象になるだけだ。

平和主義外交を続けるのはリスクが大きく、そこが戦争の着火点となる恐れが十分にある。

ウクライナ人、イスラエル人、パレスチナ人、中東の戦乱の民のように、日本人も覚醒し、いつ自国を奪われるかもしれないという危機意識を強く持つべきである。

言うまでもなく、日本は世界でもっとも危険な国であり、その脅威がすでに現実のものになりつつあるからだ。

08 竹島を本気で取り返すためにいまやるべきこと

毎年2月22日は「竹島の日」だ。

島根県は竹島の編入を告示した1905年（明治38年）2月22日を記念し、この日を「竹島の日」と条例で定め、2006年から毎年、松江市で式典を行っている。

島根県は再三にわたり、総理や領土問題担当相に式典への出席を求め招待状を送っているが、総理も担当相も、今年2024年も出席を見送り、代わりに12年連続、格下の内閣府政務官が出席した。

総理も担当相も欠席した理由として政府は、韓国は国際社会のさまざまな課題にパートナーとして協力していく重要な隣国であり、政府内で諸般の情勢を踏まえて検討した結果、政務官が出席することとなったと説明した。

「国際法上なんら根拠がない不法占拠で容認できない。毅然と対応しつつ国際法に則《のっと》り、粘り強い外交交渉で総力を挙げて我が国の立場を韓国側に伝える。島根県の思いを胸に刻み、連携して情報発信の強化に努める。平和的に紛争を解決することが政府の方針」と御説ごもっともだが、実行をともなわない岸田総理の言葉は空疎だ。

政府のトップリーダーからしてこのような弱腰の対応では、韓国が実効支配を続ける竹島を取り戻すことは、もはや絶望的な状況なのではないか。

「国際法上なんら根拠がない不法占拠」と言うならば、政府は奪還までのロードマップと具体的な対応を示し、そのうえでそれができない理由も示すべきである。そうでなければ、島根県民や国民を欺いていると言われても仕方がない。

そもそも竹島は歴史的事実に照らしても、かつ国際法上も明らかに日本固有の領土だ。日本が竹島を実効的に支配し、領有権を再確認した１９０５年より前に、韓国が同島を実効的に支配していたことを示す明確な根拠はない。韓国からも提示されていない。

したがって韓国による竹島の占拠は国際法上で言うところの不法占拠である。

ここ最近、韓国は国会議員の竹島への上陸、竹島において軍事訓練を実施するなど、韓国領であると国際社会にアピールし、既成事実化しようとする動きを強めている。

韓国の竹島の不法占拠は１９５２年（昭和27年）１月、当時の李承晩韓国大統領の一方的な海洋主権宣言に始まった。

いわゆる李承晩ラインを国際法に反して設定し、同ラインの内側の広大な水域への漁業管轄権を一方的に主張するとともに、そのライン内に竹島を取り込んだ。これは公海上における違法な線引きだ。

自衛隊の設立は、２年後の１９５４年７月だ。

李承晩ラインの設定は、軍備を持たない終戦後の日本のまさに弱点をつく不法占拠だった。

韓国内務部は１９５４年６月、１ヶ月後に自衛隊が設立するのを見越したように、間隙を縫って、韓国沿岸警備隊の駐留部隊を竹島に派遣した。

同年８月、竹島周辺を航行中の海上保安庁巡視船が竹島にある韓国の軍事施設から銃撃され、これにより竹島に韓国の警備隊が駐留していることが明らかになった。

韓国の実質的な不法占拠の始まりだった。

韓国は半世紀以上も竹島に警備隊員を常駐させるとともに、宿舎や監視所、灯台、接岸施設等を構築し、着々と軍事要塞化を進めている。

さらに日本側に怒りを植え付けたのは、韓国大統領の常軌を逸した行動だった。2012年8月、李明博《いみょんばく》大統領が竹島に上陸したのである。

韓国大統領が竹島に上陸したのはこれが初めて。この出来事を境に日韓関係が悪化する。なぜ、李明博大統領は竹島に上陸したのか。

韓国大統領の任期は5年。後半になると国民の支持率が下がる。そのため巻き返しを図ろうと、臆面もなく竹島上陸という荒技をやってのけたのだ。

最近も、2023年5月、国民受けを狙って、韓国の国会議員が竹島に上陸した。我が国の事前の抗議・中止の申入れにもかかわらずである。

では、現実に即し、竹島を取り返し、日本の領土に編入するにはどのような方法があるだろうか。

国際的には、武力によって不法占拠された領土は武力によって取り返すしか方法はないが、憲法でそれができない日本はこのまま手をこまねいているしかないかと言えば、そんなことはない。

武力なき竹島奪還には、三つほど方法が考えられる。

第一に、国際司法裁判所に付託すること。

竹島が韓国に不法占拠されてから60年以上の月日が流れている。

この間日本は、1954年、1962年および2012年に、韓国に竹島問題を国際司法裁判所に付託するように提案したが、韓国の拒否により裁判は開かれていない。

国際司法裁判所で裁判が開かれるためには、両国の付託が必要である。日本の提訴だけでは裁判は開かれないのだ。

また、再三再四文書または口頭により抗議を行ってきているが、韓国は反発を強め、不法占拠を既成事実化する行動に出るばかりであり、いずれも功を奏していない。

膠着状態が続くなか、日本の対応の効果を疑問視する向きもある。

すなわち、このまま日本による外交上の消極的措置のみが続けば、第三国から見れば、日本は韓国による竹島の領有（実行支配）を黙認したと見なされかねない。

そのためには、韓国による実行支配を止める必要がある。

韓国に竹島問題を国際司法裁判所に付託するよう、間断なく、かつ執拗に呼びかけ、国際法に則り、冷静かつ平和的に紛争を解決すべき道を模索すべきである。

第二に、韓国の政治状況の変化を見逃さないこと。

2024年4月10日投開票の韓国総選挙は、最大野党「共に民主党」が過半数を上回る議席で圧勝した。

大統領や所属する政党によって、政治状況がめまぐるしく変化するのが韓国だ。親北朝鮮になったり親中国になったり、そのまた逆もしかり。

半島国家である韓国は、隣国の北朝鮮、その北朝鮮を隔てて中国と陸続きで、常に緊張状態にあり、両国の強い影響を受けつづけている。政変や紛争など、変化を見逃さないように常時、ケアと監視を怠らず、政権が弱体化したそのときが竹島奪還のチャンスと心掛けるべし。

第三に、人口減によって経済力が激しく落ち込み、韓国社会が不安定化したときが好機だ。

韓国の2023年の合計特殊出生率は0・72で、8年連続で過去最低を更新した（2024年2月28日、韓国統計庁発表）。

日本の1・26やOECD（経済協力開発機構）の加盟38ヶ国の平均1・58（2021年）を大きく下回る数値だ。

韓国で2023年に生まれた子供の数は23万人で、2022年より1万9200人減少し、歴代最少を記録。4年連続で人口が減少した。

出生数の減少と人口減少による著しい経済力の低下、社会の混乱を見逃さないこと。

そのときこそ、日本が韓国に対して強行に交渉できる千載一遇の機会だ。

09 有事には餓死者が出る恐れもある食料自給率の危険水域

〈食料を自給できない人たちは奴隷である。〉（キューバの著作家・革命家　ホセ・フリアン・マルティ・ペレス）

〈食うものだけは自給したい。個人でも、国家でも、これなくして真の独立はない。〉（詩人・彫刻家　高村光太郎）

農林水産省の発表した「食料需給表」によれば、我が国の食料自給率は年々、低下の一途を辿り、2018年度の食料自給率（カロリーベース）は統計開始以降、ついに37％と過去最低を記録した。2022年度は38％とわずかに改善したものの、依然として低い水準に留まっている。

食料自給率は、国内で消費された食料のうち国産の占める割合のこと。我が国の食料自給率の世界ランキングは53位で、先進国のなかで最低の水準となっている。

日本の食料自給率は、なぜこれほどまでに低いのか。

食料自給率が低いことの根底にはどんな理由があり、どんな問題が横たわっているのか。

食料自給率が低い日本は、真の独立した国家といえるのか。

日本の食料自給率はここ30年の間40％を前後しており、国内で消費される食料の約6割を輸入に頼っている。日本は世界でもっとも食料輸入依存度が高い国のひとつだ。

食料調達を輸入に頼ることは、食料自給率を低下させるだけでなく、食糧安全保障を脅《おびや》かすなどさまざまなリスクがある。

食料安全保障とは、すべての人が、いかなるときにも、活動的で健康的な生活に必要な食生活上のニーズと嗜好《しこう》を満たすために、十分で安全かつ栄養ある食料を、物理的、社会的および経済的にも入手可能であるときに達成される状況をいう。

もし輸出国（日本にとっては輸入国）が、収穫の不振や何らかの社会的、政治的な理由で対象国に輸出制限を行った場合、即時に日本は食料の確保に困難を来たすことになる。

国際価格が急騰した場合、日本は食料調達に多くの外貨を支払う必要がある。当然ながら、貿易収支や国際収支に悪影響を及ぼす。同時に、消費者も食料品価格の上昇に直面することになる。

輸入された食料の安全性や品質に問題があった場合、日本は消費者の健康や信頼を損なう可能性がある。２００８年には中国産乳製品にメラミンという有害物質が混入されていることが発覚。これにより、日本では中国産乳製品への不信感が高まった。

万一、毒薬や劇薬などの物質の混入が、日本に悪意のある国家の意思として行われた場合、日本国内で多数の犠牲者を出すことになる。

一方、国際情勢に目を向けると、ロシアがウクライナに侵攻し、またイスラエルとパレスチナ武装勢力が戦争状態となり、世界は第三次世界大戦に発展するのを食い止められるかの瀬戸際にある。

アジアでは中国が軍事力を高めている。

尖閣・台湾有事で真っ先に危惧されるのは、中国人民解放軍による海上封鎖だ。台湾が海上封鎖されれば、台湾海峡や南のバシー海峡の交易路が絶たれる。ヨーロッパ、アジア、アフリカなどから日本へ向かうタンカーや輸送船の経路も当然ながら絶たれる。

そのなかには、食料を搭載した輸送船も含まれる。それらの船は危険を回避して、安全確保のために台湾東の太平洋を迂回《うかい》して日本に向かうことになり、輸送に要する時間が増えてしまう。

有事が起これば、タンカーにせよ食料を積んだ輸送船にせよ、船主は巻き添えを食らうのを怖がって日本への輸送を控えるようになる。あるいは台湾海峡やバシー海峡を避けて迂回するために、運航費や乗務員の給料、船舶に支払う保険料が高額に跳ね上がる。

それらは物価高となって国民の食卓を直撃する。

米主体の第二次世界大戦敗戦直後までの食生活に戻ることになる。

当時の一日あたりの米の配給はひとり2合3勺《しゃく》だった。いまはこんなに米を食べる人はまずいない。しかし、当時は肉、牛乳、卵などが乏しく、米しか食べられなかったので、2合3勺でも国民は飢えに苦しんだ。

1億2000万人に2合3勺の米を配給するためには、玄米で1600万tの供給が必要となる。しかし、現在の米の生産量はわずか670万tで、供給量は備蓄等も入れて800万t程度しかない。輸入小麦の備蓄も2、3ヶ月分しかない。

当然ながら、有事が発生すれば他国は危険を回避するため輸入が困難になり、我が国はエネルギーや食料の備蓄が底をつき、国家存亡の状況に陥る。

そうならないために、日本は日ごろから食料自給率を高め、食料の備蓄を増やさなくてはならない。食料自給率の向上は日本の食の安全確保および日本人の自立、自分が食べるもの・家族が食べるものに責任を持つことに直結し、日本の食文化を守ることにもつながる。

基本的に国民が消費する食料と国内で生産する食料を一致させることが、食料自給率を高める。たとえば、消費者が国産食材の価値や安全性を理解し、適正な価格、つまり輸入食材より高めで購入することも国内の農業の担い手を育てることにつながる。

食料自給率を高めるために、肉や乳製品などの畜産物や加工品を増産したり、小麦や大豆などの穀物を多品目栽培したり、新しい品種や技術を開発したりするのも有効だ。

また、非常時に備えて食料備蓄制度を整備したり、国内で再生可能な飼料資源を確保したりすることも必要だ。

国内の食料生産維持は、短期的には輸入よりコストがかかるだろう。しかしながら、「お金を出しても食料が買えない」不測の事態を考慮すれば、国内生産を維持するほうがコストは低い。

いまこそ食料の国内生産を維持・拡大するために、国民全体で食料を守る意識が必要だ。

生産、流通、小売、消費、関連産業は「運命共同体」である。

小売は「買い叩き」をやめよう。

農家のコストを無視して、小売が売値に合わせて卸売業者に産地価格を指示するのでは、農家は苦しくなる一方だ。農家がつぶれたら小売も持続できなくなる。

消費者も「安ければ良い」だけを追求するのをやめよう。

農家がなくなれば、食べるものがなくなる。

敵国に「食の供給源」を握られるとは、そのまま国民の命を握られることであり、国の独立を失うことだ。

命を守り、環境を守り、地域を守り、国土・国境を守っている産業を国全体で支えることは、欧米では常識だ。


食料自給率の高い国の取り組みを見てみる。

南半球に位置し四季もある島国、ニュージーランドも農業の担い手の高齢化や労働者不足といった課題は日本と似ている。

しかし、ニュージーランドの食料自給率は300％から400％と驚くほど高い。

大麦や小麦等の穀物が250％、野菜・果物類が約203％、肉類が約335％、魚介類は約625％にも上る。

先進国のなかでもかなり高いのは、ニュージーランドが農業国だからであり、人口が少ないのもここまで自給率を押し上げている理由だ。

日本の4分の3程度の国土に人口はわずか500万人で、日本の25分の1だ。

2019年の羊の飼育頭数が2700万頭で、羊が人の数より数倍多い。

有事の際も他国に頼らず、自国で十分まかなえる食料自給率だ。

最近では地熱発電所が次々とつくられ、エネルギーもほぼ自前だ。

また、水資源も豊富だ。

ニュージーランドの農業は輸出が多い。とくに、この１００年ほどで、果物の栽培が急激に伸び、そのほとんどが輸出されている。

そこに至るまで、ニュージーランドの生産者は自分たちの土地が農耕栽培に恵まれた環境であることを認識し、輸出に適した農産物の栽培、品種改良などに取り組んできた。

とくにキウイフルーツは、いまではニュージーランドの農作物の輸出額の約半分を占める特産品に育っている。

キウイは別名「チャイニーズ・グーズベリー」

１９０４年、中国から持ち込まれた種をゼロからニュージーランドで研究開発し、輸出に適した商品に品種改良したものだ。

また、ニュージーランドの果物農家はマーケティング活動にも力を入れている。

キウイフルーツ、リンゴなどは、果物生産者が共同で海外向け販売促進活動を行うなどの努力をした結果、国を代表する輸出果実に成長した
最近、日本でも春から夏にかけてニュージーランド産リンゴを目にすることが増えた。これは、北半球・南半球の季節差を利用したもので、アジア、北米、ヨーロッパ向けに個性的なブランドが世界の市場に浸透しつつある。

キウイフルーツやリンゴのほかにも、アボカド、アプリコット、サクランボ、ベリー類といった果物が生産されており、その多くが輸出されている。

１００年というスパンで、ゼロから始めて世界的な農産物ブランドに育てるというやり方は、日本も参考になるのではないか。

また、ニュージーランド産ワインは白が世界的に有名だ。ワインは単品で輸出品目第一位のキウイフルーツに次いで多い品目だ。

ワイン用のブドウは、ほぼ１００％がニュージーランド国内で生産されている。

これも、農産物を販売する海外市場でのマーケティング活動を強化するなどして、農産物そのものの価値を高める努力が実った結果だ。

キウイフルーツ、リンゴ、ワインなど農産物を海外に輸出する農業力が、食料自給率を下支えし、強固なものにしている。

日本と比べ人口が圧倒的に少ないニュージーランドは、今後も継続してこれらの努力をすることに加え、新しい農業技術の導入にも積極的だ。

キウイやリンゴなどの収穫、ブドウの剪定《せんてい》作業を無人で行うためのロボット、土壌のセンシング（センサーを利用して情報を計測し数値化する技術）や管理アプリを使った農業経営効率化のためのシステム開発などで、優れたニュージーランド企業が続々と現れている。

イスラエルもニュージーランドほどではないが、食料自給率は90％以上と高い。

年間降水量が平均700㎜以下、南部では50㎜以下と、水資源の豊富なニュージーランドとは真逆の砂漠地帯とともにある過酷な環境を考えると、食料自給率の高さには驚く。気温は高く、湿度が低いこの地では、水はすぐに蒸発し塩分が土中に蓄積してしまう。水の利用効率が極端に悪い。

イスラエルは乾燥地帯といった制約のなか、隣国との緊張関係もあり、食料の確保は死活問題だ。生きるためとはいえ、砂漠で農業を行うことは困難を極める。

それを克服するために、国を挙げて独自の農業技術を開発、過酷な環境で不可能と思われることを成し遂げてきた。

イスラエルの高い食料自給率を支える要因は、ハイテク農業（アグリテック）だ。

再生技術で浄化した水は、飲用には適さないが農業には利用できる。

再生による水浄化を実現したのが、1965年に開発された点滴灌漑《かんがい》という技術だ。プラスチック製のパイプを通して、作物を育てるのに必要な場所だけに水を届ける技術は、蒸発を抑制し、利用効率を上げる。

さらには、届く水の成分まで管理できるため、塩害の対策も万全だ。点滴灌漑はいまも改良を加え、さらなる発展を遂げている。

肥料や農薬を水に入れて効率的に散布することもできるうえに、インターネット経由で、どこからでも農地の管理が可能になった。

広大な農地の広がるアメリカの大規模農家でも、イスラエルのこの点滴灌漑技術の導入が進んでいる。

イスラエルのテクノロジーで管理する農業で生産された農産物はジャガイモ、トマト、ピーマン、柑橘《かんきつ》類、ナツメヤシ等、多彩だ。

イスラエルから日本に輸出されている農産物は、グレープフルーツジュース、ポメロジュース、レモンジュース、オレンジジュース、生鮮・乾燥果実等の柑橘類が上位を占める。

ニュージーランド、イスラエルと見てきたが、温暖な気候、四季に恵まれ、水に不自由しない我が日本の食料自給率が極端に低いのは、世界的に異常と言わざるを得ない。

今後も日本の食料自給率に抜本的な対策を講じられないなら、平時は乗りこえられても、有事になったら国民に餓死者が出る可能性があることを、政府はいまから本気で考えたほうがいい。

10 人命に直結する有事の際の医薬品の原薬確保に危険信号

今後、日本周辺の安全保障環境が悪化すると、有事の際、海外からのさまざまな輸入物資が滞る事態が予測される。なかでも見逃せないのは、日本人の命に直結する医薬品の原薬（薬のなかに含まれる有効成分）の確保で、危険信号が灯ったままだ。

２０２０年の新型コロナ感染拡大時に、各国の医薬品関連工場が操業を停止し、供給網の寸断が生じるなどサプライチェーンが混乱したことで、日本の原薬の供給網のもろさが浮き彫りになった。と同時に、海外依存のリスクが顕在化した。

サプライチェーンとは原料調達に始まり、製造、在庫管理、物流、販売などを通じて、消費者の手元に届くまでの一連の流れを指す。

日本の医薬品は、その原薬の多くを海外に依存している。原薬の輸入調達先１９１４社の内訳は中国の３６４社（19・０％）が最多で、次いでインドが３１８社（16・６％）に上る。

日本化学療法学会によると、国内外で広く使われている抗菌薬の原薬（有効成分）は「１００％中国に依存している」という。

また、後発医薬品（ジェネリック医薬品）の原薬は、多くが中国とインドなど海外でつくられており、原薬の製造工程の一部でも海外に委ねているものを含めると、全体の59・４％にあたる５３８１品目が外国製を使っている。

原薬商社の業界団体「日本薬業貿易協会」によると、原薬はヨーロッパから調達していても、そのもととなる化学物質の多くは中国やインド製という。中国の1ヶ所の工場でしかつくっていない化学物質もあるとのことだ。

日本がもし、後発医薬品原薬の調達先第二位の中国と戦争を始めたら、調達に重大な支障を来し、「病院で希望する薬を処方してもらえない」という深刻な事態を招きかねない。

先発薬（新薬）は製造方法そのものがメーカーにとって重要な知的財産のため、原薬の製造から自社でまかなう場合が多いが、後発医薬品の原薬の多くは輸入に依存しており、中国企業によるさまざまな影響をまともに受ける。

先発薬の特許が切れたあとに製造された後発医薬品は、先発薬と同じ有効成分を使っているため効き目や安全性は同等だが、開発費用がかからない分だけ価格を抑えられる。

このため政府は医療費抑制と患者の自己負担軽減策として、後発医薬品の使用を促している。

2005年に32・5％だった使用割合は、2021年には79％に達した。

2020年新型コロナの感染拡大時に海外からの原薬の供給が滞り、危機感を覚えた厚生労働省は原薬の海外依存（とくに、中国依存）のリスクを少しでも減らそうと、医薬品に特化して「医薬品安定供給支援補助金」を設置するなど、医薬品メーカーに国内製造回帰を促しているが、動きは鈍い。

なぜか。

化学物質の製造はコストは安いが、環境汚染を招きやすく、環境問題をクリアするためには対策コストがかさむからだ。そんな日本の国内事情を見越したように、改革開放路線へと舵を切ったあとの

1980年代以降、中国政府は国策で環境規制をクリアした国有企業を後押しし、原薬の製造と輸出を本格化させた。

その勢いでインドのシェアを抜き去った。

平時なら、中国からの輸入は製品が安価であり、大きな問題はないとしても、パンデミックや有事の際、輸入が滞ると、中国の原薬で製造された薬を求めて混乱やパニックが起こるかもしれない。人命に関わる事態に陥る可能性もある。中国との闇取り引きが横行し、ますます中国にからめとられる危険性さえ想定されよう。

とはいえ、数十年がかりで構築した一大供給元となった中国からの調達を減らすのは容易ではない。医薬品産業は国際分業が進んでおり、供給網が複雑で全容の把握が難しい。かろうじて、供給が止まって初めてどこがボトルネック（妨げ）になっているかがわかるぐらいだという。

これでは国民の不安の解消はおぼつかない。

実際に2019年、後発医薬品の、感染症の治療や外科手術時の感染予防に広く使われる抗菌薬の供給が半年以上にわたって不安定になったことがあった。

そのため、複数の医療機関で手術が延期された。

環境規制への対応を理由に、中国の工場で製造が滞ったことなどが原因だったというが、それが事実かどうかは不明だ。何らかの中国の思惑が働いていたのかもしれない。

こうした状況を受けて日本政府も医薬品原料の安定的な確保に動き出した。

国内で製造する企業に2020年以降、累計約130億円を補助したほか、後発医薬品メーカーに対し、リスクを分散するために調達先を複数確保するよう要請している。

２０２２年５月11日に成立し、同月18日に公布した経済安全保障推進法では、工作機械・産業用ロボット、半導体などとともに、抗菌薬を特定重要物資に政令で指定して、国が関与を強めることにした。

経済安全保障推進法とは、経済活動に関して国家・国民の安全を害する行為を未然に防止する法律で、企業は調達計画をつくり、国に認定されると財政支援を受けられるようになった。

ただ、国内で原薬を製造するとコストが10倍かかるとも言われる。

約１万種類ある後発医薬品の、あらゆる原薬を国内だけで製造するのは現実的ではない。となれば、早急に中国に代わる原薬の調達先を海外に確保する必要がある。

インドからの原薬の調達を増やし、欧米など友好国に分散させたり、有事に互いに融通したりする枠組みが必要だ。

原薬の確保は日本のみならず、世界的な課題だ。

そこで、重要な役割を期待されるのが日本、アメリカ、オーストラリア、インドの４ヶ国による自由で開かれたインド太平洋（ＦＯＩＰ）構想を実現するための海洋安全保障の枠組み、クアッド（ＱＵＡＤ・日米豪印戦略対話）だ。

クアッドの首脳会議においても、半導体、電気自動車用電池、レアアース以外に、その重要性に鑑み、医薬品（原薬）を確保するために、中国以外にサプライチェーンを確保し強化するための作業部会が設置されている。日本にとってクアッドの存在は今後、ますます重要になる。

11 我が国の人口がゼロになる悪夢

ＣＩＡが発表している「２０２３年の合計特殊出生率」のランキングによると日本は１・39である。順位は２２７国中２１５位と、世界的に見ても最低レベルの数値である。

ちなみに、世界でもっとも出生率が低い国は台湾で１・09、その次に低いのは韓国の１・11。首位はニジェールで６・73、続いてアンゴラ、コンゴ民主共和国、マリ、ベナンと上位５ヶ国をアフリカ勢が占めている。

合計特殊出生率は「15〜49歳の女性人口」をもとに計算される。導き出された数値は、ひとりの女性が生涯を通じて産む子供の数だ。

人口が減りつづける日本。２０２３年の人口動態統計速報（２０２４年２月27日）によると、我が国の出生数は75万８６３１人で８年連続の減少で過去最少、２年連続で80万人を下回った。急速な少子化で、この傾向が続けば社会保障制度や国家財政の維持が厳しさを増すのは避けられない。

このまま対策を打てずにいると２０８２年に人口は半減、約６４００万人になると予想されている。そしてそのまま減少が続けば、日本の人口は３３００年ごろにゼロになると考えられている。

日本消滅の危機である。

なぜ、日本人は子供を産まなくなったのか。これまで国内外の多くの人たちと接してきた私の肌感覚ではあるが、一般的に、日本の男性はパートナーに対し優位に立ちたいと思う人が多い。

対する日本の女性は自分より賢い男性と結婚したい。できれば夫に養ってほしいと考えている人も少なからずいる。

欧米とくらべ、ジェンダー格差の大きい日本に特有の感覚と言える。

昭和の時代ならいざ知らず、令和のいまもその旧態依然とした価値観が男女双方に根深くある。その価値観に合致しないと結婚ができない。

加えて近年、経済的に自立する女性が増えた。そうなると、あえて自分の意思を押さえつけてまで、不本意な結婚をする必要はない。この結婚を選択しないという未婚化により、婚姻数の減少は加速していく。

さらに未婚化を推し進めているのが、高度経済成長期やバブル景気は過去の話で、それ以降30年間上がっていないと言われている賃金の問題がある。

賃金が上がらない理由は、企業の人件費の抑制や賃金水準の低いサービス産業の拡大、それにともなう「非正規雇用化」の進展などがあるが、それだけではない。

雇用が流動的な欧米では、賃金を含め入社時に労働条件について個人が企業と能動的に交渉するのは当たり前のことだ。しかし、日本の雇用関係では個人は受動的だ。日本も終身雇用から雇用流動化に移りつつあるいま、個人は仕事の決定だけでなく、賃金の決定にも主体的に関わるべきだ。充実したキャリアをつくるためには、賃金の交渉スキルを高めていくことも重要になっている。

しかし、終身雇用にどっぷりつかった時期が長く続いた日本の職場では、個人も、それと相対する企業の管理職や人事も、賃金や労働条件の交渉に慣れていない。

そんな不安定で先行きが見通せない状況では、結婚を含めた未来予想図を描くには無理がある。かえって結婚、出産、子育てが人生のリスクになる。その結果、出産意欲は減退し、結婚、出産、子育てのタイミングを遅らせる晩婚化の大きな要因となっている。

このままいくと社会機能を維持できるかどうかも危うい。かと言って、「異次元の少子化対策」なるものを政府が打ち出して警鐘を鳴らしても、適齢期の男女の心を動かすことはできそうにない。

昨年2023年、浜松市子育て情報サイトが行ったアンケート「『こども未来戦略方針（異次元の少子化対策）』では、少子化が改善するとは思わない」という人が9割と圧倒的多数だった。

ところで、出生率の低下がなぜ日本の国力の低下につながるのか。次の3点が挙げられる。

⑴人口減少によって経済規模が縮小する

出生率低下にともなう人口減少は、経済の需要と供給、両面において影響が出る。少子化によって経済成長を支える労働力人口が減る。2010年代にはアメリカの7割ほどの水準にあったひとりあたりの実質GDP（国内総生産）は、2050年代にはアメリカの6割程度まで低下すると言われている。人口減少が継続し生産性が停滞した場合、2040年代以降マイナス成長となることが予想される。

⑵少子高齢化にともない、医療費・介護費が増加する

75歳以上の後期高齢者の増加は、病院や介護施設を利用する患者の増加と比例し、結果、医療費・介護費の増加につながる。早晩、現在の1割負担で後期高齢者に医療サービスを提供するこ

とは難しくなる。

(3)現役世代への社会保障負担の増大

年金や医療費、介護などの社会保障費について、支える側と支えられる側のアンバランスが、少子高齢化によって一段と強まる。

民間試算によると、2040年の医療・介護給付費は、最大で2023年の6割増となる89兆円まで膨らむという。政府が財源の不足分を国債で充てず、現役世代の保険料で徴収すると仮定すると、20～65歳でひとりあたり年間46万円程度の負担増となる。

現役世代への負担が大きくなればなるほど彼らは生活に余裕がなくなり、少子化はより加速する。

注意すべきは、出生率の低下による労働者の減少を食い止めるようとことを急ぐあまり、外国から労働者およびその家族を大量に受け入れることだ。

「産めよ、増やせよ」という家族観・宗教観を持つ外国人を、政府が主導して家族帯同で大量に受け入れた場合、数年後には、日本で生まれた二世・三世が一大勢力となると予測される。一時的な労働力不足の解消には役立つとしても、日本人の労働者の賃金は低迷する。

長期スパンで見ると彼らの医療費や教育費、職を失ったときの生活保護、そして老後の問題など、日本経済を圧迫することは明らかだ。

より深刻なのは、移住してくる外国人が日本特有の食文化や社会に溶け込む努力をせずに、独自の文化圏、生活圏をつくることだ。極端なケースでは、日本人が立ち入れない宗教施設や民間施設、コミューンをつくり上げる動きがすでに散見される。警察捜査の及ばないエリアは治安が乱れる可能性もある。外国人労働者の受け入れは、あらゆる想定をしたうえで慎重に行うべきだ。

さて、改めて、日本が出生数の低下を防ぎ、出生率を回復するにはどうしたらいいかを考えると、フランスやスウェーデンのように、経済的支援だけでなく保育や育児制度の支援を強化することが重要だといまさらながら思う。

両国とも、1990年代には出産率が1・5～1・6台までに低下したものの、2000年代後半には2・0前後まで上昇している。

この背景には、家族手当等の経済的支援だけでなく、保育の充実や育児休業制度にも力を入れた子育てと仕事の両立支援の施策が影響している。

しかし、両国とも2010年ごろから再び出産率が低下しはじめ、2020年にはフランス1・82、スウェーデン1・66まで下がっており、出生率回復の難しさがうかがえる。

12 完全に中国に呑み込まれた香港と「次なる標的」日本の脆弱さ

中国という国家に侵略されるとどうなるのか。

２０２４年3月23日、その恐怖を如実に現す「国家安全条例」が香港で施行された。香港の議会、立法会は親中派が議席をほぼ独占する。

同条例は、２０２０年に施行された「香港国家安全維持法」を補完するもので、国家への反逆やスパイ行為、外国勢力の干渉、国家機密の不法な扱いなど、国家安全保障に関わる39の罪が新たに加わった。

それらに「違反した」と逮捕、拘留されたら最高で終身刑を科される。

スパイ活動などの防止を目的とする条例をめぐっては、犯罪行為の定義が広く曖昧だという指摘があり、香港のみならず、日本を含む世界中から企業活動などへの影響を危ぶむ声が挙がっている。

かつて開かれていた香港社会の閉鎖を加速させて自由を狭め、逮捕や拘留の恐怖による反対意見の排除に利用される可能性がある。

「反スパイ法」が施行されている中国本土では、日本人がスパイ行為に関わったなどとして当局に拘束されるケースが相次いでいる。

国家機密には「中国や香港の経済・社会、科学技術の発展に関する情報」も含まれると規定するなど範囲が広いうえ、具体的に何を「国家機密」とするかは当局の判断に委ねられる。

ビジネスで知り得た情報なども国家機密にあたると判断される可能性がある。

今後は日本でも、会社の出張などで香港や中国行きをためらうビジネスパーソンが続出するのではないか。

同条例は日本のビジネス界にとっても大きな潜在的リスクがある。早急に外務省は具体的な例を精査してホームページなどで国民に提示しなければならない。


そもそも国家安全条例は、イギリス統治下にあった香港が、1997年7月に中国に返還されたときに制定された香港基本法のなかに存在していたものだ。

「普通選挙」を実施するというイギリスサイドの要求と、民主主義化を画策するような政治犯らを取り締まることのできる治安維持条例を制定するという、中国サイドの相反する要求がともに盛り込まれ、中英間で約束されたのだった。

結果、中国はイギリスからの返還を受けて、香港を経済で取り込み、中国人移住を増加させた。

そして、2020年に暴力的な手法で「香港国家安全維持法」を施行し、香港市民の民主化要求の希望を打ち砕き、鎮圧し、市民の口を封じたのだった。

ふたつの国家によって翻弄されてきた香港市民。

そしていま、世界は香港の国家安全条例が補完する香港国家安全維持法をどのようにとらえているのだろうか。

欧米などからは「人々の権利と自由に否定的な影響がある」などと懸念の声が挙がっている。

イギリスは「国際都市香港の評判を落とす深刻な事態に陥るだろう」との懸念を示した。ロンドンでも香港人が外務省前で集会を開いた。

同条例に抗議するデモが台北や東京などで行われた。

同条例はスパイ摘発の目的だけでなく、煽動罪の定義が拡大され、言論や表現の自由に大きな制限が加わる。

香港では抗議活動は違法となる恐れがあるため、デモは起きなかった。

21年前の2003年、香港政府が同条例の制定を目指したときには、香港で50万人規模の抗議デモが起きるなど、市民の強い反対で撤回に追いやられ、先送りにされた。

中国政府はしたたかに時間をかけて推し進め、最後は市民の首根っこを締め上げて条例を成立させ、施行した。彼らのやり方には戦慄を覚える。

条例の施行後、香港で言論や行動の自由は制限されている。そのため人々は慎重に行動したり、発言を控えたりしている。

オーストラリア政府は香港への渡航情報を更新し、条例施行によって「意図せず拘束される可能性がある」と注意を呼びかけた。

台湾の情報機関・国家安全局のトップは立法院（国会）での質疑で、香港に入境する際、過去にSNSで中国の政治・経済を批判したり、批判的な情報を携帯電話に保存していたりするとトラブルになる可能性があるとした。

在香港日本総領事館は在留邦人や旅行客向けに電子メールを出し、条例の運用などについて注意深く見ていく必要があるとしたうえで、「然《しか》るべく注意してほしい」と呼びかけている。

国家安全条例のなかに、「国家秘密窃取《せっしゅ》およびスパイ行為罪」がある。

この国家秘密の定義は、中国政府の法制にならって絶密（最高国家機密）、機密、秘密の3段階に分類されている。

絶密とは絶対秘密のことで、漏洩されると国家安全と国家利益に「重篤」な損害をもたらす秘密のこと。

機密とは漏洩されると国家安全と利益に「深刻」な損害をもたらす秘密。

そして、秘密とは漏洩されると国家安全と利益に損害をもたらす秘密。

三つの定義は、曖昧な仕分けだ。

また、違法暴露罪として、メディアや学術雑誌による情報漏洩も犯罪として取り締まられる可能性が含まれている。

条例では、学術研究雑誌や新聞の記事が煽動刊行物罪、違法暴露罪などに問われる可能性がある。

経済社会の発展に関する情報やハイテクの発展・技術に関する独自の取材までもが、国家秘密として保護対象になっており、経済や社会問題について報道した記者も条例違反として逮捕される可能性がある。

メディア報道や学術研究論文などに関する免責事項の説明は、2002年に提出された条例草案には言及されていたが、今回の条例にはない。つまり、2002年版条例草案よりも危険な条例となっているのだ。

こうした状況を総合すると、今回成立した国家安全条例は謀反や国家反乱煽動、情報漏洩の定義が恐ろしく曖昧で幅広く、本来、言論の自由、学問の自由、報道の自由として保障されるような行動も重罰に処され得る条例だ。

これはテロリストなど、危険分子や犯罪組織を取り締まるものではない。

一般の学術研究者やメディア、市民らを「反乱煽動分子」として取り締まり、その恐怖によって香港市民全体をコントロールするためにつくられた条例と言える。

そして、この国家安全条例が本当に怖いのはSNS等で発言した外国人も罪に問われかねないことだ。

外国人は「国外干渉罪」に注意を払う必要がある。

いかなる外国勢力も中国・香港の内政干渉をしてはならない。意図して国外勢力と結託し、不当な手段を用いて中国当局と香港の関係に影響を与えると犯罪となる。

ネットの書き込みですら、中国当局、香港当局が「影響を与えた」と言えば、「干渉」ということになる。

香港人が外国に留学中、香港の自由のために言論活動を行ったり、私たち外国人が、香港の自由のためにSNSなどで意見を発信しても、それが香港政府の政策決定に不利な影響を与えたと見なされれば、罪に問われる可能性は十分にある。

もちろん日本人も例外ではない。

この条例が施行されたいま、私たちはもう香港を自由に安全に楽しく旅行することはできない。香港人も、海外の留学先や旅行先で自由に自分の考えや思いを語ることはできない。

自由だった国際金融都市・香港は自由と民主主義が完全に奪われた。外国人が立ち入るには極めてリスクの高いエリアになってしまった。かつての無国籍なワンダーランド香港は過去の幻影なのだ。香港を完全に手中に収めた中国がいま、狙っているのはアジアだ。

サイレント・インベージョンとは、中国が他国を侵略する行為を指す表現である。

2018年、オーストラリアの大学教授で作家のクライブ・ハミルトンは、同名の著書、Silent Invasion: China's Influence in Australia（邦訳は『目に見えぬ侵略――中国のオーストラリア支配計画』〔山岡鉄秀監訳　飛鳥新社刊〕）において、オーストラリアの政権に対する中国共産党の浸透工作をすべて実名入りで解明した。オーストラリアのみならず、世界を慄然とさせたのは記憶に新しい。

サイレント・インベージョンは、武力を行使するような表だった侵略行為ではなく、ハニートラップや献金などを通じて〝頭が上がらない〟状態にすることで相手国の実力者を言いなりにし、最終的には実質的な属国・傀儡《かいらい》国家にするという、恐ろしい他国への干渉をいう。

さて日本もまた、オーストラリアと同様に日々、中国のサイレント・インベージョンの潮流のなかにある。どれだけの人数の国会議員や官僚、地方議員や大学教授、大手企業の経営陣等がその流れに取り込まれているか、正確な人数はわからない。

しかし、岸田総理が代表を務めていた宏池会の政治資金集めパーティへの出席者の顔ぶれを見れば一目瞭然だ。最近まで多数の中国人が出席していた。これらの中国人と宏池会の政治家とのパイプがいかに強いかがうかがえる。岸田氏も総理になるまでは広島県日中友好協会の会長を務めていた。深刻なのは、これまで政治家たちは「親中議員」「媚中議員」と揶揄されるのを恐れるきらいがあったが、いまでは隠さない。むしろ徒党を組んで国の政治を動かしている。

このまま、サイレント・インベージョンから抜けきれない状態でいると、気がついたときには、国家存亡の危機を迎えることになりかねない。

では、日本がサイレント・インベージョンの術中にはまらないためにはどうしたら良いのか。

2020年7月、アメリカの有力政策研究機関「戦略国際問題研究所」（CSIS）が米国務省の支援で作成した報告書「日本における中国の影響力」に、安倍晋三総理（当時）の対中政策を大きく動かす人物として、今井尚哉首相補佐官（当時）の名前が明記されていることが明らかになった。

報告書は、今井氏が長年の親中派とされる自民党の二階俊博幹事長（当時）と連携し、「二階・今井派」として安倍総理に中国への姿勢を融和的にするよう説得してきたと指摘。米側の日本の対中政策への認識として注目される。

約50ページの報告書は、CSIS研究員やコロンビア大学教授を歴任した国際政治学者のデビン・スチュワートが主体となり、日米中3ヶ国などの専門家約40人との面接調査や広範な資料をもとに、約2年をかけて作成したという。中国の統一戦線工作部などの諸機関が日本に対しどのように影響力を行使し、どのような結果を得ているかについての広範な調査に基づいている。

2022年7月8日、安倍元総理が暗殺されると、重しが外れたように親中派は日本政府、日本政界で存在感をより高めている。

親中派であること自体が悪いわけではないが、要は長期政権を築く習近平国家主席に対し、一方的におもねることなく、毅然とした政策を貫けるか、「言うべきは言う」政策、是々非々の政策が貫けるかである。

しかし、習近平国家主席に対しおもねることなく、毅然とした態度をとれた人物はおそらく安倍元総理だけだろう。

日本が国家として存続するためには親中派の存在もやむを得ないが、状況次第で日本の「弱点」になる可能性もあると言える。

ストックホルム国際平和研究所によると2022年1月時点で、中国はロシア、アメリカに次いで世界第三位の核弾頭を保有している。その数350発。だが現状に満足しない中国は、アメリカに追いつけ追い越せと、1000発の核弾頭保有数を目指し、増産を続けていると言われている。

また、長崎大学核兵器廃絶研究センター（RECNA）発表の「2023年版『世界の核弾頭データ』」によると、過去10年間で中国は160発の核弾頭を増加させたとみられる。また、各種ミサイルなど運搬手段の開発・配備も急ピッチで進められている。

自国を敵視しサイレント・インベージョンを仕掛けるような国に対しては相互主義（外交や通商などにおいて、相手国の自国に対する待遇と同様の待遇を相手国に対して付与しようとする考え方）というのが世界の外交の常識である。

中国が日本へのサイレント・インベージョンを仕掛けるのをやめないなら、日本も相互主義で同盟国のアメリカと組んで中国を牽制するべきであり、その議論を早急に進めなくてはならない。

13 終身独裁大統領プーチンとの絶望的な首脳外交と向き合い方

今年２０２４年5月、５期目の就任式にのぞむプーチン大統領。権力を握って四半世紀、これほどの長期政権はソ連・ロシア近現代史でも稀だ。

ここに至って、比肩できるのはほぼ30年間にわたって君臨した独裁者スターリンしかいない。もはや終身独裁大統領のプーチンは、スターリンの在任期間を超えるだろう。健康状態に不測の事態が起きない限りは。

プーチンと対峙する日露首脳会談は、安倍元総理亡きあと、行われていない。今後の見通しすら立っていない。日露の外交は絶望的な状況だ。

ロシアの大統領任期は6年。「より強いロシアの復興」を掲げて２０３０年まで大統領に就くプーチンは今後、民主主義陣営に三つの影を落とす。

(1)ウクライナへの執着が強まる

情勢は流動的だが、選挙の〝圧勝〟でプーチンは早速、春の徴兵に関する法令に署名し、15万人が徴集されることになった。

兵役義務の対象年齢の上限はこれまで27歳だったが、30歳に引き上げられ、今後、ロシアではすべての男性は18歳から30歳までの間に1年間の兵役に就くか、高等教育を受けている間に同等の訓練を受けることが義務付けられた。

プーチンはなぜウクライナ侵攻をやめられないのか。

なぜ、核の使用をちらつかせるのか。

ロシア帝国の復活という野望や神話はごまかしだ。限られた人生でそれを本気で考えているとは思えない。

ロシア帝国への憧憬があるなら、核の脅しは使わないだろう。

核爆弾を落として、たとえウクライナが無人国家になっても、ロシアにはヨーロッパとの間には緩衝地帯が必要だ。本気でプーチンはそう思っている。

プーチンがもっとも恐れるのは、欧米の自由と民主主義だ。

プーチンはソ連の諜報機関KGB時代、東ドイツのソ連大使館に勤務。西側諸国の情報を収集し、とくに東側諸国の民主化の動きには最大限の注意を払っていた。

1989年11月、ベルリンの壁を壊し、東ドイツの民衆がソ連大使館に乱入、取り囲まれたプーチンは拳銃を掲げたまま、「殺されたい奴は、前に出ろ」と叫んだという。

当時37歳だったプーチンは、それでトラウマを負ったのだ。統制の利かない暴徒と化した市民に取り囲まれて。自由と民主主義の本当の怖さを知り、殺されるかもしれないと戦慄したのだ。

その証左として、1990年、プーチンはKGBに辞表を提出。東西ドイツ統一によりレニングラードに戻り、母校のレニングラード大学で学長補佐官として勤務する。

自由と民主主義陣営の仲間入りを宣言しているウクライナ、アメリカの同盟国の日本の固有の領土、北方四島は、プーチンにとって緩衝地帯として絶対に手放してはいけない土地なのだ。

プーチンのなかでは、ウクライナ戦争はロシアが勝利するまで続き、一度手にした北方四島を返還する意思は毛頭ない。

(2)ヨーロッパとの対立が尖鋭化する

ロシアのウクライナ侵攻に乗じ、それまで態度を曖昧にしていたフィンランド、スウェーデンがNATOに加盟したことで、ヨーロッパでは新冷戦に突入した。

ヨーロッパは今後、ウクライナを守りつつ、自らもロシアに備えなくてはならない。

長距離巡航ミサイルなど最新鋭兵器のウクライナへの供与など、これまでタブーだった構想が浮上している。ヨーロッパにとってもウクライナは緩衝地帯なのだ。

同時に、核武装した欧州軍の創設も現実味を帯びている。

今年2024年11月、アメリカの大統領選挙でトランプ大統領が選ばれたら、以前口にした「米軍のNATO撤退」が現実のものになるかもしれないからだ。ヨーロッパではその事態に備えて新しい動きが起こりつつある。

(3)権威主義国家の連携で東アジアが世界の火薬庫になる

ウクライナへの侵攻が長びくなか、ロシアの孤立が深まっている。

ロシアは、中国、イラン、北朝鮮の権威主義国家同士で連携し、アメリカの影響下にある日本はじめ東アジアへ圧力をかけることで、西側陣営の分断を図ろうとしている。

台湾有事の際も連携して中国を支援する可能性がある。

２０２４年度の日本の防衛費は、防衛力強化の方針にともなって１兆１３００億円ほど増え、７兆９４９６億円となった。過去最大とはいえ、隣国の核保有国３ヶ国の脅威を考えれば、決して十分とは言えない。

民主主義陣営と権威主義国家との対峙は長期戦となる。危機感を共有し、権威主義国家との長い対峙に備えることができるのか。民主主義陣営は踏ん張りどころだ。


２０２３年３月、ロシアのウクライナ侵攻に関連して国際刑事裁判所（ＩＣＣ）はロシア軍が占領地から子供を連れ去るという戦争犯罪に関与した容疑で、プーチンらに逮捕状を出した。

そのプーチンに「戦争犯罪人」の逮捕状を出した三人の裁判官のひとり、赤根智子氏が、今年２０２４年３月、日本人として初めて国際刑事裁判所の所長に選出された。

任期は３年。ロシアの侵略戦争が終わらないなかでの就任だ。

プーチンの戦争責任を追及しつづけるという断固とした姿勢は、国際秩序を維持するうえで意義は大きい。実際、プーチンの首脳外交は大幅に制限されており、圧力を感じているのは間違いない。

赤根氏には、国際法に則り、戦争犯罪者の責任を追求する重責を全うしてほしい。

しかし、国際刑事裁判所がプーチンを逮捕、拘束できるのは、ウクライナ戦争にロシアが敗北するか、プーチンが大統領職を解かれるときだ。

国際刑事裁判所はオランダのハーグに本拠を置く。戦争犯罪や人道に対する罪などを犯した個人を訴追・処罰する国際刑事法廷で現在124ヶ国・地域が加盟し、日本は運営に必要な分担金の最大の拠出国だ。

ウクライナ戦争の停戦に向けた動きとともに、赤根氏と国際刑事裁判所の動きに世界の注目が高まっている。

さて、そんなプーチンと、日本はいかに向き合ったらいいのだろうか。

プーチンの政権の安定度と強度に常に目を光らせておく必要がある。

ウクライナで勝利せずに終わるとプーチンの権威は失墜する。戦争をやめると、膨大な死者数を公表しなくてはならず、そうなるとプーチン政権はもたない。

大統領職を辞すると、プーチンは政敵に命を狙われる可能性が高い。これまで長期政権下で、多くの政敵を粛清してきたからだ。その時機を見逃さず、したたかな外交が求められる。

プーチンと対峙できる国のリーダーは〝安倍元総理のように明確な国家観を持ち、加えてロシア語を使える人物〟ではないかと思う。

ロシアと平和条約を締結し北方領土を奪還したいと考えるなら、また、ウクライナ侵攻を止めたいと願うなら、日常会話程度でもいいから、プーチンの母国語のロシア語を学んだほうがいい。

語学は最大の外交ツールだからだ。

これは、安倍元総理はじめ、日本の要人と中東の首脳らのアラビア語の通訳を務めた私の、言葉の力を信じる実感だ。

「心の扉」を開けさせる魔力が言語にはある。

安倍元総理が外交の武器として使えなかったロシア語を、プーチンとの外交で使い、独自の外交力を展開したのがドイツのアンゲラ・メルケル前連邦首相だった。

メルケルは現役の首相時代、2021年12月8日に退任し政界を引退するまでの4期16年間、プーチンとの会談では流ちょうなロシア語で、プーチンの暴挙を抑え込んできた。

メルケルは、ソ連軍が駐留していた東ドイツで育ちロシア語を学んだ。

メルケルとプーチンの複雑な関係の始まりは、1989年11月のベルリンの壁崩壊に遡《さかのぼ》る。

この歴史的な出来事は、メルケルにとって東ドイツという監視国家からの解放を意味した。

当時35歳だったメルケルは科学者の職を辞して、キリスト教民主同盟（CDU）に入党。のちに党首となり、2005年11月、ドイツ初の女性首相となった。

公衆の面前では決してロシア語を話さないメルケルは、首相として2005年、モスクワにプーチンを訪問。プーチンは花束を持って出迎えた。

両者は通訳を介さず、直接ロシア語で会談した。

プーチンもまた、ベルリンにメルケルを訪問の際は、ドイツ語で会話をした。

2歳違い（プーチンが年上）の両者は、ともにソ連時代を生きた人物として細かなニュアンスまで話が通じる間柄だった。

2014年、ロシアがウクライナ南部クリミア半島を一方的に併合した際は、メルケルはプーチンを「領土の一体性に対する侵害だ」と批判した。

プーチンがウクライナ侵攻に踏み切る直前も、メルケルはプーチンとの対話を模索したが、首相を退任したメルケルにプーチンを動かす力は残されていなかった。

それでも私は、プーチンの狂気を止めることができるのは、世界の首脳のなかで、ロシア語で深い対話ができるメルケルをおいてほかにいないと思う。

ロシアの文化に見識があり、かつ敬い、世界のリーダーの誰よりもプーチンの扱い方を知るメルケルなら、戦争の矛《ほこ》を収めさせることができるかもしれない。そこに一縷《いちる》の希望がまだ残されている。

いま、日本の総理、外相、国際派の政治家に必要なのは、メルケルのような政治力だ。

母語や英語だけでなく、重要と思われる相手国の首脳の言語を多少なりとも理解する言語能力と、異質な価値観や文化を理解し、相手を敬うコミュニケーション能力が必須だ。

英語ができれば良い（それすらままならない政治家も多いが）という時代は終焉した。

相手国が紛争中であれ、戦争中であれ、難しい局面であるからこそ、その打開の道を探るべく相手国のリーダーの懐に果敢に飛び込むべきだ。そうしたことのできる国際感覚と使命感を持ち、加えて国家観のあるリーダーがいまほど必要とされている時代はない。

14 専守防衛を掲げる国に真の勝利はない

ウクライナのように専守防衛の国は、一方的に敵軍（今回の場合はロシア）に攻め入られても敵国の領土を攻撃できず、常に自国が戦場となる。攻め入られた時点で、自国の領土は焦土と化し、多くの国民の命が奪われる。たとえ、戦争に勝利しても、そこにあるのは甚大な犠牲と傷みを負った見せかけの勝利だ。

かつて、平和国家という理想を求めて、保有する核兵器を放棄したウクライナは、いまやロシアに攻め込まれ、ロシアの核の脅威におびえている。欧米から武器の供与を受け、多くの犠牲者を出しながらも、かろうじて専守防衛のもとに戦争を続けている。

平和国家という理想を掲げる日本もまた、ウクライナと同様に国家の基本方針や政策の根幹に専守防衛がある。

日本国憲法第九条の精神は、非戦で、専守防衛に徹するという、ウクライナのような受動的な防衛戦略だ。

しかし冒頭に示したように、専守防衛は、相手国（敵国）から武力攻撃を受けて初めて、自国の領土なり国民の生命を護るために武力行使が可能となる。しかし、すでにその時点で国土は焦土と化し、自国民は甚大な被害を被っている。じつに歪《いびつ》で罪深い防衛体制なのだ。

どれほど日本人が平和を愛し平和を願っても、日本に敵意を向けている中国、北朝鮮、ロシアのような国が現実に存在し、それらの国に攻め込まれれば、否応なく戦争になる。

「日本は専守防衛だから侵略しません」などと言う国があるだろうか。

憲法第九条を掲げようが、専守防衛に徹すると宣言しようが、おかまいなしで侵略の意思を持った国は攻めてくる。

「ひとりたりとも国民の命は犠牲にしない」という理念を掲げて初めて、民主主義国家の防衛力と言えるのだ。

憲法第九条には「攻撃力は、自衛のための必要最小限のものに限る」という制限がある。これは、国家の防衛体制として不十分で、実態は破綻している。

日本を敵視し、攻め入ろうと考えている国は、アメリカに次ぐ世界最強の軍事大国、中国であり、アメリカを凌《しの》ぐ核保有国であるロシアなのだ。

それらの国に「必要最小限の攻撃力で対処する」。これでは法にしばられ、自滅の道を突き進む非現実的で絶望的な国家と言わざるを得ない。

「専守防衛で本当に日本という国を護れるのか」と問われたら「護れるわけがない」のは自明で、ウクライナの惨状を見ても明らかだ。

ロシアが仕掛けたウクライナ戦争では、ときに、ウクライナのドローンがロシア本土を襲撃したとしても極小で限定的だ。専守防衛という国是に加え、アメリカがウクライナに対してモスクワ攻撃を控えるよう、鉄の圧力を加えているためだ。専守防衛とはつまり、ウクライナから自主性を奪い、アメリカの操り人形のように受動的に闘うことを意味する。日本もしかりである。

戦場は常にウクライナ領土に限定されるがゆえに、ロシアの兵士が軍事侵入して、どれだけウクライナの兵士や国民を犠牲にしようが、専守防衛が基本鉄則のウクライナの兵士は、自国の領土から隣国ロシアの領土に一歩でも踏み出してロシアの兵士や国民を攻撃することは想定されていない。

いま、仮に専守防衛政策をとっぱらい、欧米から供与を受けている武器を使用するとしても、それだけではおそらくモスクワの中枢部を攻撃し、戦況を左右するほどのダメージを相手に与えるには、不十分な戦力だ。

自国防衛のために最小限の戦力しか保有しない専守防衛政策がいかに大きな犠牲をともなうのか——最小限の兵器で戦いつづけるウクライナは、「専守防衛」の欺瞞《ぎまん》と限界を悲しいまでに世界に見せつけている。

ウクライナの惨状は、専守防衛に徹する核を持たない台湾、日本の明日の姿にほかならない。

日本の敵基地攻撃能力（反撃能力）保有について考えてみよう。憲法第九条では、武力行使は「相手から武力攻撃を受けたとき」と限定しており、その武力行使も、保有する防衛装備も「自衛のための必要最小限」とされている。これは、憲法の精神に則った受動的な防衛戦略で、専守防衛を堅持しつつ、反撃能力は保有できるとする論理には、もともと矛盾がある。

真の専守防衛とは、相手の善意に期待する受け身の消極的発想ではなく、敵視する国の最高指導者に「侵略意思を放棄させるだけの軍事能力と国家意思」を見せつける、実効性のある抑止力を持つことなのだ。

今後、戦後政策の大転換となる国家安全保障戦略の再構築が実施されるが、そこでは、中国、北朝鮮、ロシアの動きを睨みながら、憲法改正も躊躇《ためら》うことなく行うなど、果敢にブラッシュアップを図っていくべきだ。

日本を取り巻く国際情勢の急激な変化に対応できず、日米同盟に頼り切った体質にぬくぬくと浸りきって脱却できずにいると、敵国はそこを弱点として、狙いを定めて一瞬に攻撃を加えてくる恐れがある。その結果、日本の領土や国民の生命が夥しく奪われる事態にもなりかねない。

そういう危機感を日本国民一人ひとりが持たなければ、自分や家族の生命はおろか国家は即、存亡の危機を迎える。

15 日本にアメリカの核の傘は存在するのか

「相互確証破壊」という言葉がある。

安全保障の専門家の間では頻繁に出てくる、核戦略に関する概念・理論・戦略だ。

核兵器を保有して対立する2ヶ国のどちらか一方が、相手に対し核先制攻撃をした場合、もう一方の国家は破壊を免れた核戦力によって確実に報復することを保証するというものだ。

これにより、核先制攻撃を行った国も、相手の核兵器によって甚大な被害を受けることになるため、相互確証破壊が成立した2国間で核戦争を含む軍事衝突は理論上発生しないことになる。

核抑止。

いわゆる核共倒れ理論だ。

日本は、中国、ロシア、北朝鮮という専制主義の核保有国と隣接している。

そんな日本が、最後に望みを託すしかないのが、有事の際の同盟国アメリカによる核の傘（＝核保有国が、その核戦力を背景にして自国と友好国の安全維持を図ること）だ。

日本にアメリカの核の傘は本当に存在するのか。

存在しているとして、アメリカの核の傘は有事の際、実際どのように運用され、機能するのか。

核の傘は本当に機能するのか。

落とし穴はないのか。

中国、ロシア、北朝鮮、これらのいずれかの国の最高指導者の命令ひとつで、核搭載のミサイルは発射され、広島、長崎の何倍もの威力で、日本の都市は壊滅的なダメージを負う。

想像だにしたくないが、これが現実なのだ。

しかし、我が国のリーダーは、これほどまでに核の威嚇にさらされながらも国民を丸裸状態にして、臆面もなく「核なき世界」を唱える、理解し難い矛盾した論理の持ち主だ。


2022年時点で、NATO加盟国で、アメリカと核シェアリング（核共有）を行っている国は、ドイツ、イタリア、オランダ、ベルギーの4ヶ国だ。アメリカの核爆弾「B61」が各国に15発ずつ、計60発配備され、核共有状態にある。

上記4ヶ国に配備されている戦術核兵器の実際の指揮・使用権は、4ヶ国いずれでもなく、アメリカにある。

アメリカの同意なしに、配備された国といえども使うことはできない。

日本と同様に非核保有国であるドイツも核兵器の国内配備を認め、アメリカと共同管理する方針をとっている。

米軍がドイツ国内で指揮権を行使することを認める一方、同時にドイツは米軍の指揮権に対して拒否権も持っている。

上記4ヶ国のパイロットは、米軍から定期的に訓練を受ける。

その訓練を受けたパイロットが、核戦争の際には指揮を受け核兵器を使用する仕組みだ。

しかし、核投下の最終決定を下すのは、あくまでアメリカの大統領だ。4ヶ国が自由に「共有核」

を使えるわけではない。

受け入れ国の役割としては、核兵器を航空機に載せ、上空から落とすことを想定している。

NATOが保有する核抑止力と比べると、平和憲法や非核三原則にしばられ、隣の核大国の脅威に対応できない日本の防衛力の脆弱《ぜいじゃく》さに、改めて気づかされる。

2022年12月、政府発表の安全保障関連三文書には、敵のミサイル発射基地などを攻撃する「反撃能力」を保有することが明記されている。にもかかわらず、「専守防衛」と「非核三原則を堅持する」旨も同時に記載されており、ちぐはぐで歪な内容になっている。

現在、沖縄の米軍基地には、次の理由により核兵器は配備されていないとされている。

一番目は、非核三原則の存在があること。

二番目は、核兵器の性能が上がり、戦術核を沖縄に配備するよりICBM（大陸間弾道ミサイル）やSLBM（潜水艦発射弾道ミサイル）などの戦略核兵器を、アメリカ領土内の基地に配備して、敵対する国を攻撃するほうが効率がいいからだ。

政府の役割とは、国民の間に広がる安全への不安を打ち消し、安心を供与することだ。

いまこそ日米両政府間で、日本の安全を守るために、核シェアリングや核兵器の配備について真剣に議論すべきだ。

そこにタブーがあってはならない。核シェアリングや核兵器保有の論議を進めるべきだ。

隣国に核を使用させないために、平和な国土と国民の生命を守るために、政府はさまざまな内外の圧力に屈することなく実行してもらいたい。

しかし実際は、日本はＮＰＴの加盟国だ。ＮＰＴを批准した非核保有国であり、条約を脱退しない限り、核兵器の保有も製造もできない。だからこそ、核シェアリングを現実的な話として、検討すべきだ。

16 本当は脆弱な日米同盟、さらに手足をしばるものの正体

戦後、平和を享受してきた日本人はいま、近い将来、日本が戦争に巻き込まれるのではと心配をしはじめている。

それは日本が他国を侵略する戦争ではなく、他国に攻め込まれる戦争で、ロシアに侵略されたウクライナを自国の危機と重ね合わせて見ている。

実際に日本を敵視し、日本を標的に虎視眈々と侵略を狙っている中国、ロシア、北朝鮮は独裁者が実権を握る国で、隙あらばと日本に攻め入る準備を行っている。

ある日、予兆もなく日本に中国・ロシア・北朝鮮いずれかの国から、あるいは示し合わせたように2国、3国から同時に、弾道ミサイルや大量のドローンによる攻撃が行われたと仮定したらどうだろう。

在日米軍の協力を得たとしても、はたして現在の日本の防衛技術や防衛システムでそれらの攻撃から日本を護ることができるだろうか。

それについては、残念ながら現防衛体制では大いに疑問符がつくと言わざるを得ない。

そのときの悪夢を思うと背筋が凍り付く。

しかし、これだけの脅威、これだけの危険をもたらす可能性が隣国にあるにもかかわらず、日本国民が現実を真正面から見ようとしないのは一体なぜなのか。不思議というより不可解である。

それは、日本のリーダーが国民に向かって真正面から、いま歴然と存在する日本の安全保障の危機を訴えないからである。日本の現状を正確に国民に知らせず、また、未来のあるべき姿を描くことも

できない、国家観を持たないリーダーに、国の命運を預ける国民の不幸がここにある。ましてや現政権のリーダー、岸田文雄総理の頭のなかは、こんな状況下にあってもお題目のように「核廃絶」を唱える〝お花畑〟状態。現実から相当離れた発想の持ち主だ。

では、どのようなリーダーがいま、日本には必要なのか。

そんなことを、外交官時代から親しくしているアメリカの友人と議論することもある。あるいは、紛争が多発する世界の火薬庫「中東」からの帰国便で考えたりすることも最近は多い。

そして、そのたびに愕然とする。

日本人は、「有事になっても日米同盟があるから、いざとなったらアメリカが何とかしてくれる。助けてくれるから安心」と高をくくっているきらいがある。

たしかに、これまではそれで良かったかもしれないが、アジア情勢、国際情勢の激変ぶりを見ると、楽観視できない事態に近づいていることは明らかだ。

2021年8月、多数の最新の武器を置き去りにしてアフガニスタンから逃げるように撤退した米軍は、現在のアメリカを象徴し、未来のアメリカを暗示している。

ひょんなことからアメリカは大統領令で突然、日米同盟を破棄し、アフガニスタンから撤退したように、日本からも撤退するのではないか。

そのとき、丸裸になった日本は自国で防衛ができるだろうか。

答えは、残念ながら「NO!」と言わざるを得ない。最後はウクライナやフィリピン、台湾のように、日本もアメリカ頼みに行き着くしかないのが現実だ。

しかし、世界の警察官を返上し、他国を護ることに前向きでなくなった自国優先のアメリカの外交は、現実にロシアの核を恐れてウクライナに一切の派兵をせず、またイスラエルのガザ侵攻にも同様のスタンスをとっていることでも明らかだ。

ウクライナ、ガザで覚えたそのやり口、つまり自国の兵士の血を流させない戦略を今後、アメリカは続けることになる。台湾有事、日本有事でもおそらく踏襲するというのが自然な見立てである。

ウクライナ、ガザの戦争で、そのことに気づいた多くの日本人は混乱し、もはやアメリカは日本の絶対的な守護神でないことに気づき、不安を感じているのだ。

そこで、改めて、防衛の観点から日米同盟を考察してみる。

日本とアメリカが締結している軍事同盟、日米安全保障条約（日米安保条約）のもと、定められた事項を遂行するために、北海道から沖縄まで、全国各地に130ヶ所の米軍基地が置かれている。

1国内における米軍基地の数と規模としては、世界最大だ。

もっとも、純粋な米軍専用基地は81ヶ所で、ほかは自衛隊と共用だ。

「米軍に基地の土地を無償で提供しているから、日本有事のときは、米軍がともに戦ってくれるし、基地のある日本を米軍が見捨てるわけがない」

もし、あなたがそう思っているなら、そして、日米同盟が盤石で未来永劫に続くと信じ切っているなら、日米安全保障条約第一〇条を読んでみてほしい。

〈いずれの締約国（引用者注：日本とアメリカ）も、他方の締約国に対しこの条約を終了させる意思を通告することができ、その場合には、この条約は、そのような通告が行なわれた後一年で終了する。〉と記されているのだ。

国同士の関係も人間関係と同じで、双方の信頼と努力が必要で、双方どちらかが不信を買ったり、信頼を失ったりしたら、日米同盟は破綻する。

また、第五条は、アメリカの日本に対する防衛義務を定めており、安保条約の中核的な規定だ。この条文は、日米両国が、〈日本国の施政の下にある領域における、いずれか一方に対する武力攻撃〉に対し、〈共通の危険に対処するよう行動する〉としている。

ここで、重要な点は、アメリカの日本に対する防衛義務を定めているのは〈日本国の施政の下にある領域〉と記されている点だ。

この一文をいま、微妙に揺らしているのが尖閣諸島ということになる。

尖閣諸島については、国際的にも、日本が実行支配し、その施政下にあるのは明らかだ。

しかし実態はと言うと、中国の海警局の艦船ならぬ船舶は長きにわたり、尖閣諸島の領海に頻繁にかつ執拗に侵入を繰り返している。

ネットで拡散されている最近の尖閣の映像を見る限り、投入される船の大きさもさることながら、尖閣の島々を〝実行支配している〟のはむしろ中国のように見える。海上保安庁の船は、中国船にはばまれて尖閣に近づくことさえできずにいるのが現実なのだ。

これ以上、中国の領海侵入の常態化を放置していると「尖閣諸島は本当に日本の施政の下にある領域なのか」と国際的にも疑問符が投げられかねない。

そもそも、その領海に日々中国船が侵入して長時間滞在していること自体が異常なのだ。いざとなったとき、核の脅しが使える国と、核を持たない国との歴然とした防衛力の格差がここにはある。

このまま、中国船の尖閣の領海侵犯の常態化を許せば当然、次に予測されるのは中国の尖閣上陸であり、そこに中国の国旗が掲げられる。

そして、中国に占拠されたら最後、南シナ海の岩礁を滑走路のある巨大な人工島の基地に造り替えたように、中国は尖閣を南シナ海の人工島と同様に軍事要塞化して、そこが中国の日本侵略の最前線基地となる。

尖閣が中国の手に落ちると、沖縄の米軍基地は弾道ミサイルの至近射程距離となり、軍事バランスが壊れ、米軍は沖縄から撤退するかもしれない。

そうならないために、日本政府は何をすべきか。

「尖閣諸島は日本の領土である」と主張し、領海に侵入した海警局の艦船を即刻、追い払うべきである。そして、二度と近づけないようにすべきである。

中国が尖閣周辺の日本の排他的経済水域（ＥＥＺ）内に設置した大型の観測ブイも、ブイのデータを活用することで軍事利用され、尖閣周辺海域の管轄権の既成事実化を狙っていると見られることから、即刻撤去すべきである。

また政府は、沖縄県石垣市が製作した「石垣市字登野城尖閣」と刻印した尖閣諸島の標柱を早急に、魚釣島など5島に設置すべきだ。

石垣市も繰り返し、行政標柱の設置を行うために尖閣5島への上陸を申請するが、今日まで、「政府関係者以外の上陸を原則として認めない」として政府は申請をはねつけている。

このまま、国家の主権をないがしろにし、弱腰外交を続けていていいわけがない。

傍若無人の無法国家中国は、尖閣のみならず、すでに南シナ海でも周辺国から島嶼《とうしょ》を武力奪取したまま実行支配し、世界の顰蹙《ひんしゅく》を買っているが、改める気配はない。

国際法を無視する中国は、フィリピンの訴えで起こした国際裁判で、オランダ・ハーグの常設仲裁裁判所が、中国が歴史的権利を主張してきた南シナ海の岩礁の軍事要塞化について下した「国際法上の法的根拠がなく、国際法に違反する」との裁決を、「単なる紙切れにすぎない」と完全に無視して、いまなお巨大な人工島を増強しつづけている。

これが中国なのだ。

中国はまた、尖閣諸島で中国船が長期間留まる様子や、中国船が島を護るためにパトロールを行っている様子を撮影したビデオ映像を、あたかも中国の領海が日本によって侵犯されているかのごとく編集し、国際社会に向けて配信している。

中国はまた、国連対策にも力を入れてきた。

ターゲットとなるのは、欧米列強の植民地政策によって塗炭の苦しみを味わったアフリカや中東等のグローバルサウスの国だ。これらの国々は、いまも欧米の民主主義の押し付けを忌避し、嫌う傾向がある。

そこに目をつけた中国はそれらの国々に、長年、高額の投資や援助、支援を続けてきた。

国連は国の大小にかかわらず、1国1票主義だ。中国による長年の対策の成果もあって、国連関係機関の重要ポストの大半はいまや中国が握っている。

その中国が国連で、「尖閣諸島は中国の領土である」と主張するなら、グローバルサウスの国々の加勢（票）をもらって、承認される可能性でさえ大いにあるのだ。

現在は台湾有事が差し迫った現実にあり、鳴りを潜めてはいるが、台湾も尖閣諸島の領有権を主張している。台湾は中国の一部と主張する中国が、台湾の主張を後押しすることも十分あり得る。尖閣諸島はそのとき三つ巴《どもえ》の複雑な戦場となる恐れさえある。

そうなる前に、日本は尖閣諸島は日本固有の領土であると、早急に楔《くさび》を打ちこむべきだ。

それが先に述べた沖縄県石垣市が製作した「石垣市字登野城尖閣」と刻印した尖閣諸島の標柱を魚釣島など5島に打ち立てることであり、排他的経済水域内に設置した大型の観測ブイを撤去することなのだ。

それをいましないと、必ず後悔する。

尖閣が中国の手に落ちてからでは遅いのだ。

尖閣を、ロシアに不法占拠された北方領土や、韓国が不法占拠して実効支配を続ける竹島のようにしてはいけない。

さらに、弱腰の日本外交は4年に一度、アメリカで新しく就任した大統領に対しても無様な姿をさらす。それは毎回、総理大臣が新大統領と会う際の〝奇妙な行動〟にもつながっている。

総理大臣はアメリカの新大統領との初めての会談の際、念を押すように「尖閣諸島は日本の施政下にある」と伝え、米軍に尖閣諸島の防衛を約束してもらうのが慣例であり、重要な責務となっている。

「有事の際、尖閣諸島はアメリカが護る」

とアメリカの大統領のお墨付きをもらって初めて、日本国の総理大臣として国民に認められたことになる。

その姿はまるでアメリカの属国のようだが仕方ない。その慣行を長年続けてきたのだ。

そして、その後の記者会見で、ときの総理は決まって、嬉々としてその事実を披瀝する。このようにして、日本国民を〝安心〟させるというセレモニーが毎回行われる。

その様子は、とても独立国の総理とは思えない。悲哀を通り越して屈辱的ですらあると思う。確固たる国家観を持ち、日米安保条約に則って毅然と外交を行っていれば、1国の総理が毎回、アメリカ大統領の確認を得る必要などないのだ。

ところで、日米同盟にとって暗雲となりそうな出来事が現在、進行中である。

経緯を記すと、米空軍は2022年10月28日に突然、F-15CおよびF-15D（ふたり乗り）に関し「11月1日から段階的に今後2年かけて米本土に帰国させる」と発表したのだ。嘉手納基地に配備されている旧式化しつつある48機全機の老朽化が著しいとの理由からだ。

驚くべきは乗組員も家族とともに全員引き上げさせるというもので、F-15戦闘機が常駐でなくなることから、台湾有事を想定し、機体の安全と保管を見越してのことらしい。そうであるなら、日本の安全保障にとって由々しき事態であると憶測を呼んでいる。

たしかに、米空軍嘉手納基地は、ハワイのヒッカム空軍基地に司令部を置く太平洋空軍司令部の管轄下にあり、台湾まで450マイル（724㎞）の重要な前線基地で、台湾有事の際に最前線の基地となることは疑いのない事実だ。

だが、日本側のそんな声を打ち消すように、米国防省はF-15戦闘機の段階的撤退を続けつつ、当面は一時的なローテーション方式により、F-15戦闘機より進化した第四または第五世代戦闘機（F-35、超高性能のステルス戦闘機F-22、F-16、F-15E）がアラスカのエルメンドルフ空軍基地から嘉手納基地に展開させるとしている。

米空軍は在沖縄F-15CとF-15Dの全48機を撤退する計画であると発表していたが、昨年2023年9月末までに撤退が完了したとみられる。

台湾有事が切迫した場合、嘉手納基地に対しては中国軍による弾道ミサイルや巡航ミサイル攻撃、サイバー攻撃や電子攻撃が想定される。また、それ以前に予期されるさまざまな日本国内の不法分子による破壊工作などの脅威を自然に考慮すれば、これは嘉手納基地に高価な航空アセットを配備するリスクを考えての処置とみられる。

より進化した戦闘機をアラスカのエルメンドルフ空軍基地から飛ばし、ローテーションで嘉手納基地に配備するとしているが、常駐と違ってこの空域の防衛能力が落ちるのは歴然としている。

日本が沖縄など米軍の使用する施設・区域を提供しているのは、日米安保条約の第六条、およびそれを詳細化した日米地位協定によるものだ。

また日米安保条約では、米軍が日本だけでなく極東地域の平和と安全を維持するために施設・区域を使用することを認めている。

侵略に対する抑止力としての日米安保条約の機能が有効に保持されていくためには、我が国が平素より米軍の駐留を認め、米軍が使用する施設・区域を必要に応じて提供できる体制を確保しておく必要がある。

そして、結びの第一〇条になる。

前述のように、日米いずれかの意思により廃棄できる旨を規定しているが、そのような意思表示がない限り条約は存続する、いわゆる「自動延長」方式だ。

幸運にも、本条文に基づき、1960年に結ばれた日米安保条約は今日まで自動延長されている。

次のふたつの国際的な枠組みを考慮すると、日米安保条約・日米同盟がいかに重要かがわかる。

AUKUS（オーカス）は、2021年9月15日に発足が発表された、オーストラリア（AU）、イギリス（UK）、およびアメリカ合衆国（US）の3国間の軍事同盟であることは、06項で述べた。この軍事同盟に日本が参加するにはいまだハードルが高い。

また、日本が参加しているQUAD（クアッド）は、2006年安倍晋三総理（当時）が対話の枠組みを提唱した日本、アメリカ、オーストラリア、インド（日米豪印）の4ヶ国間における戦略対話で、戦略的同盟を組んでいる。

QUADは非軍事的な同盟だ。

日本は結局、日米同盟のアメリカ頼み。日本が有事の際、日米同盟のほかに軍事支援を約束している国はない。

日米同盟が締結されているがゆえに、中国、ロシア、北朝鮮は日本の防衛力を凌駕《りょうが》する攻撃力を有しているのだが、威嚇はしても実際に攻め込むことができずにいる。

それを考えると、日米同盟がいかに重要かがわかる。

想像したくないが、将来日米同盟が廃棄される事態になったら、そのときは即刻、中国、ロシア、北朝鮮が、日本に攻め入ることが予測される。

参考になる事例がある。1992年、ときのフィリピンの政権は、米軍基地を撤退させた。するとその3年後、中国は突如、フィリピンの排他的経済水域内にある南沙（スプラトリー）諸島のミスチーフ環礁を占拠した。そして、「中国漁民のための避難施設」と銘打って、人工島を建造し、いまや巨大な軍事要塞と化している。

現代の日本人には、なかなか想像がつきにくいかもしれないが、このように常に日本に攻め入るべく虎視眈々と狙っている国家が、現に存在しているのだ。隣国に、しかも三つも。

それら中国、ロシア、北朝鮮の脅威のなか、日本はアメリカと強固な同盟を堅持するためにも、その要となる軍需関係のバランスを常に考慮することが重要だ。

日本の軍事利権は、アメリカ政府の軍需産業と密接な関係にあり、事実上、アメリカの国防予算を頂点とした軍事利権の構造の一部になっている。

1954年の日米相互防衛援助協定をベースに、アメリカ主導で日本に軍備の増強が義務付けられた。しかもその具体的な内容については秘密保持がかけられている。

この〝秘密保持〟を隠れ蓑に、自衛隊の軍備力は増強されているのだが、主力兵器は「アメリカの言い値」に近い高額の予算で、米軍需産業から購入することになっている。

自衛隊がアメリカから購入する武器や兵器は、一世代前の旧式のモデルも多い。そのため、生産打ち切りのケースも多く、交換部品にも事欠く有りさまだ。

また、戦闘機の中枢になる情報は〝ブラックボックス〟に入っていて、アメリカでしかメンテナンスは行えない。そのため日本は足下を見られ、メンテナンスにかかる費用も高額だ。

中国、ロシア、北朝鮮の脅威がかつてないほど増大しているいま、そろそろ、武器生産もアメリカ頼み一辺倒からの脱却が必要だ。

そんななか2024年2月、日本、イギリス、イタリアの3ヶ国は次期戦闘機の開発計画を合同で管理し、開発の司令塔となる機関「GIGO」を設けると合意、条約に署名した。本部はイギリスに置き、初代トップには日本人が就く予定で日本主導の開発となる。

2035年の初号機配備を目指すという。

日本にとっては、中国、ロシア、北朝鮮の抑止力を強化し、航空優勢を確保しつづけるのが狙いで、日英伊という同志国が、優れた技術を持ち寄り、コストとリスクを分担し合うことを可能にする歴史的なプログラムと言える。

次期戦闘機をめぐっては、武器の輸出を制限する日本の防衛装備移転三原則がネック（隘路《あいろ》）になる恐れがあったが、2024年3月26日の閣議で、自民・公明両党の合意に基づき、歯止めを設けたうえで第三国への輸出を容認する方針が決定された。

その結果、日本が希望する性能を次期戦闘機に搭載するようにイギリスやイタリアとの共同開発計画に向けて、交渉がしやすくなった。

共同開発するのなら、相手国とある程度歩調を合わせなければ、相手にされなくなる。

次期戦闘機は単なる航空機ではない。多くのドローンをコントロールし、飛行させる、ステルス性のあるＡＩを使った高性能なコンピュータのような戦闘機だという。

戦闘機は海に囲まれる日本にとって、他国からの侵略を洋上かつ遠方で阻止するための中核になる防衛装備だ。航空自衛隊はＦ－２、Ｆ－15、Ｆ－35の３種類の戦闘機を使っている。

次期戦闘機はこのうちＦ－２戦闘機の後継として２０３５年の配備を目標に開発する。

平和を重視する国家として一定のルールや歯止めは必要だが、単に完成品をアメリカから買うだけでなく、自国の防衛に資する装備を他国と共同して開発していくことは、真の防衛力を強化するうえで必要だ。

次に、日本が取り組むべきは、国産の武器生産である。

しかし、国内向けのみに武器生産では生産費用がかさみ、参加する企業は利益を上げられず二の足を踏む。他国に武器を売るには、憲法改正が必要だ。日米同盟はじめ、国際協調をしようとする日本の手足をしばっているのは、結局自国の憲法ということになるのだから嘆かわしい。

17 絶対に台湾有事を起こさせないためにやるべきこと

ＢＢＣニュースによると２０２４年４月２日、アメリカのジョー・バイデン大統領と中国の習近平国家主席が電話で協議した。そこで話し合われた重要課題である台湾問題については、大きな意見の対立があった。

バイデン大統領は台湾への支持を強調したが、習近平国家主席は南シナ海におけるアメリカの干渉を「レッドライン（越えてはならない一線）」と呼んで非難した。

南シナ海は、中国、台湾、フィリピン、マレーシア、ブルネイ、インドネシア、シンガポール、タイ、カンボジア、ベトナム、そして日本を含む海域で、世界有数の通商航路である。

そこはまた、中国がスプラトリー諸島（南沙諸島）などの領有権とその周辺海域の管轄権を主張する国際法上の紛争地帯であり、軍事・安全保障上も重要な海域である。

いまや、習近平の鶴のひと声で南シナ海有事や台湾有事はいつでも現実のものになる。日本としては中国の台湾併呑《へいどん》を決して許してはならない。

ならば、日本はその現実とどう向き合い、対処したら良いか。

絶対に台湾有事を起こさせないために、今後、日本の向き合い方はいかにあるべきかを考えてみる。

(1)アジアで自由度第一位の台湾の自由を奪う戦争

アメリカのシンクタンク・大西洋評議会（アトランティック・カウンシル）は２０２２年６月、

「自由と繁栄指数（Freedom and Prosperity Indexes）」を初めて発表。そのなかで台湾は「自由度」でアジア1位、世界18位、「繁栄度」で世界27位とランク付けされた。

台湾有事は、世界一自由のない大国・中国が、アジアで自由度第一位の台湾を呑み込もうとする戦争なのだ。

日本は自由と民主主義の国であり、この観点からも台湾の側につくのは当然だ。

⑵アメリカが台湾を守る法律と外交政策

民主主義を標榜する国アメリカが、台湾を覇権主義国家中国から守る法律と外交政策は「台湾関係法」と「六つの保証」のふたつである。

「台湾関係法」は、台湾の安全保障のためのアメリカの法律だ。

同法は１９７９年、カーター政権により台湾との間に制定された法律であり、台湾を防衛するための軍事行動の選択肢をアメリカ大統領に認めるというもので、米軍の介入は義務ではなくオプションだ。

「六つの保証」は、米台関係に関するアメリカの六つの外交政策である。

これらは１９８２年、台湾とアメリカ議会の双方に、たとえ正式な国交断絶をしたとしてもアメリカは台湾を支えつづけることを再確認するためのものだ。

レーガン政権はこの保証に同意し、１９８２年7月にアメリカ議会にこの保証を通知した。

今日、六つの保証は米台で外交を行う際の準公式の指針の一部となっている。

(3)台湾有事は絶対に負けられない戦争

台湾有事は、当然ながら日本にとって絶対に負けられない戦争だ。

もし日米台が戦争に負ければ、とくに隣国の日本は中華世界の支配の下に置かれることを意味する。大量虐殺も厭わないウイグルやチベット、香港のような世界が現実のものになる。

そのためには、絶対に台湾有事を起こさせてはならない。

日米台がそろって防衛力でもって習近平に十分な恐怖心を抱かせ、戦争をしたら大変なことになると思わせなくてはならない。

いま日本が行うべきは、中国、アメリカ、台湾にも戦争させないための外交と、その基盤となる核兵器保有も含めた防衛力の整備と増強だ。

(4)台湾有事シミュレーション

2023年1月、アメリカのシンクタンクであるCSIS（戦略国際問題研究所）は、政治的な要因を除外し、現有する軍事力に限定して台湾有事シミュレーションを行い、「次の戦争の最初の戦い〜中国による台湾侵攻の戦争ゲーム」なる報告書を公表した。

そのなかに「台湾を守るための4条件」が記載されており、日本と大きく関係があるのは三つ目の条件だ。

それは「米軍が在日米軍基地から作戦を展開できること」というもので、日米安全保障条約第六条に記載されているものと同じだ。

〈第六条　日本国の安全に寄与し、並びに極東における国際の平和及び安全の維持に寄与するため、アメリカ合衆国は、その陸軍、空軍及び海軍が日本国において施設及び区域を使用することを許される。〉

台湾有事はまさに日本有事で、日本も参戦し、日米台で中国と戦うということになる。

(5)同盟国を抱き込むアメリカの戦略

アメリカは、台湾を併呑しようとする中国との戦いに勝利するために、イラク戦争のときのように日本をはじめ、同盟国を抱き込む戦略をとるはずだ。

実際には、同盟国の日本とともにフィリピン、オーストラリアなどに加え、ＮＡＴＯ諸国も巻き込んで、この戦争を勝利に導く戦略だ。

(6)ハイブリッド戦争という脅威

中国による台湾進攻の前哨戦はすでに始まっている。それは「戦争には見えない戦争」と呼ばれるハイブリッド戦争だ。

ハイブリッドとは異種のものを組み合わせるという意味だ。

一見、軍事行動とは見分けがつかない多種多様な手段を使って、政治目的を達成するために、非正規戦と正規戦を組み合わせた軍事戦略の手法だ。

ハイブリッド戦争では、一見国家の勢力と思われないような組織や団体が、従来であれば国家しか使用できなかったような兵器を使用したり、あるいは国家が主体となって戦場とは見なされない場所でサイバー戦を仕掛ける。

明確な兆候がなく、いつ戦争が始まっているか曖昧なことから「戦争には見えない戦争」と呼ばれている。

なかでもサイバー攻撃は、AI技術の進歩とともに高度化しており、いまや戦争と切り離せないものになっている。

重要インフラ破壊や、偽情報（フェイクニュース）の拡散、世論を誘導する情報戦などを同時多発的に組み合わせる戦略だ。

一定のルールに則って行動せざるを得ない、日本のような法治国家は中国、ロシア、北朝鮮など、倫理や法の支配を越えて行動する無法国家からのサイバー攻撃に対して、非常に不利な立場に置かれている。

現在は、サイバー攻撃を受けた際、内閣サイバーセキュリティセンター（NISC）を中心に官民が連携して対策しているが、有事となれば相手国は想定を超える物量でサイバー戦を仕掛けてくる。

メディアやSNSなどもサイバー攻撃を受け、広く情報工作が行われることが想定される。

日本は憲法のしばりがあり、サイバーでも専守防衛に徹しているばかりでなく、掛ける予算も人的規模も、中国と比べものにならないぐらい貧弱で立ち遅れている。このままではサイバー戦の段階で中国に戦わずして負けてしまう。

相手国からのサイバー攻撃に対しては、優秀な人材の確保と教育の拡充が急がれる。

同時に、一般企業や市民レベルでも、情報リテラシー向上を含めた国民全体のサイバー攻撃への耐性を身につけるとともに防衛意識の強化が重要だ。

日本のインフラを狙った高度なサイバー攻撃については、専守防衛一本槍ではなく、徹底した相手国への反撃が必要だ。

(7)中国に台湾の海上封鎖をさせないために

戦わずして勝つ——孫子の兵法で台湾を併呑したいと考えているのが中国だ。

そのために、輸入に頼る台湾を海上封鎖して、国内の石油や天然ガスなどのエネルギー資源、食物などを枯渇させて降参させる、血を流さない戦略をとると思われる。

『世界国勢図会2022／23』によると、人口約2386万人の台湾は2020年に小麦約142万t、大豆260万t、トウモロコシ442万t、計884万t余の穀物を輸入している。

台湾の穀物生産は197万t（うち米175万t）で、自給率は18％と非常に低い。

これは、日本の食糧自給率37％の半分だ。

片や、中国の穀類自給率は99％で、大口の輸入は大豆（自給率16％）だけだ。

また、台湾の石油、石炭、ガス、原子力、水力などのエネルギーの自給率は2019年で10・5％（日本は12・0％）だ。

対する中国は石炭が豊富で、原油も自国で生産できるため、エネルギーの自給率は80・2％。

台湾の原油輸入は2019年に4640万tで一日あたり12・7万tだ。30万tを積む巨大タンカーでも約二日に1隻の入港が必要だ。

食料・飼料は一日あたり2・4万tを輸入するとして、5万t級の貨物船で二日に1隻という計算になる。

台湾が中国に海上封鎖されると、日本や米欧も武器や支援物資を運び入れるのは困難になる。そこが西欧と陸続きのウクライナと決定的に違う点だ。

海上を封鎖させないために、中国の攻撃をなんとしても阻止しなくてはならない。そのためには、アメリカの空海軍がいち早く台湾にかけつけられるかがカギになる。

日本としても、台湾が海上封鎖されると、中東からのタンカーによる石油が枯渇し、危機的状況になる。

(8)大陸から兵士が人海戦術で攻めて来る脅威

中国の人口は14億人。

人口3億人のアメリカ、1億人の日本は、兵士の数だけでも圧倒的に不利だ。

ロシアがウクライナに兵士を次々と繰り出しているように、人権無視の中国から兵士が無尽蔵に攻めて来る恐怖、尽きない人海戦術は最大の脅威だ。

(9)台湾の本気度を世界は見ている

中国が攻めて来たら、まず台湾は自国のみでウクライナのように戦わなくてはならない。

そして、持ちこたえなくてはならない。

当然ながら、台湾が降伏したらそこで戦争は終わる。

台湾の本気度をアメリカや世界、日本もまた見ている。

台湾は満18歳以上の男子に義務づけている兵役の期間を、現在の４ヶ月間から１年間に延長することを決めた。

しかし、アメリカは満足していない。

なぜなら、常に朝鮮危機のある韓国では18歳以上の男子に兵役があり、その期間は２年間だからだ。

ちなみに『読売新聞』２０２４年４月４日付に〈ロシアの侵略を受けるウクライナのウォロディミル・ゼレンスキー大統領は２日、兵役のために徴兵する男性の対象年齢の上限を現行の27歳から25歳に引き下げる法律に署名した。前線に投入できる動員の対象を拡大することが狙いだ。兵力で上回る露軍の攻勢にさらされるウクライナ軍は、兵員確保が喫緊の課題となっているからだ。〉と出ている。ウクライナは早ければロシア軍が５月末に大規模な攻勢に出ると見ており、それに対応してのことだろう。

台湾の頼清徳《らいせいとく》次期総統の就任式は５月20日に行われる。台湾有事ともなれば、先頭に立つリーダーは頼清徳氏ということになる。

そのとき、日本の舵取り役はどんな資質のリーダーが務めているのだろうか。

⑽自国の戦争犠牲者に日本の世論は耐えられるか

専制主義国家ロシアの独裁者プーチンでさえ、ウクライナ侵攻で常に気にしているのは世論だ。

ＣＳＩＳの報告書「台湾有事シミュレーション」では、台湾有事が起きたらアメリカの空母が2隻撃沈される。１隻の空母には３０００人から５０００人の乗組員が乗船している。

一度に数千人規模の米兵が犠牲になることに、アメリカの世論は耐えられるだろうか。

日本も同じだ。

１９５０年の自衛隊発足以来、ひとりの戦死者も出していない。

２００３年のイラク戦争後、イラクに隊員を派遣した際も、自衛隊は戦死者を出さなかった。

台湾有事が始まり、次々と自衛隊員や市民が命を落とす現実に、日本の世論は耐えられるだろうか。

⑾「日本版台湾関係法」の成立を急げ

日本と台湾が断交して50年。

これに遅れること6年あまり経って、アメリカも台湾と断交した。

台湾との断交をめぐる日米の対応の違いでもっとも象徴的なのは、１９７９年4月に米国内法として成立した「台湾関係法」だろう。

全18条からなる同法は、第二条で以下のことを定めている。

〈中国との国交樹立という米国の決定は、台湾の将来が平和的手段によって決定されるとの期待に基づいている。台湾に防衛的性格の武器を供与する。台湾の人々の安全、社会・経済的システムを脅かす武力やその他の強制に抵抗するための米国の能力を維持する。〉

大東亜戦争から1971年に国連で台湾追放決議が成立するまでの間、中華民国はアメリカにとってともに日本と戦った友好・同盟国であり、冷戦における反共の同志国でもあった。

ニクソン大統領の現実外交という対ソ冷戦の戦略上の選択として中国を選択せざるを得なかったものの、アメリカと台湾のつながりは民間においても深く、単なる実務レベル以上のものがあった。

アイゼンハワー政権が1954年に台湾を防衛するための米華相互防衛条約を結んだのは、中国に対する警戒意識の表れだった。同条約は米中正常化の1年後に失効したが、アメリカは台湾関係法を通じて実質的な同盟に近い関係を継続させている。

台湾関係法は「台湾防衛のための武器供与」という軍事安全保障面の機能だけが強調され、米中対立の要因となることも多いが、同法の制定によって米台間では経済、通商、文化、価値の尊重、人的交流などハードからソフトまで極めて幅の広い協力分野が制度化され、それらが総体となって台湾とそこに住む人々の平和と安全な将来を保障している。

台湾関係法は、米台の基本的ありようや関係、相互の認識、原則を定めた基本法だ。

しかし、日本には台湾との基本的関係のあり方を定めた台湾関係法のような法律がない。

台湾と断交後、日米ともに民間団体（日本は日本台湾交流協会）を相互に設置し、非政府レベルの実務的関係を維持してきた。台湾は日本統治時代が長きにわたったにもかかわらず、台湾の人々の対日感情は良好であるが、それは覇権主義国家中国への危機感を共有する連帯意識が根底にある。

東日本大震災時、今年2024年の能登半島地震時など、地震のたびに被災者への支援として台湾から高額の義援金が寄せられることにも、台湾がいかに日本を大切に思っているかが現れている。

米台関係が危機を経るごとに緊密な協力を重ねてきたのに比べて、日本の国民の間では台湾に関する危機意識が十分に感じられない。

日本台湾交流協会など日台双方の実務家らによる地道な努力は貴重かつ有益だ。こうした努力に加えて、日台関係の大切さや危機に関する認識を国民の間にもっと広げていくことが必要だ。

とりわけ近年は、中国の「武力統一も辞さず」とする覇権主義的行動がエスカレートし、2022年8月のペロシ米下院議長の訪台後は威圧が一層強まった。

「台湾有事は日本有事」（安倍晋三元総理談）のリスクが高まっているにもかかわらず、日台間では防衛当局同士の情報交換や有事の際の邦人保護や退避に関する取り決めもできない状態が続いている。

「日本版台湾関係法」の制定は安全保障のみを強調し、中国を刺激するので望ましくないという意見もあるが、私はそうは思わない。

政治、経済・通商、文化・人的交流、観光などを網羅した広範囲な視野で、基本的な日台関係のあり方を規定する法律であれば、中国も口を出さないはずだ。

何よりも、台湾の将来を平和的手段以外で決めてはならないことを明確にうたい、武力や威圧による力ずくの解決を決して認めないことが重要だ。

岸田政権と与野党には、早急にそうした日本版台湾関係法の制定を求めたい。

18 中国のスパイに蚕食される日本の安全保障

千粒の砂から一粒の砂金を探す。

危機管理の専門家に言わせると、これが中国のやり口で、雑多な情報を集めてそのなかから砂金（価値ある情報）を探すという特徴があるとのことだ。

それを実現する法律が、中国が2017年に制定した「国家情報法」である。

この国家情報法では、国の情報活動に協力することを国民の義務と定めている。中国当局に要請されれば拒否できない。

〈すべての組織と国民は、法律に従って国家情報活動に支援、援助、協力を行い、知り得た国家情報活動の秘密を守らなければならない。〉と規定。国家の情報収集活動への協力、支援は中国の企業や民間人にとって「義務」とされているからだ。

この法律が怖いのは国内のみに留まらず、世界中のすべての中国人に適用されることだ。指示に従わなければ、現地の秘密警察（闇警察）の摘発を受け、本国に帰国させられるか、出頭を拒否すれば、本国の家族に何かしらの悪影響が及ぶ。

とくに狙われるのは日本企業で勤務する在日中国人で、彼らの勤務する民間企業の先端技術情報だ。在日中国大使館は、在日中国人がどこで働いているか把握しており、彼らに指示を与えるのだ。

「●●についての情報を盗め」と。

日本企業ではすでに、特許技術に関わる部門だけでなく、経理や人事など経営に関わる部門にも優秀な中国人や中国に関係のある人物を採用している。

結論から言えば、だからこそ政府が検討している、有資格者のみに経済安全保障に関する重要な機密情報の取り扱いを認める「セキュリティ・クリアランス」とともに「スパイ防止法」の一日も早い成立を急ぐ必要がある。

「セキュリティ・クリアランス」と「スパイ防止法」のない国家は穴の開いた船だ。日本人、企業は深刻な危機感を持つ必要があると警鐘を鳴らしたい。


在日中国大使館・領事館は実際に、日本在住の中国人留学生にも、企業の先端技術情報や安全保障に関わる機密情報の獲得を指示している。

元々素人の彼らをスパイに仕立てて指示し、技術情報窃取のターゲットを物色させるのだ。また、在日中国人による反体制活動の妨害も行っているとされる。

中国大使館には、それぞれの国に存在する中国人留学生団体の幹部をスパイ工作に就かせる専門の担当者がおり、幹部たちは中国政府の意向に従順で命令を忠実に遂行する。

〝命令〟とは、中国政府が求めるさまざまな情報の収集だ。

中国人留学生が所属する団体や研究室が持つ組織図や研究情報、団体や研究室のメンバーのメールアドレスから住所、それぞれの留学生が交流する有益な人物に関する情報の獲得が求められる。

さらに、中国反体制派の活動に中国人留学生を潜り込ませ、使用した資料や出席者に関する情報を収集させることもある。

また、中国人留学生のコミュニティを通じて、反体制分子の割り出しをさせるほか、企業でインターンをする留学生に、さまざまな企業情報を持ってこさせることもある。

まさに「千粒の砂」戦略である。

また、中国人留学生による同窓会組織は「真実の中国を日本に伝える」活動に尽力する。中国のエンタメやファッションなどの文化を日本人学生に伝え、中国を好印象の国にすることに注力する。ターゲットは入学したての純朴な日本人だ。

そうすることで、新疆《しんきょう》ウイグル自治区の状況など中国にとって都合の悪い現実を隠蔽《いんぺい》する。学内に、孔子学院（中国政府が世界各国の大学等と連携してその地に設立する中国語および中国文化に関する教育機関）がある大学は、そこが活動の本舞台となる。

中国に都合の良い情報のみを与え、感化し、親中派を拡大する宣伝工作を行っている孔子学院。アメリカやイギリスで閉鎖が相次ぐなか、現在、日本で設置が確認されているのは、早稲田大、立命館大、桜美林大、武蔵野大、愛知大、関西外国語大、大阪産業大、岡山商科大、北陸大、山梨学院大、立命館アジア太平洋大、札幌大と12もある。

中国政府が世界各国の大学などに非営利教育機構として設置を進めているが、「中国共産党のスパイ・プロパガンダ（政治宣伝）機関」との指摘が相次ぎ、各国で問題になっている。日本でも文部科学省が運営の透明化を大学側に求めている。

また、中国の大使館・領事館は、留学生や留学生団体に学費も含む各種活動に資金支援するほか、良き協力者の留学生には、帰国したあと、就職する際の推薦状を作成するなどの便宜も図るという。

このように、海外の留学先で高度な知見を学び、その後中国に帰国し、国のために還元する留学生は「海亀」と呼ばれる。この国家に忠実な海亀が日本など留学先で、在日中国大使館・領事館の資金援助や庇護のもと、学業とともにスパイ活動に勤《いそ》しむのである。

警視庁公安部は昨年2023年11月、東京都豊島区の池袋パスポートセンターで1920人分の個人情報を持ち出したとして、中国籍の女を書類送検した。

しかし、立件の容疑は「たった1枚の付箋《ふせん》」の窃盗だった。

窃盗自体の法定刑は、10年以下の懲役または50万円以下の罰金であるが、「被害品が付箋1枚」であれば被害は僅少《きんしょう》であり、起訴されたところで極めて軽い処分となる。

登記簿をコピーする行為や書き写す行為による被害は、1枚の付箋という有体物（有形的存在）に留まらず、それに記された、「1920人分のパスポートの個人情報漏洩」であることは自明だ。

では、なぜ被害が「1920人分の個人情報の漏洩」ではなく「1枚の付箋の窃盗」でしか立件できないのだろうか。

スパイ防止法が、日本には存在しないからである。

この中国の女による1枚の付箋ならぬ「1920人分の個人情報の窃盗」で、まず考えられるリスクはパスポートの偽造だろう。他人になりすましてパスポートを不正取得するのだ。

1920人分のパスポートの個人情報が1920人分の「偽造パスパート」を生む。なりすましによる不正取得を可能にする貴重な基本情報となるのだ。

自分のパスポートの情報が自分の知らないところでひそかに盗まれ、「偽造パスポート」がつくられる。赤の他人がその偽造パスポートで自分になりすまし、世界中で使用される。

「偽造パスポート」を使う人間がまっとうな市民生活を送る人間であるとはとても思えない。不正取得したパスポートにより、不法な出入国に使用され、テロや不法移民等の国際組織犯罪の発生を助長する危険性がある。そんな事態を想像すると身の毛がよだつ。

盗まれたパスポートのデータで、闇の世界で新たにパスポートがつくられ、公的身分証として日本人になりすまして堂々と悪用される。

他人名義で借金をしたり、特殊詐欺等の各種犯罪に使用するための銀行口座の開設や携帯電話などの契約で悪用したりするなど、多くの犯罪被害を生む恐れがあるということだ。

個人情報の漏洩は、まさに日本と日本人の安全保障上の危機である。

それでも、スパイ防止法のない日本はいまだに、この中国籍の女のような人物が日本人の個人情報を扱う業務に従事することを許しているのだ。

池袋パスポートセンターで中国籍の女に１９２０人分の個人情報を持ち出されたのは、東京都が「個人情報を扱う業務自体が安全保障に関わり得る」という認識を持っていなかった弱点を突かれたものである。

通常は出入り業者や委託先について、防衛省や警視庁では極めて厳しい管理がなされている。一方で、東京都の委託先管理は非常に甘かったと言わざるを得ない。本件で露呈した最大の問題は行政の認識の甘さだ。

本事件を受け、外務省は即座にパスポート発給窓口の担当者を〝日本国籍を持つ人物〟に限定するよう、各都道府県に通知を出したというが、安全保障面でゆるゆるのこの国で、そんな通知が出ても抜け道は探そうと思えばいくらでもある。

日本に滞在する外国人は日本風の通名を使うことが許されているため、名前だけでは日本人か外国人かどうかはわからない。また、選考する行政サイドも、住民票や戸籍抄本の提出までは求めていないようだ。そのため、パスポート発給業務に外国人が携わるのを完全には防げないのが現状だ。

一方、中国スパイの息がかかった高級中華料理店やパブなどの飲食店が日本各地にある。これらの店のいくつかは、中国の諜報機関の拠点である可能性が高い。スパイ活動に利用されている飲食店は全国各地にあるのだ。

実際、日本人客が接客係の中国人女性と仲良くなり、社外秘の情報を伝えたら、中国側に筒抜けになっていたなどということが起きている。

飲食店に限らず、スパイ網は風俗店にも及んでいる。

中国出身のマッサージ師（風俗店店員）にノートパソコンのデータを狙われそうになったビジネスパーソンもいる。店を出て、かばんに入れていたノートパソコンを立ち上げたら、データを抜き取ろうとした形跡が見つかったという。客がシャワーを浴びている間に、部屋に残されたノートパソコンから風俗店店員がデータを盗もうとしたのだ。

スパイ活動の舞台は大学や飲食店ばかりではない。サイバー空間にもある。

中国軍のサイバー諜報部隊から指示を受け、宇宙航空研究開発機構（ＪＡＸＡ）や大手企業にサイバー攻撃を仕掛け、国力の向上につながる航空宇宙、防衛、ハイテクなどに関する情報をあさっていた元留学生もいたという。

「祖国に貢献すべきだ」

元留学生はそんな殺し文句で協力を求められたと、任意聴取で供述した。

中国当局は国家への忠誠心を問うたり、愛国心をくすぐったりして自国民を取り込み、日本社会の隅々に配置している。


日本人が気をつけなければならないのは、中国だけではない。

ロシアの工作員によって、日本人がスパイに仕立てられた事件が起こった。

5年前の2019年1月、日本の通信大手社員が社内の情報を持ち出して、ロシア政府関係者に渡していたとして警視庁に逮捕された。

このロシア政府関係者は、在日ロシア通商代表部の職員と元職員だったという。

警察当局は、ロシア政府にこのふたりを出頭させるよう要請したが、通商代表部の職員は外交特権を持っているためにすぐさま帰国の途につき、出頭要請に応じることはなかった。

つまり、日本政府は「ロシア大使館の通商代表部」職員が関与した事件に対して、事情を聞くことも罪に問うこともできなかったということだ。これが外交というものの現実である。

今回のケースで、通信大手の社員が提供した情報は機密性が低く、通信設備工事の工程管理マニュアルであり、個人や取引先の情報は含まれていないとしている。

しかし、そこから徐々に同社の通信設備に関する高度な情報がロシア側に流れつづけていたら、そこを入り口に大規模なサイバースパイ工作が行われることになった可能性がある。そうなった場合の企業としての被害、国家的損失は甚大なものになっていたはずだ。

そもそもロシアの諜報工作とはどういうものなのか。

ロシア通商代表部の関係者がすべてスパイ行為に関与しているわけではないが、在日ロシア通商代表部は、スパイの隠れ蓑になっているケースが少なくない。

在日ロシア大使館のホームページによれば、在日ロシア通商代表部の使命は「国家間の貿易と経済の関係を発展させる」ことと記載されてはいる。

とはいえ、日本では過去にも通商代表部にからんだ数々のスパイ事件が起きている。

ロシアの諜報部員は、在日のロシア大使館やロシア通商代表部の職員を装って日本とロシアの経済交流イベントや企業提携などを介して、協力者を見つけたり、情報収集の活動を行うケースがある。

ロシアのスパイ組織は、ＣＩＡに次いで非常に有能で手強い。民主主義国家に対するインテリジェンス活動で長い歴史を持ち、それを誇りにしていまも活動している。

ロシアが存続できている理由は、彼らが冷戦時代から現代まで諜報活動を継続してきたことにあると言っても過言ではない。

ロシアにはソ連時代に、ＫＧＢ（ソ連国家保安委員会）という組織が存在した。

ＫＧＢは共産党の主導で、１９５４年に内務省から分離してつくられた組織だ。

国内で秘密警察のような監視活動を行いながら、国外では諜報・工作活動を行ってきた。

現在、ロシアのトップに君臨するウラジーミル・プーチン大統領も元KGBである。プーチン大統領は、1970年代にKGBのスパイとなり、1985年から1990年まで、東ドイツのドレスデンに勤務、諜報・工作活動を行っていた。

ソ連の崩壊にともない、KGBは廃止されたが、そこからふたつの情報機関に分かれた。国内を担当するFSB（ロシア連邦保安局）と、国外を担当するSVR（ロシア対外情報庁）である。SVRはKGBの対外諜報を担当していた第一総局が元になっている。

そして、この事件で取り沙汰されていたロシア通商代表部などが、世界中に人を送り込み、いまもスパイ活動を行っている。

スパイ活動は、諸外国では重大犯罪である。刑罰はその国の最高刑（死刑制度のある国では死刑）である。

自由と民主主義の国、アメリカでも「国防に関する情報を収集または外国に通報・引き渡した者」は死刑、無期懲役に処せられる。国を護るとはそういうことである。

繰り返すが、日本には国防や外交上の機密情報等を盗み出すスパイ活動を認定し逮捕する法律がない。出入国管理法違反や窃盗罪等刑の軽い特別法や一般刑法でしか取り締まることができず、スパイが野放し状態になっている。

日本国憲法は〈平和を愛する諸国民の公正と信義〉を信頼する性善説に立っている。

私たちが、現在の憲法の「平和主義」を遵守し、かつ堅持し、平和国家として今後とも生きながらえていくためには、性善説の精神だけでは国を護れない。「国家機密」という情報の防衛の要となるスパイ防止法の成立は必須だ。

しかし、スパイ防止法の成立については、過去の戦争体験から日本には根強い反対論がある。

政府はそれらの声に耳を傾けながらも、粘り強く懸念を取り去る努力を続けなくてはならない。同時に情報管理体制の点検強化に努めるとともに、スパイ防止法の制定の必要性と重要性を、継続的に国民に訴えるべきである。

とくに中国は軍事力を年々大幅に増強する一方、活発なスパイ工作を行い、我が国の安全保障を脅かしつづけている。

このような国に、国家の安危（安全か危険かの瀬戸際の状態）に関わる防衛、外交などの機密が一部でも筒抜けになったら即、国の存亡の危機に陥る。

いまもひそかに中国はじめ、ロシア、北朝鮮によるスパイ行為がなされており、日本の安全保障は蚕食されつづけている。

ところで、いまや大半の国のスパイ活動は主舞台がサイバー空間に移っている。

一般社会同様、政府や軍の活動もデジタル化・ネットワーク化され、スマホやパソコンが普及し、何ごともコンピュータなしでは行えなくなっているからだ。そこにスパイは狙いをつける。

日本にスパイ防止法があれば、相手国（たとえば中国や北朝鮮やロシアなど）のスパイ活動をしている人間を拘束・逮捕し、法律で裁くことができる。

あるいは、敵対する国で日本人が拘束・逮捕された場合、スパイ防止法があれば、日本で逮捕し、拘置している相手国スパイと交換することによって日本人の釈放につなげることができる。

長い間、解決できないでいる北朝鮮による日本人の拉致問題も、スパイ防止法があれば、解決への決定的な糸口となり得る。

世界の国々が普通にやっていることが、なぜ日本はできないのか。何度も指摘するが、スパイ防止法がないからである。スパイ防止法がない国は、自国を護る意思を持たない不完全な国家であるとの誇りを免れない。

理由も明らかにされずスパイの容疑をかけられ、拘束・逮捕された日本人がいるにもかかわらず、中国の外交トップと面談した外相は、ただニコニコと握手をするだけ。中国に拘留中の邦人を取り返すことができないまま帰国した。そんな無様な外務大臣を擁する日本の未来が明かろうはずがない。

私たちは国籍に基づく偏見を排しつつも、私たち自身の手で、中国やロシア、北朝鮮など日本を敵視する国に情報が漏れるのを徹頭徹尾、防がねばならない。

19　サラミ戦術で無法国家が尖閣を狙う

今年２０２４年１月29日、海上保安庁の巡視船は沖縄県・尖閣諸島から北約１７０㎞の日本の排他的経済水域内において、係留型の直径約５ｍのブイが設置されているのを発見した。

ブイには「中国海洋監測ＱＦ２２３」と記されていた。中国国家海洋局が設置した大型の観測ブイだ。

このブイで、中国は日本を挑発している。

尖閣諸島周辺の海底には国連によって石油資源が眠ることが確認されている。その日本の権益に異を唱え、日本の権利をじわじわと蝕もうとしているのだ。

東シナ海は台風や線状降水帯の予測において重要な海域だ。

このブイには風速、風向き、気圧、気温、水温、波浪のデータを収集し、送信する能力がある。水温が変わると、海中での音の伸びも変化する。海中のデータは重要だ。

中国は、日本が２０１２年９月に尖閣諸島を国有化すると同時に、中国国営中央テレビ（ＣＣＴＶ）で尖閣諸島の天気予報を開始した。

中国にとって気象をめぐる情報は領有権を示す道具として使われており、それらのデータを活用することで、尖閣周辺海域の管轄権の既成事実化を狙っている。

ブイのデータは来るべき尖閣侵攻に備え、潜水艦探知のためのデータ収集など、中国人民解放軍に軍事利用されている可能性が高い。

日本政府はブイの即時撤去を繰り返し求めているが、中国側は一切応じない。日本もずいぶん、なめられたものである。

ブイは喉元に刺さったトゲであり、現在も設置されたままだ。

ブイを撤去するように求めても反応がないなら、海上保安庁なり海上自衛隊なりが回収して、装置の運営能力を詳しく調べるべきだ。それができないなら、爆破すべきだ。

しかし臆病な岸田政権は、ことを構えるのを恐れて現実から目をそらし、打つ手なしを決め込んで微動だにしない。

そうなると、相手国の思うつぼだ。

このまま手を打てずにいると、気がついたときには尖閣が南シナ海の人工島のように中国の基地要塞化されている可能性が十分にある。

海域は領土からの距離で決められている。

領海（12海里＝約22・2㎞）、接続水域（24海里＝約44・4㎞）、排他的経済水域（200海里＝約370・4㎞）、その外側が公海である。

沖縄・尖閣諸島の周辺ではここ数年、接続水域や領海内で中国の海警局の艦船と日本の巡視船のせめぎ合いが常態化している。

また、接続水域より外側の公海上では、中国の軍艦と海上自衛隊の護衛艦が睨み合う状況が続いている。

尖閣諸島は沖縄本島からおよそ４１０㎞、海上保安庁の警備の最前線の石垣島からおよそ１７０㎞の位置にあり、魚釣島、北小島、南小島、久場島、大正島などの島々からなる群島だ。

尖閣諸島は、歴史的にも国際法上も日本固有の領土であり、領有権の問題は存在しない。

日本政府は尖閣諸島について、現地調査でほかの国の支配が及んでいる痕跡がないことを確認したうえで１８９５年（明治28年）に閣議決定を行い、日本の領土に編入した。

それが１９６９年（昭和44年）、国連機関の調査報告書で、周辺海域に石油が埋蔵されている可能性が指摘されると、中国政府は１９７１年、初めて領有権を主張。さらに１９９２年（平成４年）には国際法を無視して領海法を制定し、尖閣諸島は中国の領土だと一方的に明記した。

日本政府は、２０１２年9月11日、尖閣諸島の安定的な維持・管理を図るためとして、魚釣島、北小島、南小島の３島を国有化した。


中国の本格的な海洋進出は、１９９８年4月、ソ連海軍向けの重航空巡洋艦として起工された「遼寧《ヴァリャーグ》」の未完成の艦体を、洋上ホテルへの転用名目でウクライナから購入。約7年にわたる改装の末に、中国人民解放軍海軍初の航空母艦（空母）として完成させたことから始まった。

２０１８年、スプラトリー諸島付近で、「遼寧」も参加した海軍史上最大規模の海上閲兵式を行った。

翌２０１９年、中国にとって2隻目となる空母「山東」を南シナ海を管轄する南海艦隊に配属した。

また２０２０年には、洋上の大型艦船を遠距離から攻撃できる対艦弾道ミサイル（ＡＳＢＭ）の試射を行った。

このように南シナ海でプレゼンスを拡大している中国軍は、米軍の艦船や航空機に対する妨害行為を繰り返しているが、2022年には中国の戦闘機が南シナ海上空を飛行していたオーストラリアの哨戒機に対しても妨害行為に及んでいる。

南シナ海で起こっていることは、東シナ海でも起こり得る。

中国海警局は、尖閣奪取に向けて徐々にギアを上げているが、変化が起こったのは、今年2024年1月のことだ。

「ここは中国の領空です。侵犯する恐れがあるので、直ちに退去しなさい」

尖閣諸島の日本領空を飛ぶ自衛隊機に対し、海警局の艦船が繰り返し無線で警告を始めたのだ。人民解放軍の指揮下にある中国海警局が、尖閣で新たな任務を開始した可能性がある。

国際法を無視した一方的な主張、自国本位で威嚇の度合いを徐々に強めるやり方は、まさに無法国家得意の〝サラミ戦術〟だ。

サラミ戦術とは、サラミを少しずつスライスするように、小さな既成事実を積み重ねて、時間をかけて大きな成果を獲得するやり方だ。

サラミ戦術で、中国にやられた国がスリランカだ。

昨年2023年、中国への巨額の負債で「債務のワナ」に陥った。

事実上のデフォルト（債務不履行）状態である。

スリランカの代償は大きく、南部のハンバントタ港に中国の国有石油大手「中国石油化工（シノペック）」が製油所を建設することを承認するなど、主要インフラの権益を奪われる事態になった。

中国はすでに南シナ海においてもサラミ戦術で、２０１４年から４、５年かけてスプラトリー（南沙）諸島の七つの岩礁や暗礁を大規模に埋め立てて人工島を造成、軍事要塞化している。

中国に隙を見せたら即、尖閣に上陸を許すことになる。

「軍事衝突は絶対にさせない」

海上保安庁の背後には、万一に備えて常に自衛隊や米軍が待機し、状況を監視している。

領海侵犯など中国の敵対行動には、しっかり対応ができていることを暗に中国側に示すことで、海警局の艦船は尖閣の周囲を航行するだけで、上陸できずにいるのだ。

しかし、それで黙っていないのが中国だ。

尖閣を狙って日々、軍備を増強している。

海上保安庁も、中国の動きに対応し巡視船の増強や国際連携など警備体制を強化している。

２０２４年３月、尖閣諸島周辺の警備能力強化などを目的に、海上保安庁に新たに配備される大型巡視船「しきしま」の進水式が山口県下関市の三菱重工下関造船所で行われた。

２年前から２００億円あまりかけて建造された「しきしま」は、全長およそ１５０ｍ、総トン数がおよそ６５００ｔと巡視船としては最大規模で、ヘリコプターを２機搭載できる。

海上保安庁は２０２２年、政府が策定した「海上保安能力強化に関する方針」を受けて、巡視船などによる領海警備能力の強化を進めているが、その一環として「しきしま」は２０２６年度中に、鹿児島海上保安部に配備され、尖閣諸島周辺海域での警備にあたることが決まっている。

重要なのは日本を敵視する国が攻撃をしかけないようにつねに隙を見せず、相手に「対等」と思わせる軍事力を保有し、負けないように引き分けに持っていくことだ。それ以外に日本のとるべき道はない。

日本はアメリカやASEAN諸国など、中国といろいろな面で衝突している国との連携を深め、中国には「軍拡をやめて経済大国になることを目指すべきだ」ということを外交の場できっちり言うべきだ。

言ってわかる相手ではないかもしれないが、言いつづけることは重要である。

最高指導者も生身の人間だ。予測不能だが、ひょんなことから、現政権が揺らぐときが必ず来る。

今年2024年11月、アメリカで共和党のトランプ大統領が誕生すると、中国をめぐる環境も変化する。

時代は変わるのだ。

とはいえ、海警局の船舶が尖閣諸島に上陸し、占拠するのは、数時間後かもしれない。

では、私たちはどのようにして尖閣を護ったらいいのだろう。

日本は国際法の遵守を通じて、尖閣を護るべきだ。

領土を保全するために毅然として、かつ冷静に対応すべきだ。

日ごろから、尖閣の自然を保持するために、ドローンを操縦しての植物や野鳥などの生態系調査を定期的に実施することも重要だ。

魚釣島では1978年、政治団体が持ち込んだヤギが繁殖し、草木を食べ尽くすなどの被害が指摘されている。草木が減ったため緑が少なく、ヤギは痩せ細り、山が水をためる能力を失い、がけの崩落が急速に進んでいる。

漂流ゴミも多く、このままでは生態系を維持できない島になりつつある。海保の監視の下で、石垣市の漁民による尖閣周辺の漁も続けるべきである。尖閣の元住民による墓参も行うべきだ。

尖閣をめぐる中国側の動きとしては、昨年２０２３年11月、海警局の東シナ海海区指揮部での演説で、習近平国家主席が領有権の主張を強化するよう指示を出している。習近平は尖閣侵攻をあきらめていないのだ。

20 武器は十分か、日本にとって明日は我が身のウクライナ

日本が万一、他国に侵略される場合、殺傷力のある武器や防衛装備品を提供する国が現れなければ、自衛官や国民の命がより多く失われる。つまり戦争に敗れる。

戦争に敗れる、とは自由を奪われ、相手国の軍門に下るということ。命の存在さえおぼつかない悲惨で絶望の世界だ。

そうならないために、日常的に殺傷力のある武器や防衛装備品を十分に備えるとともに、これらの武器や防衛装備品を供与してくれる同盟国、同志国との関係をさまざまな分野で強固にする努力が求められる。

殺傷能力のある武器とはミサイルや弾薬などで、防衛装備品とは戦闘機や艦船、潜水艦、輸送機、トラック、通信・情報システム、燃料、食糧、天幕や制服といった繊維類などを指す。

ウクライナが軍事大国のロシアと長期間、戦争を続けていられるのは、欧米からの武器や防衛装備品の供給を受けつづけているからだが、戦争が長期化するとそれだけでは十分ではない。他国に依存しているだけではやがて底をつく。

日本が隣国に攻め込まれた場合を考えてみよう。

本来は、国連が紛争解決の役割を担うのだが、その存在は名ばかりで無力に近い。

唯一の同盟国で頼みの綱であるアメリカも、ときの政権と議会が支援に賛成しなければ、日本はウクライナのように生殺し状態になる。ウクライナへのアメリカの対応と関与の仕方を見ると明らかだ。

ウクライナ戦争発生前から米軍の派兵は行わないと宣言したアメリカは、ウクライナに十分な武器供与を行わず、いまだに戦争の終結が見通せない状況だ。それでもウクライナは戦争を続けるしかない。戦争をやめたらロシアに支配されるからだ。

そんななか、アメリカ連邦議会の下院はようやく今年２０２４年4月20日、ウクライナを支援するための緊急予算案を超党派の賛成多数で可決した。日本円で９兆円を超える支援の一部は返済義務のある融資の形となっている。

「命を救う決定だ」

ウクライナのゼレンスキー大統領は謝意を表明した。

とはいえ、一度始まった戦争を終結させるには、次のアメリカ大統領の誕生を待たなくてはならないのだろうか。それを見越してか、ロシア大統領府は「ウクライナをさらに破滅させることになるだろう」と反発し、戦争をやめる気配はない。

日本もまた有事の際、他国から十分な武器や防衛装備品を供与されないと、ウクライナのようにたちまち武器は底を尽き、継戦は不可能になる。

そうならないためには、平時から、民主主義国家間で武器をお互いに供与し合うシステムを強固に構築し、最新の武器開発を共同で行い、有事に備えなくてはならない。そのためには一刻の猶予もない。残念だが、日本はそういう安全保障環境に置かれてしまっている。

２０２３年12月、日本政府は武器輸出ルールを定めた「防衛装備移転三原則」と運用指針を改定、武器輸出政策を大幅に転換し、ミサイルや弾薬など殺傷能力のある武器輸出の解禁に踏み切った。

武器輸出に関するこれまでのルールと、改定のポイントをまとめてみる。

(1)国際共同開発について

共同開発の相手国にのみ輸出可能だったが、「日本から第三国へ部品や技術の直接輸出が可能」になった。

ただし、完成品の直接輸出の可否は与党で議論を継続する。

(2)5類型（救難、輸送、警戒、監視、掃海）について

安全保障面で協力関係にある国への防衛装備品の輸出について「救難、輸送、警戒、監視、掃海の活動用途に限る。殺傷能力のある武器は不可」としていたが、「5類型でも、本来業務に必要な武器の搭載は可能」になった。

(3)ライセンス生産品について

アメリカのライセンスに限り、部品のみ可能、完成品は不可としていたが「『アメリカ以外の国』『完成品』も対象に加え、ライセンス元の国へ提供可能に。ライセンス元国から第三国への移転も可。ただし自衛隊法上の武器は、現に戦闘が行われている国は不可」となった。

(4)部品について

「基本的に5類型に該当しなければ不可」が「部品は総じて輸出可能に。ただし、単体部品だけでも機能を発揮するもの（戦闘機に搭載されたミサイルなど）は除く」となった。

「国際法違反の侵略を受けているウクライナに殺傷能力のない武器を提供」が「ウクライナに限らず、被侵略国へ自衛隊法上の武器ではない装備品（防弾チョッキなど）を輸出可能に」となった。

⑸被侵略国支援

これまでは、国際共同開発品を除き、殺傷武器や防衛装備品の輸出は禁じてきた。

それが、アメリカなどの外国企業に特許料を払って技術を導入し、ライセンス生産品を日本国内で製造することになったことで、アメリカなどの「ライセンス元の国」へ完成品の輸出を容認することが可能になったのだ。その意義は大きい。

政府は早速、防衛装備品の輸出ルールを緩和し、地対空ミサイルシステム「パトリオット」をライセンス元のアメリカに輸出することを決めた。

パトリオットはアメリカ企業に特許料を払って国内生産する「ライセンス生産品」で、弾道ミサイルの迎撃に特化した「ＰＡＣ３」と、航空機や巡航ミサイルを迎撃する旧式の「ＰＡＣ２」の２種類がある。

米政府から「ウクライナへの支援によって自国の迎撃ミサイルが不足している」として要請があったためだ。殺傷能力のある武器の完成品の輸出は初めてで、自衛隊が保有しているライセンス生産品の「ＰＡＣ２」を中心に輸出することになった。

米軍の武器や防衛装備品の在庫を補塡《ほてん》することで、アメリカ国内にあったパトリオットをウクライナへ供与しやすくなり、間接的なウクライナの軍事支援に留まらず、日本とインド太平洋地域の平和と安定に寄与することになる。

今回のアメリカへの輸出は財政法に基づき有償で売り払い、数量や売却額、輸出時期は今後調整する。

日本が保有するライセンス生産品は現在、アメリカやイギリスなど8ヶ国の79品目あり、迎撃ミサイルや大砲、弾薬なども含まれる。

また、ライセンス元の国から第三国への輸出も解禁するが、殺傷能力のある武器に関してはウクライナなど戦闘中の国へは認めないとしている。これが今後、乗りこえるべきハードルと言える。

ウクライナなど、国の存亡をかけて戦っている民主主義国家に殺傷能力のある武器や防衛装備品を供給できないとなると、相互主義が外交の要諦である国際社会において、日本が周辺国に攻め込まれ戦争になったとき、同じような仕打ちを受けることになる。これでは日本を護れない。

日本から第三国へ部品や技術の直接輸出が可能になったとはいえ、武力紛争に使われることや、紛争を助長する事態を懸念し、戦闘機の輸出にはいまだ厳格な歯止め策がある。

海外への武器輸出ができないと、納品先は国内（自衛隊）に限られ、受注数は知れたものだ。収益性が低いと防衛産業は細り、実際に近年、撤退する企業が相次いでいる。まさに国家防衛の危機である。国の防衛力の衰退を押しとどめるためにも、防衛省と直接、契約関係にない中小企業も含めたサプライチェーン全体で防衛産業の基盤強化を図っていく必要がある。

具体的には、防衛省は装備品を発注する際の企業の利益率を引き上げ、新規参入や販路拡大を狙うべきだ。

現行制度で適正な利潤が下請けや孫請けの企業にまで行き渡ってこそ、防衛産業サプライチェーンの持続性が確保できる。

限定的とはいえ武器輸出が可能になったことは、安全保障を強化するうえで明るい展望と言える。ちなみに、日本が国連憲章に沿った装備品の移転協定などを交わしている国は現在、アメリカとイギリス、フランス、ドイツ、イタリア、スウェーデン、オーストラリア、インド、シンガポール、フィリピン、インドネシア、マレーシア、ベトナム、タイ、アラブ首長国連邦の計15ヶ国だ。

2024年3月、ストックホルム国際平和研究所（SIPRI）は2019年から2023年までの世界の武器輸出・輸入量に関する調査結果を発表した。

SIPRI調査報告は5年間の武器輸出・輸入を独自データで算出しており、それによると、2014年から2018年までの調査結果と比較した場合、全世界における武器の輸出・輸入量は94％増で、ほぼ2倍の市場規模になった。この原因のひとつがロシアによるウクライナ侵攻だ。

3年目に入ったロシアによるウクライナ侵攻をめぐり、元駐米大使で日本国際問題研究所の佐々江賢一郎理事長は、武器供与に制約がある日本の現状について、新聞のインタビューで次のように語っている。

〈米国内でウクライナ支援への意見が割れる中、北大西洋条約機構（NATO）や欧州連合（EU）諸国、日本にとって、ウクライナ支援は今が踏ん張りどころだ。ウクライナが軍事侵略を受け、領土を取られたままで決着が付いてしまうと、日本にとっても明日はわが身となる。日本など各国の指導者は自国民に対し、ウクライナが敗北すれば自国民の生活、安全、国益に影響がおよぶと説明し、ウクライナ支援に対する理解を得るための努力が引き続き必要だ。〉
〈日本は欧米のような武器輸出は現時点では難しいが、なんとか国民や政党政治の中で理解を得て前に進む必要がある。武器輸出は紛争を終結するための手段として必要だと、国民の理解を得ることが重要だ。韓国でもどこの国でもできるようなことを日本だけが国内事情でできない、との時代は過ぎ行くべきだと思う。〉

戦後約80年、平和憲法に慣れ親しんだ日本人には、日本製の武器が戦争などで殺傷手段として利用されることに対する嫌悪感がある。

次期戦闘機のように、日英伊の3ヶ国による国際的な共同開発協力（GCAP）の枠組みで製造される武器が、第三国に移転されて防衛目的外で使用されることに拒絶反応を示す国民感情も理解できる。

しかし、アメリカの国力が衰退し、軍事力の劣化、限界を見せつけられているいま、それを見越したように好戦的な軍事国家、中国、北朝鮮、ロシアはかつてない規模で軍事力を増強している。

それらの国々に、日本はじめ東アジアの域内の国々は脅かされ、安全保障環境は加速度的に悪化している。そんな状況下にあって、日英伊で共同開発を進める次期戦闘機の新プロジェクトは、日本を敵視する周辺国への抑止力となる。

同時に、日米同盟に加えて、いつ始まってもおかしくない戦争から国民を護るための新たな〝軍事同盟〟としての枠組みともなっている。

21 北朝鮮の核の脅しにおびえるだけ。反撃ゼロで無策の日本

今年2024年1月19日、北朝鮮は、「開発中の水中核兵器システムの重要な実験を日本海で行った」と発表した。

じつは1月15日から17日までの三日間、アメリカの原子力空母も参加して韓国南方の公海上で日米韓3ヶ国による共同訓練が行われたのだが、今回の実験はその対抗措置として、国防科学院の水中兵器システム研究所が行ったとしている。

「水中での核対応態勢は完備されている。アメリカと同盟国の海軍による敵対行為を抑止するため海上や海底での行動を続けていく」として、日米韓3ヶ国への対決姿勢を強調している。

いま、日米韓でもっとも懸念されているのが北朝鮮による7回目の核実験だ。

2年前の2022年3月30日、BBCニュースは〈日本の核武装、ウクライナ侵攻が後押しとなるのか〉と題する記事を配信した。

そのなかで、日米同盟のもっとも熱心な支持者で、戦後もっとも長く駐米大使を務めた加藤良三氏が日本の核武装の必要性を説いている。

〈北朝鮮が核武装した状況では、日本はもはや、アメリカの核の傘に頼るだけではいられない。どこかの頭のおかしい指導者が、日本に向けて核兵器を発射しようと決心するかもしれない。または、政治的な脅しとして核兵器を使うかもしれない。日本は脅しにとても弱い。防衛面でもっと努力が必要だ。日本の平和主義は、第2次世界大戦後にアメリカの占領によって押し付けられた。これを捨て去

ることはあり得ないと、常に思われてきた。しかしそうすることを、米政府も日本の政治エリートの多くも、いまや支持している。日米同盟のさらなる強化が必要であり、日本は近隣国を防衛する責任をもっと負うべきだ。〉

〈日本は脅しにとても弱い。防衛面でもっと努力が必要だ。〉との加藤氏の指摘に日本政府は耳を傾けるべきだ。

北朝鮮の究極の目標は体制維持だ。そのために、米韓の現代的な通常戦力や核を含むアメリカの脅威に徹底的に対抗する必要があり、独自の核抑止力の構築が不可欠なのだ。

北朝鮮が前回、通算6回目の核実験を行ったのは、２０１７年9月3日のことだ。過去最大規模で、大陸間弾道ミサイル（ＩＣＢＭ）に搭載可能な水爆実験に成功したと発表した。

ノルウェーの非営利団体、ノルウェー地震観測網（ＮＯＲＳＡＲ）によると、爆発の規模は１２０ktで、広島と長崎に投下された原爆は15ktとされており、その8倍の威力があるという。

北朝鮮の核武装については、２０２１年1月、党大会において金正恩総書記が、「国防科学発展および核兵器システム開発5ヶ年計画」としてすでに発表している。

⑴核兵器の小型化と戦術兵器の推進
⑵超大型核弾頭の生産
⑶極超音速滑空兵器や原子力潜水艦の開発

であるが、これらの三大目標を達成するためには、核実験が不可欠なのだ。

アメリカのレッドラインは北朝鮮が次に核実験を強行したときだ。

その際は北朝鮮に攻撃をすると宣告している。

北朝鮮がＩＣＢＭに搭載する小型核（戦術核）の実験に成功すると、核がアメリカの射程に入り、アメリカ本土を攻撃することが可能になるからだ。

それは、アメリカにとって自国防衛の危機であり、日本も存亡の危機事態となる。

しかし、中国も北朝鮮の核実験には反対の立場である。おそらくロシアもである。

中露が反対するのは、北朝鮮の核能力を高めることは両国にとって軍事的脅威になるだけでなく、北朝鮮の核施設から放出される放射能による汚染が懸念されるからだ。とくに中国には過去６回、中朝国境に近い豊渓里《ブンゲリ》付近で行われた核実験で、中国側でも崖崩れや放射能汚染が確認されたこともある。

しかし、米中が小型核の実験に反対しても金正恩総書記はいずれ実験を行うと私は踏んでいる。核実験を行うしか北朝鮮の生き残る道はないと、金正恩総書記は盲信しているからだ。

いずれにしても、北朝鮮が７回目以降、小型核実験に成功すれば、すみやかにアメリカは韓国とともに北朝鮮を攻撃するだろう。

そのとき日米同盟が発動し、日本も後方支援であれ、武器供与であれ、戦争に参加することになる。

そんなことが起こらないために、そんなことを起こさせないために、バイデン大統領は早急に金正恩総書記と会い、核実験の野望を捨てさせるべきだ。

しかし、ウクライナ、ガザで手一杯で、しかもすでに大統領選挙はスタートしている。いま、バイデン大統領に北朝鮮に目を向ける余裕はない。

北朝鮮にまったく手を打てなかったバイデン時代が終焉して、共和党の新たな大統領が北朝鮮と向き合う日が来るのか。来ないのか。

たしかなことは、その間も北朝鮮は中国やロシアからさまざまな援助を受けて、より強固な核武装を目指す強権国家でありつづけるということだ。

そんななか、日本は自国防衛のためにいま、この断交中の独裁国家と外交的にどのように対峙していったらいいのだろうか。

拉致問題もタイムリミットが迫り、八方塞がりに見える。が、糸口はあるはずだ。

中国、ロシア、北朝鮮のような全体的主義国家は、自国の脅威となる「防衛力」に裏付けされた外交力を持つ国家しか相手にしない。

ゆえに、北朝鮮のような独裁国との対話は「対話（会談）に応じること自体を相手の弱さととらえて、強気で何かを仕掛けてくるので、安易に応じるべきではない」との考えには一理ある。

しかし、日本は拉致問題というカードを北朝鮮に取られている以上、対話なしには解決は不可能だ。

これは北方領土問題を抱えるロシアとも共通する。ここに、弱みを握られた日本外交の脆弱さとジレンマが存在する。

肝に銘ずべきは、対話なり会談のなかで彼らの「こけおどし」に屈しないことだ。

交渉である以上、「決裂」は不可避の構えを持ちつつ、それでも一国の指導者として、北朝鮮との関係で「対話で勝負をかける」タイミングを逃すべきではない。

そのために、日本独自の核抑止力を持ち、日米同盟を堅持し、より強固なものにすることが必須だ。そのうえでアメリカに頼らず、民主主義の精神と国家観を持った新たなトップリーダーとともにしたたかな中国、北朝鮮、ロシアと向き合うしか道はない。

22 宇宙戦争の最前線と日本の宇宙作戦群の未熟

国連安全保障理事会では今年２０２４年4月24日、日米が共同で提出した宇宙空間に核兵器などの大量破壊兵器を配備しないよう各国に求める決議案が否決された。

常任理事国のロシアが拒否権を行使したからだ。

決議案は宇宙空間での軍拡競争を防ぐため、核兵器やその他大量破壊兵器を地球の周回軌道上に乗せることや、宇宙空間での配備を禁止するという内容だ。

決議案を提出した背景には、ロシアが衛星を標的とする新型核兵器の開発を進めているのではないかという懸念がある。

13ヶ国が賛成、中国は棄権した。

日本の山崎和之国連大使は「遺憾」とし、「現在と未来の人々に送りたかった重大なメッセージを封じた」とロシアを批判したが、当然である。

戦争犯罪人をトップリーダーに据えるロシアが宇宙空間にまで、汚れた手を伸ばそうとしている企てを非難するのは当然としても、現に戦争当事国が常任理事国であるがゆえに拒否権を行使するという歪な国連中心主義の国際社会に、明るい未来はなく、あるのは怒りと絶望だけだ。

その2ヶ月前、2月14日付の『ワシントン・ポスト』紙は、数年後にも、ロシアが宇宙空間で核兵器を使用する可能性があることを示唆した。

〈今日、宇宙空間に1万以上の衛星が存在する。２０３０年にはその数6万に達する。衛星の数が多くなると、大量破壊のためにロシアは核を使用する恐れがある。〉と。

なぜ、衛星の数が多くなると、ロシアは大量破壊のために核を使用するのか？

２０２２年2月25日〈ロシアによるウクライナの首都キーウへの猛攻撃の開始の初期段階において、キーウが生き残るうえで、アメリカが提供した宇宙システムに負うところが大きかった。〉と同紙は報じている。

宇宙システムとは５０００個以上の衛星を用いたアメリカの商用衛星群「スターリンク」のことで、光学センサー、熱センサー等を駆使して情報を収集する。

その情報は人工知能によって分析、解析され、破壊効果の高い標的を特定するや、スターリンクのブロードバンド回線を通じて高速でデータを戦場のウクライナ軍に送ることができた。

ウクライナは、スターリンクの宇宙システムを利用することにより電子戦の管理システムを構築し、キーウをロシアの侵略から守ることができたのだ。

ウクライナ戦争の陰の主役とも言うべきスターリンクは、アメリカの民間企業スペースXが運用している衛星インターネットアクセスサービスで、衛星からの情報とウクライナ軍とが連携してロシア軍の攻撃を最小限に抑えることに成功した。

スターリンクは、通信が不安定になりやすい戦場の悪条件のなかにあっても、宇宙空間から敵の情報を収集し、それらを絶え間なく地上軍に伝えることが可能だ。

一方、ロシアはスターリンクによってキーウ侵略を遂行できなかったことから、すぐさま宇宙空間において指向性のある核兵器や電磁パルス（電子機器を損傷・破壊する、強力なパルス状の電磁波）

を使用し、スターリンクなどの商業ネットワークや軍事ネットワークを無力化する新たな計画を始めた可能性がある。

ロシアのこの核を使った新しい宇宙兵器は、スターリンクをはじめとするアメリカのさまざまな企業の衛星がデータを地上に送信する前に、衛星間で信号を交換する通信経路を攻撃するもので、アメリカにとって深刻な国家安全保障上の脅威となっている。

ロシアが万一、宇宙で核兵器を使用したら、宇宙において核兵器の使用を禁止する条約に違反するばかりでなく、宇宙を放射性物質で汚染すれば、人類への影響は計り知れない。それはロシアにとっても自滅行為である。

ウクライナ戦争は、プログラムで算出された21世紀のアルゴリズム戦争（コンピュータによる、情報取得時間の速さにより勝敗が決する戦い）であり、宇宙空間に配備された衛星群が地上戦闘の勝敗を決する重要な要素であることが実証された、これまで人類が経験したことのない戦争でもある。

この先、宇宙空間が人類の進歩のための協力の場となるか、人類が対立する殺戮《さつりく》の場となるか、子々孫々に対しこの時代に生きる者の責務は重大である。


近年中国も、アメリカとロシアに大きく遅れを取っていた宇宙開発を猛烈に推し進めている。

２０１９年には世界で初めて月の裏側への軟着陸に成功。２０２０年12月には、無人月面探査機「嫦娥《じょうが》5号」が、アメリカと旧ソ連に続き、44年ぶりに月面試料の持ち帰りを成功させた。

また、同年２０２０年に打ち上げられた火星ミッション「天問1号」は２０２１年5月、火星に着陸し、活動を開始するも、探査車の「祝融号」は休眠状態に入った。その後も休眠状態のまま活動を停止している。

とはいえ、火星への探査車投入に成功した国はアメリカと中国のみだ。

火星では砂嵐が地表に届く太陽光を遮り、発電に必要なソーラーパネルを覆ってしまうため、探査車の活動には高度な技術が必要となる。

中国国営メディアが国家航天局の発表として伝えたところによると、「天問1号」に搭載された機器が収集した科学データは1800ギガバイトに上る。国営メディアの『環球時報』は、このデータから「いくつかの発見」があったと報じたが、詳細は明らかにしていない。

中国は宇宙大国を目指し、月面に基地を建設する計画を進めている。

また、国際宇宙ステーション（ＩＳＳ）に対抗して独自の宇宙ステーションを建設しており、宇宙における軍事力も強化している。

中国の月探査計画の総設計師は、2030年までに中国人を月に送ることが可能だと説明。今後の有人・無人の宇宙探査や着陸ミッションに向け、宇宙活動でのインターネット利用などを可能とする月衛星ネットワークの構築に取り組んでいるとも話した。

一方、アメリカは2024年までに有人月探査主義陣営と距離を置こうとしている。

中国共産党系の有力紙『環球時報』は〈米国は宇宙開発における絶対的優位を長期化させ、宇宙でのルールづくりを主導しようとしている。不公平だ。〉と批判。ロシアとの連携を強め、アメリカに対抗していくと強調している。

2023年12月9日、米統合宇宙軍のディキンソン司令官は、中国はアメリカの宇宙資産の大半を危険にさらす能力を構築しており、この領域を自国の軍事戦略にとって極めて重要だと考えていると指摘した。

これに対し、中国は宇宙開発は平和目的だと反論している。

2024年3月に開催された中国の全国人民代表大会（全人代）で、習近平国家主席が人民解放軍の代表団の会議に出席し、海洋や宇宙、サイバー空間など新たな領域で戦略的能力を引き上げ、軍事力を強化するよう指示した。

中国は安全保障の領域をすでに宇宙へと広げ、2030年までに「宇宙強国」となる目標を掲げ、アメリカ、ロシアとしのぎを削る。習近平の人民解放軍の代表たちへの指示は宇宙競争でアメリカを凌駕せよとの檄文《げきぶん》とも読めるのだ。

日本科学技術振興機構が運営する「中国の宇宙開発動向」によれば、2023年の世界のロケット打ち上げ回数は223回（失敗11回）で、このうち中国は過去最多の67回（同1回）、アメリカは107回（同5回）、ロシアは19回だった。

中国は衛星打ち上げ数でも211基と過去最多を記録し、前年比25％増だった。

また2023年1～3月のロケット打ち上げ回数を見ると、30回のアメリカには及ばないものの、中国は過去最多に並ぶ22回を記録し、自国衛星46基、外国衛星1基を打ち上げた。

衛星の内訳は地球観測衛星22基、航行測位衛星2基、通信放送衛星9基、有人宇宙船1基、宇宙科学衛星1基、技術試験衛星10基、宇宙往還機1基となっている。

ちなみに日本はわずか3基（失敗1回）である。

数字からはロシアを遥か後方に、中国が宇宙競争でアメリカと肩を並べる日もそう遠くない勢いを感じさせる。

アメリカも最近は中国による宇宙領域での安全保障の脅威の可能性に気づき、連邦下院議会やメディアが警告を発している。

一方、日本の宇宙開発・宇宙防衛はどうなっているのだろうか。

防衛省は4年前の２０２０年5月、宇宙を専門に扱う自衛隊初の部隊として宇宙作戦隊を航空自衛隊府中基地に設置した。

その後、２０２２年3月に隷下に指揮統制を担う宇宙作戦指揮所運用隊と宇宙作戦隊を置いた宇宙作戦群が新編された。

宇宙作戦群は人工衛星や宇宙物体などの動きを認識、観測する宇宙状況把握（ＳＳＡ）を行っている。

宇宙空間の状況を常時継続的に把握し、そのための装備品運用や人材の育成、各種研究を行うのが宇宙作戦群だ。

また、スペースデブリ等監視部隊としての任務も担う。

スペースデブリとは宇宙ゴミのことで、衛星軌道上にある不要な人工物体のことだ。

運用を終えた人工衛星や、故障した人工衛星、打ち上げロケットの上段、ミッション遂行中に放出した部品、爆発や衝突により発生した破片等が宇宙空間にはある。

その数、現在地上から追跡されている10㎝以上の物体で約2万個、1㎝以上は50～70万個、1㎜以上は1億個を超えるとされており、将来の宇宙活動の妨げになる恐れがある。

さらに、JAXAや米宇宙軍と協力し、宇宙空間の常時監視体制を構築する。これにより、スペースデブリが日本の人工衛星に影響を及ぼさないか、そして日本の人工衛星を他国からの攻撃や妨害から守るために「宇宙状況監視」を行っているというわけだ。

ほかにも、電波妨害や不審な人工衛星、高度約3万6000㎞の静止軌道の監視を行う。

すでに、JAXAと米軍が互いに情報を共有するシステムは2023年度から本格的な運用が始まっている。

自国だけでカバーできない宇宙を諸外国と連携し平和を守るためのキーワードが「多国間連携」だ。

宇宙作戦群は、空自のさまざまな部署から隊員が集まり新編された。

そのため隊員の元部署は兵器管制、レーダー整備、人事・総務などバラバラで、宇宙に関する興味の度合いや任務に対する知識に個人差がある。「宇宙作戦」というこれまでにない職種だけに、今後の課題は専門知識や技術を持つ隊員の育成だ。その教育課程の整備が急ピッチで進められている。

任務に対応するため、人工衛星の観測や飛行方法、宇宙天気（太陽の活動で起こる地球への影響などを予測する）、さらに今後導入される装備品の運用などに向けて、新たな教育訓練プログラムを展開している。

自国から見ると地球の反対側にあたる宇宙空間など、カバーできない領域は他国からの情報提供で補う。お互いに情報を共有し、宇宙空間を安全に利用できる環境構築に地球全体で取り組む。

宇宙空間には国境がないうえに、ＩＳＳのような人工衛星は90分ほどで地球を１周する。広大なスペースエリアの状況を常に把握するには、官民問わず関係機関や諸外国との連携、隊員のチームワークが不可欠だ。

宇宙作戦群にとって、具体的な脅威のひとつは宇宙物体だ。人工衛星などに宇宙物体が衝突すると甚大な被害を引き起こすため、状況の監視が求められる。

宇宙作戦隊は、宇宙作戦群の心臓部とも言えるＳＳＡシステムを運用する部隊だ。ＪＡＸＡや民間衛星事業者などが所有するレーダーや光学望遠鏡といった各種センサーによる観測データ、米軍をはじめ各国からの情報がここに集められ、全宇宙領域の宇宙物体や人工衛星などの動きを把握。衝突や大気圏突入などのリスク情報を発信することで、宇宙空間の平和的かつ安定的な利用の確保に寄与する。

この大規模なＳＳＡ運用システムは、国内では宇宙作戦隊にしかない。

また近い将来、レーダーよりも精度の高いレーザーで宇宙物体との距離を測定する測距装置を導入。さらに、自衛隊初となる監視衛星を２０２６年度に打ち上げる計画も進められている。

また軍事的な優位性の獲得を目指して人工衛星を攻撃する能力を持つキラー衛星や、衛星通信の妨害装置などを開発している国もある。

それらにいかに対応するかも、今後の課題だ。

２０２３年12月、防衛省は、宇宙の安全保障に関する多国間枠組み、米英などが参加する７ヶ国の連合宇宙作戦（ＣＳｐＯ）イニシアチブへの加入を発表した。

ＣＳｐＯは国家機密情報を共有する米英など英語圏５ヶ国の「ファイブアイズ」に、フランスとドイツを加えた計７ヶ国で構成。日本は８ヶ国目の参加となる。

２０１４年に創設されたＣＳｐＯは、宇宙空間の脅威を監視・追跡する「宇宙領域把握」（ＳＤＡ）情報の共有のほか、参加国の宇宙専門部隊の訓練などを行う。

多国間で連携することで紛争を抑止し、責任ある宇宙空間の利用を目指している。

しかし、ＣＳｐＯに参加した場合でも「日本は集団的自衛を前提とした対応を取ることは想定していない」のは不可解だ。

広大な宇宙空間の脅威を日本単独で把握するのは「不可能」で、価値観を同じくする国とデータを共有することで、何が起きているかを認識できる。

宇宙でこそ、日本は集団安全保障を前提とした対応を取ることが必要なのではないか。

ロシアや中国は人工衛星を破壊するキラー衛星などの開発を強力に進めている。

日本は、ロケットの打ち上げ技術は世界有数で、自国の衛星を自国のロケットを使って打ち上げられる。これは大きな強みだ。

日本はほかの国の衛星に頼らなくても、自分でそれを持つことができるからこそ、アメリカや中国に対しても、ものを言うことができる。

日本は、宇宙の安全をどう確保し、どう関わっていくのか。安全保障環境が劇的に変わろうとするなかで、長期的な見通しを持った対応が必要だ。

宇宙は通信や位置情報サービスといった市民生活の基盤だけでなく、安全保障分野でも地政学的競争の舞台になった。

中国やロシアは人工衛星を破壊・妨害する手段を配備し、北朝鮮も軍事偵察衛星を開発。宇宙の軍事的支配権「制宙権」争いが過熱するなか、日本も宇宙空間の脅威に対処するための取り組みを加速させている。

「インド太平洋地域における米軍の作戦実行能力の妨害を狙っている」――プラム米国防次官補（宇宙政策担当）は2024年4月の議会公聴会で、中国が台湾有事などを見据え、宇宙の軍事利用を加速させていると警告した。

中国は人工衛星を破壊するミサイルやレーザー兵器、衛星を攻撃するキラー衛星に加え、サイバー・電子攻撃で衛星機能を無力化する能力の向上を急ぐ。米専門家によると、中国が2022年に打ち上げた軍事関連衛星は45基で、アメリカの32基、ロシアの15基を上回っている。

通信から情報収集、精密誘導爆撃、ミサイル防衛に至るまで、現代の軍事活動のほとんどは人工衛星などの宇宙アセット（資産）に依存している。

ロシアはウクライナ侵攻開始の約1時間前、米通信衛星サービス企業にサイバー攻撃を実施。大規模な接続障害が発生し、同企業を利用していたウクライナ軍を混乱に陥れた。有事の際には宇宙アセットの防護が死活的に重要ということを示したのだ。

宇宙空間における脅威の増大を踏まえ、日本は宇宙作戦群を発足させた。宇宙分野に特化した今後

10年間の戦略文書「宇宙安全保障構想」も策定した。宇宙監視用の衛星やレーダーの整備も進めている。

宇宙時代に対応するには多国間の連携が欠かせない。

そのために日本は情報の取り扱い資格「セキュリティ・クリアランス」の制度化（24項参照）や「スパイ防止法」の制定を急ぐ必要がある。

同時にサイバーセキュリティの整備を進め、高度な機密情報を共有し、強化する必要もある。それにより同盟国や同志国との連携を深化させることが可能になる。宇宙時代にあっても、我々は自由と民主主義を確固たるものとしなくてはならないのだ。

23 ファイブ・アイズへの参加を阻む情報管理の未整備

中国の情報活動による前代未聞の脅威を警戒し、強く警告する「ファイブ・アイズ」の活動が活発化している。「ファイブ・アイズ」は、オーストラリア、カナダ、ニュージーランド、イギリス、アメリカで構成される西側の情報同盟だ。

さまざまな国の情報機関は、目的が一致すれば日常的に協力し合う。ファイブ・アイズはその一例にすぎない。ファイブ・アイズは、ＣＩＡなど構成国の諜報機関のトップが機密情報を共有するための枠組みだ。

中国の情報機関の対外活動が一気に活発化したのは、10年ほど前だと言われる。

習近平国家主席が最高指導者になり、攻撃的な「戦狼外交」が始まった時期とほぼ一致する。中国は史上初めて世界レベルで力を行使しはじめ、あらゆる手段を駆使して他国に圧力をかけるようになった。

これに対し、ファイブ・アイズも国家安全省（中国版ＣＩＡ）による活動の質と攻撃性の変化に対応した動きを行っている。

中国の情報活動はファイブ・アイズ5ヶ国内で急増している。

主要ターゲットは先端技術や人工知能の研究だ。

ＦＢＩは１０００件を超える中国の「技術窃盗」を捜査中だ。アメリカ国内の米軍基地では、過去1年間に中国の情報活動が十数件確認されている。

中国の脅威は至るところで高まっている。

中国は、暗黙の国際ルールを変えたのだ。

具体的には2017年、中国は国の情報活動の基本方針「国家情報法」を制定し、施行した。この法改正によって、外国にいる中国人にその国の機密情報を獲得して本国に伝えることを強要する方法を手に入れることになった。

その国家情報法の第七条には、〈国民の協力義務と権利保障〉と見出しがあり、〈いかなる組織及び個人も、法に基づき国の情報活動に協力し、国の情報活動に関する秘密を守る義務を有し、国は、情報活動に協力した組織及び個人を保護する。〉と記されている。

当の中国の外務省報道官は、「世界最大のスパイ網を持っているのはアメリカだ」と反論しているが、この中国の情報活動は伝統的なスパイ活動の域を遥かに超えて世界の脅威になっている。


さて、ここでファイブ・アイズの誕生の歴史を紐《ひも》解いてみよう。

ファイブ・アイズの原型が生まれたのは1940年7月16日、ルーズベルト米大統領に派遣されたアメリカの情報将校が、チャーチル英首相や情報機関トップに会うためにロンドンに赴いたことに端を発する。

その人物こそ、その後「アメリカ情報機関の父」「CIAの父」と呼ばれるウィリアム・ジョセフ・〝ワイルド・ビル〟・ドノバンである。イギリスはドノバンに最高機密を明かし、ドイツの攻撃に耐えられる物資提供をアメリカに要請した。

同時にドノバンを動かしてアメリカに〝中央統括的な〟情報機関を創設させようとした。当時のアメリカにはこの種の情報機関が存在せず、イギリスは米政府内に情報共有のパートナーがいない状態だった。

戦時中のカナダ、オーストラリア、ニュージーランドは名目上イギリスの自治領（実態は完全な主権国家）だったので、情報活動での米英協力を推進するイギリスの動きに参加するのは自然の成り行きだ。

ワシントンに戻ったドノバンは、アメリカ初の連邦情報機関ＯＳＳ（戦略事務局）を創設。戦後ＯＳＳはＣＩＡとなった。そのアメリカとイギリスが中心となって、ファイブ・アイズが設立された。現在は、アメリカ商務省産業安全保障局（ＢＩＳ）が主導している。そのメンバーには米英以外には、先に述べたカナダ、オーストラリア、ニュージーランドが入っている。

ファイブ・アイズは、アメリカを中心に、通信傍受網を通じて電話やメールなどの情報を収集し、参加国の情報機関は相互に傍受施設を共同活用している。

現在のファイブ・アイズの任務のひとつに、ウクライナへの侵攻を続けているロシアと、ロシアを支援するベラルーシ向けの第三国を通過しての輸出管理の迂回を防止・抑止することがある。

輸出管理の中核は、ロシアとベラルーシ向けに輸出などする場合に注意が必要な集積回路（ＩＣ）、ワイヤレス通信、衛星による無線ナビゲーションなどの電子部品の品目リストだ。

そのため、輸出管理の迂回への関与が疑われる輸入者の形態を特定するとともに、注意を促している。

このように、普段はベールに包まれている特定の情報を、ファイブ・アイズの参加国になると得ることができる。そのことは国家を救うことになる。

自由主義を標榜し、世界一危険な地域に存在する日本にとって、ファイブ・アイズへの参加は必須だ。

ただ、AUKUSへの参加以上に、日本のファイブ・アイズへの参加のハードルは高い。

ファイブ・アイズのメンバーは、中国、ロシアなど権威主義体制を批判し、民主主義や法の支配、基本的人権の尊重などを共有する国家との関係を強化しようしている。

しかし、日本は中国、北朝鮮、ロシアなどの権威主義的強権国家が人権侵害や民主主義を侵す行為に及んでも、直接的な批判や抗議を控えるナイーブな国家と見られている。

これらの国家が日本の排他的経済水域内にミサイルを撃ち込んでも、日本は反撃には出られないことを、とうに見透かされている。

ファイブ・アイズのメンバーは日本に参加を期待しつつも、それらの国々に対して毅然として対峙できない日本の政治体制の脆弱性を不安視している。

日本のように核を持たない国は、どうしても核を保有する国への批判のトーンが弱まる。とはいえ、民主主義や法の支配、基本的人権の尊重などを暴力的行為で抑えつける国家には、敢然と批判の声を挙げなくてはならない。

ファイブ・アイズのメンバーは、中国が香港に「国家安全維持法」を適用することに強く反対した。イギリスとアメリカは、香港の人々が中国政府の抑圧から逃れ、自国に渡るのを容易にすべくさまざまな政策を承認した。

前述のように中国は、ファイブ・アイズ加盟国から量子技術、ロボット工学、バイオテクノロジー、ＡＩなどの知的財産や機密情報を盗んだり、ハッキングを行ったりするなどのスパイ活動を行っている。

中国はまた、以前からさまざまな技術網を駆使して企業を標的にしているが、サイバー侵入、スパイによる諜報活動、一見無害に見える企業の投資・取引など、それぞれの技術網がより図太く、より危険になっている。

ファイブ・アイズは、中国のそれらの行為に立ち向かうことを狙いのひとつとしている。

日本も、オーストラリア、イギリス、アメリカのように、「ＡＵＫＵＳに参加するとともにファイブ・アイズにも参加する国」であることが求められているし、ファイブ・アイズのメンバーもまた日本の参加を熱望し、不可欠であると考えている。レーダーなどの日本の高い技術力がファイブ・アイズの情報収集の能力と質を高めるからだ。それと同時に地政学的にも――海をはさんでいるとはいえ――中国、北朝鮮、ロシアと隣接していることで、ファイブ・アイズが知らない情報を日本が摑んでいることが、その理由だ。

実際に、日本には北海道の稚内から沖縄県の石垣島にかけて、他国の軍事通信を傍受する施設の広範なネットワークがある。

これらの施設は中国、北朝鮮、およびロシアの軍用機や海軍の艦船の動きと通信内容についての情報を収集している。１９８３年の大韓航空機撃墜事件の犯人がソ連機だったことを最初に突き止めたのは、自衛隊のレーダーだったのはその一例だ。

しかし、現時点では、日本がファイブ・アイズに提供する情報の価値が、日本をファイブ・アイズに加えることで拡大するセキュリティ・リスクを上回るかどうか疑問視されている。ファイブ・アイズのメンバーは、日本から中国、北朝鮮、およびロシアなどの好ましくない国に情報が漏れ伝わることを警戒し、恐れている。

とはいえ、軍事・経済の両面で影響力を強める中国とロシアの両国の脅威に対峙するには、もはや既存のファイブ・アイズだけでの能力では限界にきているとの強い危機感もまたある。

日本にとっても台湾有事が現実味を帯びているいま、新たな枠組みを獲得する分岐点にある。14項で触れたように専守防衛に徹する限り、完全な自国防衛はあり得ないからだ。

日本をファイブ・アイズに加える価値をメンバー諸国に納得させるためには、日本が情報の受け手になるだけでなく、その提供者にもなれることを示す必要がある。インテリジェンス能力の強化という攻めの側面と合わせ、機密や先端技術を取り扱うための適格性を精査し確認するセキュリティ・クリアランスの制度化が必要不可欠な絶対条件なのだ。

しかし、セキュリティ・クリアランスだけでは片翼にすぎない。

加えて、「スパイ防止法」の制度化が必須だ。このことについては18項で述べた。

日本は、機密を漏らした人に厳罰を科す「特定秘密保護法」を施行したものの、国家の情報管理としてはその効力は弱い。

早急にスパイ防止法の制度化を実現し、ファイブ・アイズのメンバーに参加しなくてはならない。スパイ防止法の制度化こそ、ファイブ・アイズのメンバーに参加できる唯一の道なのだ。

24 世界の機密情報にアクセスできない国の深刻な弊害

ここまで何度か言及してきたが、「セキュリティ・クリアランス制度」とは、機密情報にアクセスできる人を決める制度だ。

日本は、主要7ヶ国（G7）で唯一、セキュリティ・クリアランス制度の未整備国。

そんな日本の不名誉な称号の返上へ向けて、経済安全保障上重要な情報へのアクセスを、国が信頼性を確認した人に限定するセキュリティ・クリアランス制度の創設に向けた法案が2024年4月9日の衆議院本会議で可決され、同17日の参議院本会議で審議入りした。

このセキュリティ・クリアランス制度は、漏洩すると日本の安全保障に支障を来たす恐れがあるものを「重要経済安保情報」に指定し、これらの情報へのアクセスを民間企業の従業員も含めて、国が信頼性を確認した人に限定するもの。

現在の制度は、防衛・外交・テロ防止等についてのみ、「特定秘密保護法」にて担保されているにすぎない過渡的なものである。対象者も97％が特定秘密を取り扱う官（公務員）のみと限定的であり、世界標準のセキュリティ・クリアランス制度からはほど遠い日本独自の内容である。

欧米の主要先進国は、特別管理秘密を扱う行政機関の職員を対象とする秘密取扱者適格性確認をはじめ、公的機関のみならず関連する民間企業にも、採用の段階で適格性審査を義務付けるなど万全のセキュリティ・クリアランスが制度化されている。

欧米の主要先進国は、日本の企業に対してさまざまな分野で国際共同開発のパートナーであることを求めている。

しかし、主要先進国並みの経済安全保障に対応したクリアランス（許可）を持たない日本人研究者は、国際的共同研究開発等に参加できないなど、深刻な弊害が生まれている。このままでは先端技術をめぐる欧米との共同研究に支障を来し、国益が損なわれる。

もっと言うと、世界標準のセキュリティ・クリアランス制度を持たない日本は、技術者がほかの先進技術国が有する情報にアクセスすることができない。技術力の低下も懸念される。

とくにＡＩによる自動運転車などの製品は、先進技術国の情報にアクセスできないため、日本の競争力が落ち、負のスパイラルに陥っている。

また、国家の基幹である防衛産業でも同様の事態が発生している。

そういう事態に、ほくそ笑んでいるのは日本を敵視する周辺国だ。

日本がいま、待ったなしで整備しなくてはならないのは、欧米の主要先進国並みか、それ以上のセキュリティ・クリアランス制度なのである。


アメリカをはじめとする諸外国のセキュリティ・クリアランス制度は、「トップ・シークレット（機密）」「シークレット（極秘）」「コンフィデンシャル（秘）」と3種類のレベルに応じて異なる適格性審査が行われる。

当然、「秘密」のレベルが上がればより厳しい適格性審査が行われる。

一方、日本の現行の制度における適格性審査は1種類だけである。これでは外国人には、カウンターパートである日本人がどのレベルの秘密へのアクセス資格を保有しているのかわからない。

アメリカの政府のなかでも、国家の重要機密情報を取り扱うような「トップ・シークレット（機密）」のレベルになると、クリアランス・レベルも最高位のものになる。

アメリカでは、先端技術を扱う民間人にセキュリティ・クリアランスの資格を与えるために、借金の有無や家族構成、外国人との交友関係、薬物検査など、ありとあらゆる項目で書類審査が行われる。トップ・シークレットを扱うランクともなれば、ポリグラフ（嘘発見器）まで受ける必要がある。もし、その人物が「外部に情報を漏らすリスクがある」と判断されたら、資格を得ることはできない。

それが、アメリカや西側諸国の標準だ。

かつて外交官としてワシントンの日本大使館に勤務していた際に、ＣＩＡをはじめ多くのインテリジェンス機関と関わった私にとっては、いろはの「い」にあたる。

日本でもセキュリティ・クリアランス制度が法制化されれば、「信頼性の確認」など、本人の同意を前提に国が家族や犯罪歴などを調査する。

しかし、日本ではセキュリティ・クリアランス制度の必要性は認識されつつも、資格を取得する際、出自や経歴、宗教や思想信条、預金状況や借金の有無などの経済的状況、過去に犯罪歴があるかなどの身辺調査に抵抗を感じる人が多い。特定の人を選出することは、同時に特定の人を排除することにつながるからだ。

日本でも一部、政府で秘密情報を取り扱う職員にはすでにセキュリティ・クリアランス制度を実施している（外務省時代、私もセキュリティ・クリアランス制度の対象者のひとりだった）。しかしながら企業レベル、とくに中小企業ではセキュリティ・クリアランスの意識が乏しく、情報はダダ漏れで、日本を敵視する中国等の餌食状態にある。

セキュリティ・クリアランス制度がない日本の問題点として、次の3点を挙げることができる。

(1)実際に誰が機密情報に触れているか特定できず、触れている人の素性がわからない。その人がどんな情報漏洩のリスク要因を持っているのかもわからない。

(2)データがこれまで以上にデジタル化されている世界において、情報伝達や端末の持ち運びが以前にも増して容易になっており、その際、情報漏洩のリスクは限りなく大きい。

(3)機密情報は政府のなかだけでなく民間企業も共有することが多い。その場合、企業によっては機密情報のアクセス権限が曖昧で、民間から情報が海外のハッカー（高度の知識や技術を用いてインターネット上で悪事を働く人）に漏れる可能性がある。

実際に、中小企業も含め民間企業から、重要物資の生産基盤の整備や先端的な重要技術などが他国に流出している可能性が指摘されている。

防衛面で言えば、流出した技術が、他国で先進的な兵器の製造に使われている可能性がある。

日本のセキュリティ・クリアランス制度の未整備な状況は、ここまで触れてきたこととは別の面でも「情報の保全」を危うくしている。

一番目の要注意は、企業の株主だ。

株主には情報開示請求権がある。株主になることによって、企業の知的財産情報の開示が要求でき、企業の内部情報にアクセスすることが可能だ。株主という立場を確保してしまえば、堂々と必要な情報収集を行うことができる。

また、企業を買収するなどして内部の機密情報へのアクセスも可能だ。

二番目の要注意は、バックドア（遠隔操作でアクセスできるようにする不正プログラム）の存在だ。製造段階から電子機器にバックドアのハードやソフトウエアを埋め込まれると、そこから技術が抜き取られる。

三番目は機密情報に関わった人の存在だ。

とくに、政府関係者から民間に流れた際の情報の保全に危うさがある。そのために、民間企業に勤める者の情報アクセス権を厳格にし、官民のインフラ（とくに情報インフラ）で使用するハードとソフトの調達の管理を、官主導で厳格に行う必要がある。

セキュリティ・クリアランス制度の仕組みを導入することは、民間企業とその従業員にとっても、会社の秘密情報の取り扱いについてのルールが明確になり、不当な疑いから身を守ることにもつながる。

日本がこれまで以上に国力を維持・発展させるためには、世界標準に則したセキュリティ・クリアランス制度の一日も早い導入が必須で、待ったなしだ。

併せて18項でも言及しているように、「スパイ防止法」の制定も求められている。

25 ハニートラップ(甘い罠)の一夜とその後の残酷

ハニートラップ(ハニトラ)とは、文字通り、甘い罠の意味。

機密情報などを得る目的で、外国のスパイ(諜報員)が色仕掛けで外交官や政治家、官僚、軍関係者などを誘惑したり、弱みを握って脅迫したりする、諜報活動のことだ。

やり口はおもに、女性が男性に仕掛けることをいうが、そうとも限らないケースもある。

ある総理経験者は、「中国の外遊でホテルに帰ると、僕が女性に興味がないと思ったのか、美麗の男性のボーイが現れた。付きっきりでこまごまと世話をやこうとしたので、途中でお引き取り願ったけどね」と、苦笑して親しい知人に語っていたという。どうして女性に興味がないと思われたかというと、その前のパーティで、女性の接待を断ったからだ。

ある現役の与党の政治家は、中国でハニトラにかかりそうになった自らの体験談を次のように語っている。

夜、その政治家が、ホテルに戻ると部屋に電話がかかった。

「マッサージはいかがですか?」

女性の声がして、数分も経たないうちにドアをノックする音がする。ドアチェーン越しに見ると、コートを着た女性が立っている。

「マッサージはいかがですか?」

コートの下は、全裸だ。

断ると、乱暴にドアチェーンを外してなかに入ろうとしてくる。

「出て行け！」

ハニトラの存在を知る政治家はけわしい声で、英語で、何度か叫び、ことなきを得たという。

「もしあのとき、僕が油断をしてドアチェーンを外していたら全裸で抱きつかれ、その模様は部屋のどこかに仕掛けられたカメラで一部始終を撮影されていたに違いない」

また、元首相補佐官は財務省時代、中国に出張した折り、夜、食事を終えてホテルの部屋に戻ると、チャイムが鳴った。

ドアの覗き窓から見ると、学生時代に好きだった女性アイドルそっくりの美女が立っていたという。

「絶対にドアを開けるな」

と上司から聞かされていた彼は、開けなかった。

事前に、ターゲットとなる対象者の好みの異性を徹底的に調べ上げたうえでハニトラを仕掛けてきたのだ。

聡明な彼はこの後、中国への出張には必ず妻を帯同させたという。

私も外務省時代、外務大臣などの外遊に帯同した際、宿泊するモスクワの高級ホテルのロビーでハニトラと思しき女性の姿を垣間見たことがある。

彼女たちがハニトラかどうかは定かではないが、どの部屋からその種の女性が出てきたかを調べれば、ハニトラであるかどうかを割り出すことは難しくない。

しかし、それは私の任ではない。

いずれにしても、国家の命運を握る政治家や官僚などは、外遊先で仕事を終え、気が緩んだ一瞬に、ハニトラを仕掛けられる可能性（危険性）があることを常に認識したほうがいい。

もっとも、日本を敵視する国の工作員はそれを知ったうえで、さらに巧妙にハニトラの罠を仕掛けてくるのだが。

会社員や企業幹部、官公庁の職員、政治家、ジャーナリストなど、万一、ハニトラで中国人やロシア人と懇《ねんご》ろの関係になると、その様子を動画に撮られ、その後脅しに使われる危険がある。

ハニトラにかけられると、中国側、ロシア側の思うがまま、高度な機密情報を提供させられることになる。そして気がついたときには、逃げ切れない段階にまで来ている。

先に挙げた政治家や元首相補佐官も、中国でハニトラに遭った経験を吐露したあと、「あのとき、ハニトラにかかっていたらいま、僕はここにはいない。かかっていないから話すことができるのだ」と、危機一髪のところで自己防御ができた安堵感がにじんでいた。

しかし、ハニトラにかかった人の多くは、その後ハニトラの本当の怖さを知ることになる。その人が昇進するなりして大きな地位を獲得したとき、彼の前に現れる人物によって。その人物とは言うまでもなく中国共産党やロシアの情報機関の工作員だ。

ハニトラの魔の手が忍び寄るのは、中国やロシア滞在時だけではない。日本はスパイ天国と言われるが、日本にいる中国人がスパイに仕立てられ、日本国内でハニトラを仕掛けてくるケースもある。

日本には中国人留学生が数多くいるが、彼らは中国大使館の教育処でリスト化されている。そしてそのなかから、「大使館のメッセンジャーとして協力してほしい」とハニトラに向きそうな女性を中国大使館がスカウトしていると見られている。

その際、協力の見返りに「中国にいるあなたの両親の年金を増額しますよ」などの甘言が用意されているという。幼少のころから反日教育を受けている中国人留学生の大半は「祖国のためなら」と、申し出を受諾する。拒否すれば、祖国にいる家族が警察に逮捕・拘束されるなど厳しい現実があることを熟知していることもある。ゆえに彼女らは中国大使館に命じられるままにハニトラなどスパイ活動のミッションを果たすのだ。そして女性は、パーティの席やバーでターゲットとなる人物に自然な形で接触して、デートに持ち込む。

高級中国料理店、中国人クラブ等は、中国スパイ活動の拠点となっている可能性が高い。日本には、全国各地に中国人女性によるハニトラの拠点になっている場所が複数ある。

東京なら、中国大使館の息がかかっていると見られている飲食店が新宿・歌舞伎町や六本木、池袋にある。それは在日中国大使館御用達の高級中華レストランで、店内にある個室は情報活動やハニトラの拠点になっていると言われる。大使館にスカウトされた女性が常駐していると見られており、スパイの巣窟《そうくつ》になっている可能性が高い。

ロシアはハニトラなどのスパイ活動に関して、中国とはやり方が根本的に違う。反ロシアや反プーチンを鮮明にしている在日ロシア人たちをマークしているが、スカウトしてスパイ活動に協力させるようなことはしない。KGBの流れを汲む諜報機関で本格的な訓練を受けて実践を積んだスパイのみが、日本で諜報活動を行っている。

ロシアのスパイの場合、分かりやすいハニトラよりも、ターゲットが困っていることを調べ、助けてやり信用させ、恩を売って、恩を返させる方法を取るのが手口だ。

ロシアは、在外大使館に外国人の職員も置かない。大使館ではよくある公用車のドライバーに現地人を雇うようなこともせず、すべて自国民で固めている。在日本ロシア大使館も同様だ。

メディアでロシアについて国際政治学者など専門家がコメントすると、それが日本語の有料記事であっても、大使館はチェックしている。そして、「ぜひお会いしたい」とアポイントを取る。ロシア大使館は日本メディアでの扱われ方を注視している。

さらにロシアは、領事もスパイ活動をすると言われる。領事なら、領事館にビザを申請に来た外国人のパスポート情報から個人情報を知ることができる。そこから接触をしたり、名刺交換をして、人脈をつくっていくこともある。

もしあなたが国内で怪しい中国人やロシア人に尾行されたり、脅されたりしたら、警視庁公安部外事課に相談をしてほしい。「ソトゴト」という隠語でも呼ばれるその組織の通り、その名も〝外事警察〟で、その任務は日本国の安全を脅かす外国人テロリストや外国政府の諜報機関の調査、監視、摘発だからだ。

26 中国で理由もなくスパイ容疑で逮捕される日本人

「防諜（スパイ摘発）には全国民の動員が必要だ」

２０２２年、中国の国家安全省は、通信アプリ、微信（ウィーチャット）の公式アカウントへの初投稿で、全国民に新たなスパイに関する密告を奨励した。

国家の安全に危害を加える行為を防ぐために、一般国民にスパイ行為の通報を義務付けるという、恐ろしい制度である。

通報は匿名でも可能で、電話やインターネットで通報を受け付けるとし、提供された情報の「貢献度」を4段階に分けている。とくに「特別重大な効果」をもたらした情報提供者には、２００万円以上の報奨金を支払うとしている。

ただ、どんな情報が国家の安全に関わるのか具体的な説明はなく、範囲も曖昧で、国家安全省の匙《さじ》かげん次第。中国で働く日本人駐在員たちは、「いつ自分が告発されるかわからない」と不安に駆られている。

いつ、いかなるときに「お前はスパイだ」と容疑をかけられて逮捕・拘束されるともしれないからだ。

その際、逮捕の理由は一切明かされない。

数ヶ月後か数年後かわからないが、裁判の法廷に立たされて初めて「罪状」が明らかにされる。

では、その罪状とは具体的にはどのようなものであるか。

まず注意すべきは「国家動員法」「国家情報法」「輸出管理法」だ。加えて「データ3法」だ。データ3法とは、「個人情報保護法」「サイバーセキュリティ法」「データセキュリティ法」の三つの法律のことである。

また、昨年2023年7月に施行された「改正反スパイ法」にも警戒が必要だ。これまでの「国家の秘密や情報」に加えて「国家の安全と利益に関わる文書やデータ、資料や物品」を盗み取ったり提供したりする行為が新たに取り締りの対象になるなど、スパイ行為の定義が拡大された。さらに「その他のスパイ活動を行うこと」との規定があり、同法で列挙されているもの以外にもさまざまな行動が幅広くスパイ行為と見なされる可能性がある。

「その他のスパイ活動を行うこと」なら、極端な話、自分の仕事の得点を稼ぎたいと思った警察官が、理由も告げず逮捕し、罪状をあとででっちあげることだって不可能とは言えない。

そのため、改正反スパイ法が施行されて以降、元外交官や企業の駐在員、ビジネス関係者をはじめとする中国の滞在者が震えあがっていると聞く。これから中国へ渡航する予定の人たちも十分注意すべきだ。

中国でスパイ行為の疑いをかけられ、6年あまりの服役を経て昨年帰国した67歳男性のSさんは、日本記者クラブで会見し、改正反スパイ法について「中国では、常に監視、盗聴されている意識を持つことが重要。個人で捕まらないようにするのは大事だが限界がある」と述べ、中国政府への毅然とした働きかけなど、日本の外交力を強める必要があると訴えた。

Sさんは、1980年代から日中交流事業に関わり、200回以上中国を訪問。日中青年交流協会を設立したり、北京の大学で客員教授を務めたりするなど、日中交流の推進に貢献した人物だ。しかし２０１６年７月、帰国する直前、北京の空港で国家安全当局に拘束された。

「中国の国家安全に、危害を与えた活動をしたため拘束した」

と中国の治安当局は日本側に対し伝えたが、いまもって容疑の詳細を明らかにしていない。

Ｓさん拘束のニュースは、日本の日中関係者の間に大きな衝撃を与えた。

Ｓさんの長年の知人は「親中派活動家のＳさんはとてもスパイに見えない」と絶句した。事件後、「自分も中国に行けば捕まるのではないか」と心配して、訪中を急きょ取りやめた日中関係者も少なくないという。

では、なぜＳさんは逮捕されたのか。

同法の施行により、「国家安全部門」である中国の警察の権限が拡大された。法の解釈権を持つ警察は、恣意的に外国人に対し強制手段をとれるようになったという。Ｓさんはこの法律の餌食となったとも言える。

実際にここ数年、Ｓさんのように中国当局にスパイ容疑で逮捕される日本人があとを絶たない。

これまでもスパイ行為に関わったとして拘束された日本人は、２０１５年以降、２０２３年６月30日までに少なくとも一七人もいる。このうち、九人が中国の裁判で実刑判決となり服役した。また、ひとりが服役中に病気で亡くなったとされる。

どのような経緯で、日本人がスパイ容疑で逮捕されるのか。

企業の中国駐在員などビジネス関係者をはじめ当局が目を光らせている人以外にも、最近は一般の人でも、ＬＩＮＥやＴｉｋＴｏｋ等で、「中国共産党」「天安門事件」「香港民主化」などの言葉を普通にやりとりするだけで、それらのキーワードが回り回って超監視社会の中国のスーパーコンピュータに特定の個人名がデータとしてファイリングされると言われている。

そして、その人物が中国（飛行機の乗り継ぎのために中国国内の空港に着陸するトランジットも含む）や中国の友好国、あるいは中国と「犯罪人引渡しに関する条約」を締結している国に入ると、最悪の場合、反スパイ法の容疑者とされて長期間の拘束や、有罪の場合は懲役などの刑罰を科される恐れがある。反スパイ法の最高刑は死刑というから身が凍りつく。

中国の外交部（外務省）条約法律局によると２０２０年時点で、中国はすでにベルギー、キプロス、ギリシャなどＥＵの国々を含む25ヶ国と犯罪人引渡条約を締結しているという。

日本も、平成24年（２０１２年）版犯罪白書第二編の第六章には、〈中国との間でも、犯罪人引渡条約の締結交渉を行っている。〉との記述があるが、絶対に引渡条約の締結を行うべきではない。

中国の人権弾圧と監視社会体制がますます強まるなか、日本の外務省の「海外安全ホームページ」には、〈２０２３年改訂「反スパイ法」におけるスパイ行為の定義〉と題して、中国の反スパイ法第四条におけるスパイ行為とはいかなるものかについて具体的に記載されている。

注目すべきは、最後の６項目目で、〈その他のスパイ活動を行うこと〉とあるが、〈その他〉とは何かについて一切、触れていないことだ。

代わりに、同じ欄に、そこだけ目立つように赤字で※を付けて、国民に対して次のような警鐘の一文がある。

〈具体的にどのような組織や人物が「スパイ組織及びその代理人」に該当し、どのような行為がスパイ行為とみなされるか明らかでなく、列挙されているもの以外にも様々な行動が幅広くスパイ行為とみなされたり、当局によって不透明かつ予見不可能な形で解釈される可能性があります。〉

端的に言うと、これは中国や中国の友好国、中国と犯罪人引渡しに関する条約を締結している国に入国すると、あなたは理由を明らかにされないまま、突然、スパイ行為を行ったと見なされ、逮捕、拘束される恐れがあるから注意せよ、と回りくどい表現ながら警鐘を鳴らしているということだ。

つまり、中国の反スパイ法第四条に関して日本政府は対抗手段を持たないことになる。そのなかの一文〈その他のスパイ活動〉という曖昧な表現に対しては、日本国民が逮捕、拘束されるのは、すべては中国当局の裁量次第である、ということを暗に認めているのである。

反スパイ法第四条に対抗する法律がない日本は、国民にそれらの危険な国々によほどの用心ができない場合は入国を勧めない、ということしか提示できない。入国する場合は、上記の一文を読み、この先はあくまで自己責任で対処するようにと、責任回避のような巧妙かつ婉曲な言い回しに終始している。これが国家のあるべき姿であろうか。大いに疑問と言わざるを得ない。

戦後、我が国は自国の防衛をアメリカに長年依存した挙げ句、中国等の強権国家にもの申すことのできないひ弱な国家に成り下がっている現実がある。

このような、国民を守れない国の弱点をついて、北朝鮮の拉致問題は発生し、事件から半世紀が経ったいまも解決の見通しすら立っていない。
まずは、中国政府の罪状を公にしないままの恣意的な逮捕に対して、日本政府は沈黙せずに「中国での拘束理由は何か」と、北京の日本大使館を通じて、日本国民のために中国側に強く迫り、交渉の経緯を公にすべきだろう。
政府が弱腰であるなら、ここは国民一人ひとりが、海外において、隙や弱みを見せない、自立するビジネスパーソン、旅行者であることが求められる。

ここでは、中国や中国の友好国、あるいは中国と犯罪人引渡しに関する条約を締結している国を旅行する際のいくつかの注意点と対策を挙げてみる。

⑴逮捕、拘束されないためには、当然ながら、それらの国に入国しないことである。中国で逮捕、拘束された場合、裁判は非公開で行われる。どのような行為が法律に違反したのか、具体的な容疑事実は一切明らかにされない。
2023年3月、北京で大手製薬会社の50歳の男性日本人社員が身柄を拘束された。中国外務省は、この社員を刑法と反スパイ法違反の疑いで拘束したとしたが、いまなお、具体的な内容は明らかにされていない。

⑵企業の駐在員など親中派の人間だからといって安心はできない。親中だからこそ逮捕、拘束されるリスクが大きい。というのも、中国側が秘密にしておきたい、知られたくない内部事情や秘密に精通していると思われる人間をやすやすと帰国させるわけにはいかないからだ。

中国に着いたときから、電話やメール、ファクスまですべて監視されていると思って間違いない。拘束の候補になりそうなターゲットには、常時監視がついているので、話す内容も気をつけるべきだ。口が滑っても「クーデター」や「テロ」などといった言葉を口にしたり、ゼロコロナ政策の批判をしたりしてはいけない。会話に出た名詞を恣意《しい》的に切り取って、反スパイ罪の適用をしてくる可能性がある。

　実際に大手商社の男性は、たわいもない北朝鮮に関する話題を中国政府の関係者と話したことが罪状となり、逮捕された。

(3)ビジネスパーソンはもちろん、旅行者も中国滞在中は油断できない。ホテルの室内の会話も盗聴されていると考えたほうがいい。うっかり中国に関することや中国の知人から聞いた噂話を口にすると、それも逮捕の口実にされる。

私が海外に滞在する際、スパイ容疑で逮捕されないために、日ごろ、気をつけていること、携行品などを具体的に挙げてみよう。

＊仕事に欠かせないＰＣと、世界中どこでも通じるマルチタイプの変圧器は必ず自分のものを日本から携行する。ＰＣや変圧器を海外で調達することは厳禁だ。そのＰＣを通じて個人情報が抜かれたり、情報漏洩するリスクがある。また信頼の置けない変圧器はいとも簡単にＰＣを破壊する。

＊ホテルの部屋に入ったら、盗聴器が仕掛けられていないか、監視カメラはないかなど、慎重に確認

する。
＊パスポートはいかなるときでも携行する。外出するときはもちろん、ホテルで朝食をとる際など、いつ不測の事態が発生しても対応できるように。
＊ホテルのセキュリティボックスは安全とは言えないので絶対に使用しない。
＊情報漏洩防止のため、ホテルのＷｉ‐Ｆｉは絶対に使わない。
＊ＬＩＮＥでの仕事上のやりとりは一切しない。

ＦＢＩが作成した「海外出張するビジネスパーソンのための安全とセキュリティ」には、中国を仕事または観光で訪れる人々がスパイ容疑で逮捕されないための心得が記されている。


⑴あなたが出張または観光を計画している地域におけるローカルな法律や習慣をよく知らなければならない。あなたは現地の法律に従うことが求められている。そしてそれらには、服装の基準、写真撮影の制限、電話の制限、外出制限などが含まれる。

⑵ひとりで外出するのは避ける。とくに暗くなったあとは、ひとりで外出してはいけない。そして、自分の安全を脅かすと思われる場所は絶対避ける。

⑶飲み物から目を離してはいけない。誰かが記憶喪失や眠気を引き起こす薬を入れるかもしれない。

⑷もしあなたが逮捕されたら、それがいかなる理由であろうとも、最寄りのあなたの国の大使館または領事館に通知するよう同行者（ガイドや通訳を含む）に頼む。

⑸もしデモや集会に出くわしたら、直ちにその場を離れる。混乱のなかでは、たとえあなたが見物人であったとしても、あなたは逮捕・拘留されるかもしれない。

⑹政府庁舎、宗教上のシンボル、軍事施設の写真を撮影するのは、違法行為かもしれない。とくに、被写体の背景にこれらの建物が映り込まないように注意しなければならない。

⑺いかなる違法で、不適切な、または軽率な行動も避ける。とくに性交渉の申し出は絶対拒否する。それは部屋への踏み込み、写真撮影、脅迫へとつながるかもしれない。

⑻闇取引に参加してはいけない。あなたの所持品を売ってはいけない。違法なドラッグやポルノを持ち込んでも購入してもいけない。

⑼ほかの土地への小包や手紙の配達依頼を受けてはいけない。ある人は、見知らぬ男から手紙を渡された。その人はそれを返そうとしたが、男は走り去ってしまった。その夜、その人は国家保安機関の官憲の来訪を受け、手紙を受け取ったことに対して警告された。

⑽あなた方の会話は内輪のものでもなく、安全なものでもないことに、用心しなければならない。中国においては、技術的な盗聴・監視について法的制限がない。とくに政治的発言は控えなければならない。また、あなた自身や同僚の性格の欠点、財政的問題、恋愛関係、その他の困った問題についての噂話をしない。これらの情報こそ、あなたとあなたの同行者につけ込もうと考えている者にとって、もっとも欲しがっている情報であるかもしれない。

「中国は厄介な国だ。あの国に足を踏み入れたが最後、誰でも拘束される危険性がある」

そう語る警視庁公安部外事課の元公安警察官が、中国に持ち込んではいけないモノ、中国でこれだけは絶対やってはいけないコトを、次のように挙げている。

(1)たとえビジネスパーソンや観光客であっても、市街地で気軽に写真や動画を撮影すると、スパイ容疑で身柄を拘束される可能性がある。

(2)中国に入国する際、必ずやるべきことは、持ち込むＤＶＤがわいせつな内容でないかのチェックだ。

中国の入管は、男性で単身赴任だとわかると、ＤＶＤを持ち込んでいないかとくに入念に検査する。中国の入国管理局がわいせつな内容だと判断するか、ＤＶＤがアダルトだったら関税法違反になる。別室に連れて行かれて事情聴取される。

わいせつな映像や画像が収録されていないか、パソコンやＵＳＢも調べられる。中国ではモザイクが入っていても違法になる。

わいせつなＤＶＤにもっとも厳しい国は中東諸国だ。中東で発見されれば完全にアウトだ。すぐに収監される。ところが、荷物のチェックが甘いので、よほどのことがない限り問題視されない。

だが、中国ではその場で身柄を拘束されたり、警察への出頭命令が出る。

出頭命令が出ると、裁判で罰金刑が言い渡される。ＤＶＤ１枚につき、１０００人民元（約１万９０００円）が課せられる。罰金の上限は５万人民元（約95万円）。関税法違反の刑が確定したわけだから、そのまま国外退去処分となる。

２０１３年に習近平が国家主席に就任する以前は、入管でわいせつなＤＶＤが見つかっても、賄賂を渡せばことなきを得た。

たとえば、こんなことがあった。入管でアダルトＤＶＤが見つかると、入管職員が「普通だったら拘束されるが、そうならないようにできる」と言い、５本、指を示した。日本人が５０００円かと思って手渡すと、「ひと桁違う」と怒鳴られたので、５万円払ったという。

しかし、習近平が国家主席に就任すると状況は一変、公務員の汚職を厳しく取り締まったため、賄賂が通用しなくなった。


その習政権は一方で、「中華民族の偉大なる復興」などナショナリズムをあおるスローガンを掲げ、人権の尊重や民主主義といった国際社会の価値観を国内から一掃するために、外国の思想が中国に入ることの阻止に力を入れている。

習政権による敵対勢力の浸透阻止の動きは、毛沢東時代に行われた外国人排斥運動の再来だとも言える。

毛沢東時代の中国は、市民が外国と関わりを持つことを極端に嫌っており、英語や日本語を勉強したり、外国の書籍を家で保管したりするだけで逮捕、投獄されるケースがあった。

文化大革命は１９６６年から１９７６年まで続き、１９７７年に終結宣言がなされた、毛沢東主導による政治闘争であるが、当時、中国国内にいた外国人も多くの被害に遭った。

1978年に鄧小平が主導する改革開放にともない、外国人排斥の動きはようやく終結を迎えた。しかしながら、中国共産党の創立党員で中華人民共和国の建国を宣言した毛沢東を意識し、崇拝していると言われる習近平政権になってから、反テロ法、反スパイ法、NGO規制法など一連の外国との交流を制限する法律が次々と施行されている。

また、台湾有事をめぐって米中対立が先鋭化するいま、日米関係はより強固になりつつある。そんな日本に対して、いつでも駐在員の身柄は拘束できるぞという威嚇だとも考えられる。

このような状況が続けば、中国に駐在する日本のビジネスパーソンもスパイ容疑で拘束される可能性は当然ながら常にあり、会話に気をつけるといった個人の対策は小手先にすぎず、根本的な解決にはならない。

不幸にも、日本人が捕まったらどう対応するか。

取り締まり権限を強める中国に対して、日本も言うことは言う。是々非々の議論ができる国のリーダー同士の対話が重要だ。それができるリーダーを日本は持たなければならない。

27 LINEに丸裸にされる日本人

人口1億2400万人（2024年1月1日現在）の日本で約9600万人が利用する通信アプリ、LINEが、2023年11月27日、海外からサイバー攻撃（不正アクセス）に遭い、利用者44万件の個人情報が流出したという。

これらの不正アクセスを行ったのは誰か。

中国と言われている。

LINEは政府や地方自治体の公共サービスにも使われており、もはや社会インフラとも言える存在となっている。そのLINEへの不正アクセスは、LINEが生活に欠かせない利用者にとって、信じたくもない重苦しい問題だ。

中国と韓国は両国とも、工作（スパイ）活動を国家として是としている。

これは国際社会の常識だ。

国家による工作を考えない、国家による工作などというものが存在するはずがない――そんなおめでたい国は世界中で日本だけだ。

LINEの情報流出、LINEのずさんな運営は深刻で、大げさではなく国家的な危機だ。

この問題は決して軽く見るべきではない。

LINEには安全保障上のリスク、個人情報の管理問題が根深く存在している。

国民が不安なくLINEを使えるために、日本政府はもっと厳しい目でLINEと付き合っていくべきだ。さもないと、国境なきデジタル時代に自国民の安全は守れない。

アメリカのトランプ前政権がＴｉｋＴｏｋを国産化しようとしたように、日本でも早急にＬＩＮＥの完全なる国産化への議論が必要だ。

ＬＩＮＥはもともと、韓国のＩＴ大手ネイバーが出資して、日本で立ち上げた会社だ。現在はヤフーと経営統合し、ＬＩＮＥヤフーが運営している。そのため、日本の会社とは言っても、実際の大株主は韓国のネイバーであり、力関係もネイバー側が強いとされる。

今回の個人情報流出は、ＬＩＮＥヤフーがデータ管理などを委託するネイバーの子会社が外部から不正アクセスの攻撃を受け、ＬＩＮＥ側のサーバーに侵入されたことが直接の原因だ。

事態を重く見た総務省は、ＬＩＮＥヤフーに対し、通信の秘密保護とサイバーセキュリティ確保の徹底を図るよう行政指導を行った。

とはいえ、ＬＩＮＥヤフーが今後、ネイバーへの技術依存を減らし、資本関係を含めて経営体制を見直さない限り、ＬＩＮＥの日本にとっての安全保障上のリスクが消滅することはない。

なぜなら、韓国企業のネイバーがＬＩＮＥを管理下に置いている限り、日本のＬＩＮＥの利用者の情報流出が完璧にコントロールできるという確信を持てないからである。

いま、この瞬間も、ＬＩＮＥを通じて常時情報は漏洩し、覗かれ、抜き取られている。

そのため、万全な情報管理が求められるインテリジェンスなどの情報業務に携わる人間には、ＬＩＮＥの使用は制限される。はっきり言うと使用すべきではない。

繰り返すが、ＬＩＮＥにある個人情報は、端末機やソフトの製作者に確実に覗かれている。

したがって、情報機関で働く人は、業務においてはＬＩＮＥなど民間の情報ツールを信用していないし、絶対に使わない。

ＬＩＮＥがインストールされたスマホの業務室内への持ち込みも禁止だ。

プライベートでＬＩＮＥなど民間の情報ツールを使用する場合は、情報が洩れることが前提で使用し、漏れても支障がない情報に限って使用する。あるいは使用者が誰かわからないようにしている。

アメリカの政府関係者が中国企業の情報端末機「ファーウェイ」の使用を禁止しているのと同じ理由だ。中国に情報がそのまま漏洩するからだ。

ＬＩＮＥは便利だからと、日常的に使用している国会議員は、国の機密情報がダダ漏れで、その情報を中国など外国の情報機関が入手している可能性にまで考えが及んでいない。そのことを知らない、知ろうともしないということ自体で、すでに国の安全保障に影響を及ぼしており、国家の存亡を危うくすることすら想像できない。そんなリテラシーの低い輩は国会議員失格と言われても仕方がない。

セキュリティの自覚がないＬＩＮＥの使用者は、自分の情報が中国など日本を敵視する国に漏れていることに気づかず、日常を送る。

そしてある日、旅行先で突然スパイ容疑で拘束され、逮捕される――そんなことが絶対に起こらないという保証はない。

国家議員に呼びかけたい。あなたが誇り高い日本の国会議員であろうとするなら、国民の生命を危険にさらすＬＩＮＥや市販のスマホを使うのを即座に中止し、セキュリティ対策が施され、ＬＩＮＥは使えない公用スマホのみを使用すべきだ。

議員の事務所関係者も後援会会員も議員のスマホをチェックし、もし議員がＬＩＮＥや市販のスマホを使用している場合は、その危険性を伝え、即刻公用スマホに切り替えるよう指摘すべきだ。それでも便利だから等の理由で使いつづけるなら、もはや議員を辞職すべきだ。

ここまで何度も言及してきたが、ＬＩＮＥは危ない。ＬＩＮＥを使う限り、あなたの個人情報は知らないうちに韓国や中国の情報機関に筒抜けとなる。筒抜けとなるだけではなく、スーパーコンピュータに蓄積され、この先とことん悪用される懸念がある。

これも何度も触れたが、中国では２０１７年に、民間企業や個人に国の諜報活動への協力を義務づける「国家情報法」が施行された。

中国政府からの指示があれば、いついかなるときでも、在留中国人はその人物が知り得た安全保障上の機密事項など、あらゆる情報を差し出さなければならない。そのなかには、ＬＩＮＥなどの個人情報も含まれる。

こうして収集したさまざまな個人情報や、特定の人物の趣味嗜好などは、スーパーコンピュータが精密に分析して、その後のスパイ活動などに当てている。

28 本当は命を狙われるほど怖いスマホ

「中国当局からの盗聴に備え、携帯電話を何台も所有し、携帯電話に差し込むＳＩＭカードやＩＣカードは頻繁に使い捨てた」

昨年２０２３年まで中国大使を務めた垂秀夫氏が、テレビのインタビューで、外交官の任務上の心得を語っている。

垂氏は外務省入省後、中国語研修を受けたいわゆるチャイナ・スクールで中国通。中国共産党内に独自の緻密な人脈を築いている。

一方で「中国当局が警戒する人物」ともされた人物だ。

「中川さん、市販の携帯を持つことは、私たちにとって命を狙われるということと同義語なんだ」

ある日、ＣＩＡのＯＢと食事をする機会を得たときのこと、相手が私に面と向かって言った言葉だ。

「どういう意味？」

私の質問に相手は一瞬、ほくそ笑んで、自分のスマホを見せると、それは市販のものではなく、情報秘匿の特殊機能を施したものだった。

そんなことを知らないで、よくもまあ日本の外交官を務められますね、と言いたげに次のようなことを私に話したのだった。

市販のスマホにはＧＰＳ機能が付いている。所持しているだけで位置情報が漏洩している。その情報で相手の所在地を瞬時に、正確に知ることができる。相手が敵国のスパイなら命を狙うこともできるし、相手にとってもしかり。市販のスマホを所持するということは、それだけで見えない相手に自分の命を差し出していることなんだ。

（当時、私はワシントンの日本大使館で特殊機能を施した公用スマホを支給されていたのだが、それを相手に示すことはしなかった）

アメリカでの私の任務は、ＣＩＡや国務省のＩＮＲ（情報調査局）、国防省のＤＩＡ（国防情報局）など、ワシントンにあるインテリジェンス機関から情報収集をすること。加えて、ホワイトハウス、国務省、国防省、連邦議会などの政策決定者や、オバマ政権（当時）の中枢と中東政策に関する情報収集や意見交換をすることだった。

私の家はワシントン郊外のバージニア州マクリーンにあった。車で在米日本大使館まで30分程度。その途中に広大な森が広がり、一角にＣＩＡの本部があった。標示は出ていないが、そこにあることは知る人ぞ知るだ。

ＣＩＡは国家情報長官の直属の対外情報機関で、おもに大統領と内閣に情報を提供することを目的としている。主として人的情報を利用して、世界中から国家安全保障に関する情報を収集・処理・分析することを公式の任務としている。

ワシントンには元ＣＩＡ職員もいて、議会やシンクタンクなどで働いている。

私は当時、何人もの現役のＣＩＡ職員、ＯＢと付き合いがあった。ＯＢとは外でも会うことができたが、現役のＣＩＡ職員とはＣＩＡ敷地外では会えなかった。

ＣＩＡ本部に入るときは、パソコン、スマホ含め一切の機器は入り口で一時的に没収された。情報を扱うプロの世界では常識とはいえ、先に述べたスマホの取り扱いも含め、毎回驚かされたのはＣＩＡ職員の徹底した「持ち物の管理」「情報管理の意識の高さ」だった。

携帯電話が登場した当初から、現在はスマホにも搭載されているＧＰＳ機能は、「全地球測位システム」と訳されるように、もともとはアメリカで軍事用に開発されていた技術だ。

地球を周回しているＧＰＳ衛星の電波を、スマホなどの端末が受信し、位置・距離・時刻などを計算して、端末の現在位置を衛星で測位する。

政治批判に対する監視や取り締まりを強化し、政権維持を狙うアラブの湾岸諸国はその機能を使い、ハイテク国家イスラエル企業が開発したスパイウェアと監視技術をフル活用している。

スマホから漏洩するのは位置情報だけではなく、会話や情報のやりとりもある。アラブの民主化やウクライナ戦争でもスマホは強力な武器であり、それが弱点にもなり得る。

２０２１年12月、サウジアラビアとアラブ首長国連邦（ＵＡＥ）は、アラブの民主化を煽動していると見なすアルジャジーラの記者36人のスマホの民主化勢力とのやりとりの情報をハッキングしていたと報じられた。

ウクライナ戦争でも、ウクライナ・ロシア両国とも兵士はスマホを持って戦場に出る。戦場に出たら最後、いつ帰還できるかわからない兵士にとって、妻子や恋人や両親とつながる唯一の手段だからだ。

しかし、彼らが肌身離さず身につけているスマホは、ときに自らの命を落とす危険なツールとなる。

ウクライナに軍事侵攻したロシア兵のスマホでの会話のやりとりが漏洩し、それをアメリカの情報機関が受信してウクライナ軍に伝え、ロシア兵をピンポイント攻撃するなど、戦況に多大な影響を与えているという。

戦場では、通話の傍受だけでなく、スマホに組み込まれているGPS機能から得られる位置情報も〝武器〟として活用される。

2023年1月1日、ウクライナ東部ドネツク州の州都に隣接するマキイウカで、高機動ロケット砲システム「ハイマース」によるウクライナ軍の攻撃で、ロシア軍兵士89人が死亡した。スマホの使用を禁止されたにもかかわらず、頻繁に使用したことが原因で、兵士の位置が割り出されて攻撃を受けたものと、ロシア軍は認めている。

現代の戦場では、いつ帰還できるかわからない凄絶な孤独感、明日をも知れない極度の孤立感に襲われる。それらから免れるために、恋人や家族とつながりたいと発信した市販のスマホの微量な電波によって兵士たちは命を落とすのだ。

日本政治の〝戦場〟である霞ヶ関で、国家の政策決定に大きな影響力を持つ国家公務員や機密情報を扱う職員には、市販のスマホではなく「特別仕様の公用スマホ」が支給されている。

しかしまだ台数は限定的で、さらに支給の範囲を広げる必要がある。と同時に、この公用スマホの機能を強化しなければならない。

国家公務員や政治家など国や国民の命を護る国家公務員が、市販のスマホで仕事をするのは、国家の安全保障に背反する行為であり、国民の安全を護る義務を危うくする。

思い出すのは、安倍晋三元総理が一貫して、市販のスマホでなくガラケーを使いつづけていたことだ。

死去する当日の朝も、羽田から伊丹空港に向けて出発する前の航空機の座席で新聞を広げてガラケーを使う姿が目撃されている。

総理のガラケーは、当然ながら盗聴されぬよう、通信を暗号化したアプリが入っている「公用のガラケー」だ。

ガラケーは、全盛期には3G回線のシステムが使用されていたが、現在は高速化した4G回線、さらには5G回線対応の機種も登場している。

とはいえ、安倍元総理はなぜ、見た目も古い前時代的なガラケーをわざわざ使いつづけていたのか。

安倍元総理があえてガラケーを使っていた理由とは、スマホよりもガラケーのほうがセキュリティ性能が高いからだ。それが、長期政権を担った安倍元総理の国会議員としての安全対策と矜持だった。

アメリカのオバマ元大統領も情報漏洩を防ぐため、iPhoneやアンドロイド端末ではなく、ブラックベリーと呼ばれる古いスマホを製造元に依頼してカスタマイズし、セキュリティ性能を高めたうえで使っていた。

そのスマホはセキュリティ性能を高めるために多くの機能が制限され、通話ぐらいしかできなかったという。

私がいま、もっとも気になっているのは国家公務員のセキュリティ対策だ。

２０２０年７月、私は外務省を退職したが、海外の大使館での勤務では、私も国支給の公用スマホを使用していたことはすでに述べた。

ただ、霞ヶ関では管理職だけに国から公用スマホを与えられており、中堅、若手の一般職員は市販のスマホを使って仕事をしていた。

繰り返すが、市販のスマホでは情報が漏洩する。

もし、外務省職員はじめ国家公務員で、管理職以外の職員が、まだ市販のスマホを使っているなら、早急に対応が必要だ。小さなスマホ１台で、国家の安全保障が危機的状況に陥るからだ。

スマホのように、ファッション性があり利便性の高いものは私たちの日常を快適にしてくれるが、同時にリスクを孕《はら》んでいる。

１台のスマホによる情報特定・情報漏洩が、企業にとっては命取り（倒産）に直結する事態を引き起こすことがないとは言えない。

民間の会社では予算の問題もあると思うが、高セキュリティ対策の機能が施されたスマホの活用を、強くお薦めしたい。

最後に中国製スマホの危険性について触れたい。

安いからといって、安易に中国製のスマホを利用するのは、個人情報流出のリスクがあり大変危険だ。中国製スマホや中国製アプリには、バックドアが仕込まれており、それを介してモバイルデータ通信記録や個人情報が中国に送られるからだ。

29 世界的にＴｉｋＴｏｋ禁止包囲網、日本だけお花畑の愚

２０２４年3月、中国系動画投稿アプリＴｉｋＴｏｋのアメリカでの利用を禁止する「ＴｉｋＴｏｋ禁止法案」が米下院本議会で可決された。

世界１５０ヶ国以上、10億人以上の利用者がいると言われ、アメリカだけでこれまでに2億１００0万回以上のダウンロードがあったとされるアプリが、なぜ国家レベルで禁止になったのか。

ひと言で言えば、アプリの運営会社が中国企業であるため、中国がＴｉｋＴｏｋを個人情報獲得や世論工作の道具に使うことができるからだ。そのため、アメリカにとっては国家安全保障上の脅威になり得る。

中国は２０１７年に施行した「国家情報法」で、国内のすべての個人と組織に国の情報活動への協力を義務付けている。ＴｉｋＴｏｋの運営会社である中国のバイトダンス（北京字節跳動科技）も、利用者データの収集や世論操作などの協力を中国当局に求められれば拒否できない。アメリカにある企業といえども。

ＴｉｋＴｏｋは、じつは登録の段階ですでに危険が潜んでいる。登録した瞬間、生年月日や住所、電話番号など個人情報は中国のスーパーコンピュータに記録される。

ＴｉｋＴｏｋの利用端末から、投稿した映像に映り込んだ情報やＧＰＳ機能の位置情報、アプリの利用履歴などを分析すると、中国当局は利用者の住所や職業、家族、恋人や友達などの個人情報が特定できる。

もしアメリカ政府の重要人物や企業の幹部などの個人情報が、ＴｉｋＴｏｋを通じて中国政府に渡り、それが脅迫などに使われたら、国家の安全保障に影響があるという危機感がアメリカにはある。

ＴｉｋＴｏｋの利用者はZ世代と呼ばれる10代半ばから20代半ばまでの若者が３分の２を占めている。歌ったり、踊ったりといった娯楽中心の動画もあるが、最近では、Z世代の若者が歴史や政治を解説するチャンネルや、クレジットカードの正しい使い方など金融リテラシー（知識や理解力）を若い世代に教えるチャンネルなど、学問やビジネスの分野にも利用者の幅が広がっている。

日本でも欧米と同様に、若い世代を中心にＴｉｋＴｏｋの利用者層が広がりつづけている。投稿される動画の種類が増え、より関心度が高くなっているからだ。

しかし、欧米をはじめ世界では政府機関などを中心にＴｉｋＴｏｋ使用禁止の包囲網が広がっている。

インドではＴｉｋＴｏｋを含め中国製のアプリは全面禁止。中国との間で国境問題を抱えるインドの政治的判断によるものだ。

２０２３年に入ってからはベルギー、イギリス、カナダで政府支給端末や政府関連端末での同アプリの利用が禁止されている。

イタリアでは競争・市場保護当局（ＡＧＣＭ）が２０２４年３月14日、バイトダンスに対し、「未成年の危険を放置した」「未成年の利用者の安全を脅かすコンテンツの監視を怠った」として１０００万ユーロ（約16億円）の制裁金を科すと発表した。

イタリアの若者たちの間では、自分の顔をつねってつくった赤い傷痕をＴｉｋＴｏｋに投稿する

「フレンチ・スカー・チャレンジ」と呼ばれる行為が流行している。

ＡＧＣＭはバイトダンスに、この種の未成年に有害な投稿を削除するように指示していた。しかし、こうした内容の動画でも、ＴｉｋＴｏｋ内で表示する動画を選び拡散させる仕組みであるアルゴリズム（計算手順）がそれらの動画を推奨する設定になっており、多くの未成年者が危険な動画を見られる状態となっていた。

ＴｉｋＴｏｋをめぐっては、ＥＵも大揺れだ。

アイルランド当局が昨年２０２３年９月、子供の利用者へのリスクを適切に考慮せず、ＥＵの一般データ保護規則に違反したとして３億４５００万ユーロ（約５６０億円）の制裁金をバイトダンスに科すと発表。ＥＵの行政府にあたる欧州委員会も、未成年者の精神や身体に及ぶリスクや違法コンテンツへの対策が不十分だとして、調査を始めている。


ＴｉｋＴｏｋを利用することによる五つの危険性を挙げよう。

⑴デジタル・タトゥーという問題
ＴｉｋＴｏｋに一度投稿した動画は不特定多数の人が見ており、知らぬ間に拡散されていたり、ほかのＳＮＳや外部サイトに転載されるなどして完全に消し去ることは難しい。これをデジタル・タトゥーという。過去の動画をきっかけに、進学や就職、結婚に影響が及ぶ危険性もある。
ＴｉｋＴｏｋは機能として動画を簡単にダウンロードすることが可能。過去の動画を悪意のある編集をしてアップロードしたり、ほかのアカウントの女性の動画を勝手に集めたアカウントが存在することもある。

⑵投稿した動画で個人が特定される

個人情報が特定される例としては、家で撮影をした場合、窓から見える風景から住所が特定されてしまうことや、鏡に映ったものから居場所を特定されてしまうことすらある。

また、ユーザー名に名前や誕生日などの個人情報を入れてしまうと流出する可能性がある。有名なＴｉｋＴｏｋｅｒやＹｏｕＴｕｂｅｒが実名を名乗らないのは、そういった問題を防止するためでもある。

⑶ネット・ストーカー被害に遭う可能性がある

一般人でも顔出し投稿をしている人が多く、出会い系として利用している人も少なからずいる。なかにはコメント欄やＤＭでしつこく付きまとってくる人も存在し、エスカレートするとネット・ストーカーや現実世界での不審者に付きまとわれる恐れがある。

⑷誹謗《ひぼう》中傷や炎上で精神的に追い込まれる

ＴｉｋＴｏｋの投稿を行うと露出量が増え、結果としてアンチコメントや誹謗中傷があり、精神的に追い込まれるなど、深刻な社会問題となっている。ＴｉｋＴｏｋを使う際、その問題は他人事《ひとごと》ではなくなる。

⑸詐欺などの犯罪に巻き込まれる危険性がある

ＴｉｋＴｏｋには中高生などの未成年の利用者も多く、それに便乗して詐欺などの犯罪を目論む悪質なユーザーも存在する。ＤＭ等から少しでも怪しいと思われる文章が送られてきたら絶対に無視をすることが重要だ。

ＴｉｋＴｏｋでは13歳未満のユーザーの使用を禁止しているというが、13歳以上でも正しいネット・リテラシーを持って使用できるとは限らない。


先進国のＴｉｋＴｏｋ利用禁止の潮流の逆をいくのが日本だ。

政権与党からして広報活動や党員獲得の強力なツールとして、国民に積極的に利用を呼びかけている。完全に野放し状態だ。

大丈夫か、日本。

欧米のように最低限、政府機関では中国アプリ使用をすぐに中止したほうがいい。

繰り返すが、中国アプリは必要以上に情報を抜きとり、ユーザーデータを集めて、中国にあるデータセンターに送りつづけている。情報はスーパーコンピュータに蓄積していく。それらの情報は最悪、軍事転用される可能性がある。

そして、中国はその蓄積したデータや情報を、台湾有事や日本有事などの際、必ず使うだろう。そのときあなたはターゲットにされる危険性すらある。

30 核爆弾より危険なAIの規制・法制化に消極的な日本の未来

2023年12月、EUの行政機関、欧州委員会は、世界で初めてAIを包括的に規制する「AI法案」が大筋合意に至ったと発表した。4・5億人のEUのルールは今後、世界標準になる可能性がある。

以下は、2024年1月22日、大統領選の予備選を翌日に控えた米北東部ニューハンプシャー州での出来事だ。

その電話は、バイデン大統領によく似た声だった。

生成AI（コンピュータが学習したデータを活用し、新しいデータや情報を生み出すAI）による音声加工技術でつくられたとみられる「バイデン大統領の声」は、「予備選に投票しないように」と促す内容で実質、選挙に介入したと言われる。

「ついに、AIが大統領選に選挙介入してきたか」

と米メディアも騒然となり、投票を妨げる目的で使われた初の事例として深刻に受け止められている。

生成AIによるバイデン大統領の声の存在は司法当局も認め、「バイデン大統領に似せた声の自動音声通話が報告された」と発表している。

そして今後、危惧されるのは、アメリカ大統領選挙への生成AIの介入だ。

選挙期間中の今年2024年11月5日までと、投開票の結果が出るまで、生成AIの介入に目を光らせる必要がある。

ＡＩの偽造（声）が選挙介入することで偽情報が拡散されれば、選挙が無効になる恐れさえある。

ＡＩによる偽造、偽情報は、音声だけではない。

２０２４年1月の台湾総統選では、すでに生成ＡＩを用いた「ディープフェイク」と呼ばれる技術を使った偽動画が出回っている。

ディープフェイクとは、人物の動画や音声などを人工的に合成する最新の画像・映像合成、生成技術だ。

たとえば、Ａさんの顔を数万点ものパーツに分解し、表情一つひとつにＡＩがディープラーニング（人間の脳の働きを模倣した人工知能技術の一種）を用いることで、Ｂさんの顔をＡさんの顔にすり替えて顔の表情を自然に動かすことができる。

単純に顔の静止画を切り抜いて動画に当てはめるのではなく、映っている人の表情に合わせてそれぞれのパーツが自在に動くため、何も知らない人が見て「加工された動画だ」と気づくことは困難だ。

生成ＡＩはディープラーニングによって自ら学習を重ね、人間が与えていない情報やデータさえもインプットし、新たなオリジナルコンテンツを生み出すことができる。

良くも悪くも、ネット・ＳＮＳ時代を生きていく私たちにとってＡＩによるディープフェイク技術は極めて重要だ。

しかし、最終的に活用するのは人間だ。

ディープフェイクとその問題についてさらに理解を深める必要がある。

「ＡＩは10年以内に、あらゆる分野で人間より賢くなる。ＡＧＩ（汎用人工知能）を知らないでは済まされない事態になる」

とＡＩの専門家は警鐘を鳴らす。

実際に、急速に成長するＣｈａｔＧＰＴなどのＡＩはすでに医師国家試験に合格する実力があり、10年以内に人間の英知を抜き、20年以内には人間より１万倍優れたＡＩが生まれる、とも言われている。

万一、ＡＩが軍事利用されたら取り返しのつかない事態を引き起こしかねない。

とはいえ、ＡＩを極度に恐れて活用しなければ、時代に取り残される。

アメリカの企業の約半数がＡＩを活用している。対する日本の企業はどうか。

２０２３年現在、日本のＡＩ導入は産業全般で導入・運用が遅れている。企業のＡＩ活用度は７％程度と低く、日本はＡＩの後進国だ。

ＡＩアクティブ・プレイヤーに至っては、主要国のなかで中国が全企業の85％と飛び抜けて高く、日本は同39％と最下位だ。

ＡＩアクティブ・プレイヤーとは、一部の業務をＡＩに置き換えている、または一部の業務でＡＩのパイロット運用を行っている企業のうち、自社のＡＩ導入を「おおむね成功している」と評価している企業のことをいう。

そもそも、ＡＩとは何か。

「Artificial Intelligence」の略語であり、日本語に訳すと「人工知能」となる。

人間の脳で行っているような作業をコンピュータが模倣し、自然言語を理解したり、論理的な推測をしたり、経験に基づく学習を行ったりするプログラムのことだ。

ＡＩはテクノロジーの進歩にともない、私たちの日常生活に浸透してきているが、最近はＡＩに加え、「10年以内に実現する」とも言われるＡＧＩ（汎用人工知能）の登場が、私たちの社会やビジネスに大きな変革をもたらすと予想されている。

ＡＧＩとは、あたかも人間のように多種多様な課題を理解し、解決するための行動を取ることが可能なＡＩのことだ。ＡＧＩの知能水準は人間と同等、もしくはそれ以上とも言われており、自己学習を繰り返しながら成長していく。

ＡＩは特定の課題に特化した「弱いＡＩ」と呼ばれる。一方、ＡＧＩは人間のような幅広い課題に対応できる能力や柔軟性を持っているため「強いＡＩ」と呼ばれる。

ＡＧＩを使用することにより、高度な意思決定をサポートすることが期待される。データ処理や分析、レポートなど効率的かつスピーディな業務処理が実現され、市場予測や競争分析、新たなビジネスモデルの立案が可能になる。

さらに、ＡＧＩは経験から学習する能力を持つため、新たな科学的な発見や技術の進歩をもたらす可能性がある。これにより、医療やエネルギー分野などの社会的な課題解決や人類全体の幸福度の向上にも貢献することが期待されている。

ＡＧＩがさらに進化したものがＡＳＩ（人工超知能）だ。ＡＳＩは人間の知能を超えたレベルの知能を持つ人工知能のことで、あらゆるタスクや問題において、人間よりも優れた能力を持つことを意味する。

ＡＳＩは自己学習や自己進化を行い、知識や能力を飛躍的に向上させ、人間には解決が困難または不可能な問題にも解決策を見つけ出すことができるとされている。

総務省のＩＣＴ（情報通信技術）の進化が雇用と働き方に及ぼす影響に関する調査研究（アンケート結果）を見ると、ＡＩの普及に向けた今後の対応や準備について、日米就労者の意識が大きく違っている。

アメリカの就労者は、ＡＩの普及に備えてスキルや知識を積極的に身につけ、ビジネスに取り込もうと対応や準備をする人が多く見られるなど、ＡＩ導入への対応・準備を重視する姿勢がうかがえる。だが、日本人の就労者はようやくビジネスにＡＩを導入する動きを見せてはいるものの、ＡＩへの対応や準備については「とくに何も行わない」という人が過半数以上で、アメリカに比べ日本人就労者はビジネスにＡＩを活用するというチャレンジ精神が乏しいのが現実だ。

それでも、私たちの日常にＡＩのサイレント・インベージョン（静かなる侵略）は始まっている。最近登場した、ＡＩが生成したタレントを活用したＣＭでは、健康的な〝美人タレント〟がほがらかに緑茶を手にしていたが、到底ＡＩが生成した人物には見えないほど自然に見えた。

ＡＩタレントのテレビＣＭへの起用は日本初で議論を呼んだが、知らされなければ、それが人間でないＡＩタレントであるとは認識できない。

このＡＩタレントを生成した高度な技術力と、〝彼女〟が私たちの五感に訴える演技力と存在感はそら恐ろしいほどだ。

ＡＩタレントを起用する利点としては、すでにいる俳優のなかからわざわざキャスティングして役づくりをさせるという手間をかけなくても、目的にかなったキャラクターを合成し、プロデューサーや監督・演出家、スポンサー企業が希望した通りの人物像ができることだ。しかも、安価で。

俳優の組合が、自分たちの仕事がなくなると不安と危機感を抱いているらしいが、もっともなことだと思う。


とはいえ、ＡＩ時代の潮流を止めることは不可能と言える。

「702の職種のうち、47%がＡＩに代替される」

11年前の2013年、オックスフォード大学のカール・フレイ博士とマイケル・オズボーン准教授が発表した論文「雇用の未来」の一節が、世界中に衝撃を与えた。

すでにアメリカでは、論文が指摘したように「ＡＩ失業」が現実のものとなりつつある。

昨年2023年1月から8月の間に、ＡＩに仕事を奪われて失業した人の数は約4000人にのぼる。

今後、ＡＩ失業が予想される職業は、アーティスト、事務職、会計士・税理士・弁護士といった士業や、銀行員、薬剤師、ジャーナリスト、リサーチャーなど、広範囲のホワイトカラーに及ぶ。士業とは、法律に基づいた専門資格の取得が必要な職業の総称（弁護士、会計士等「士」が付く）で、企業経営においては法務や財務、労務などの分野で欠かせない手続きを行うための重要な存在だ。

一方、生成ＡＩの登場をビジネスチャンスととらえる起業家も増加しており、ＡＩスタートアップが巨額の資金を集めている。

ＡＩを脅威ととらえるか、チャンスととらえるかは、私たちのＡＩに対するリテラシーに深く関わっている。

本格化するＡＩ時代に向けて、善悪を含めてその無限の可能性を持つＡＩを、私たちはどのように学び、コントロールし、社会に取りこんでいったらよいか。

次のようなことが喫緊の課題だと思われる。

⑴学校教育の場でＡＩの授業を取り入れる。
⑵世界ではＡＩで作った動画などを識別する「電子透かし」の導入が進みつつある。偽・誤情報には、ＡＩを用いて反論する仕組みを構築する。
⑶日本語を話すＡＩの政治利用に歯止めをかける対策を打ち出す。
⑷ＡＩが生産性や創造性を高めるための技術であることは間違いない。同時にその危険性や副作用も国民レベルで学び、共有する必要がある。

ＡＩ、ＡＧＩの進化と台頭は、社会にさまざまなメリットをもたらす一方で、すでに社会的な不安を生じさせている。

最大の不安は「シンギュラリティ（技術的特異点）」と呼ばれる現象だ。

シンギュラリティとは、ＡＩが自己学習を繰り返していった先に、人間の知能を超える瞬間が訪れることを指す。

シンギュラリティでＡＩが人間の知能を上回ると、ＡＩの進化が予測不能となり、人間がＡＩのコントロールを失う恐れがある。

シンギュラリティが訪れるのは、いまから20年後の２０４５年であると予測されている。

このことから「２０４５年問題」と呼ばれている。

「ＡＩは核爆弾よりも危険だ」

と指摘する専門家がいる。だから厳重な法規制が必要だというのだ。

ＡＩは、使い方によっては恐るべき危険性を有する。そのことを私たちはどこまで理解できているだろうか。ＡＩについての知識をさらに深める必要がある。

私たちは、ＣＭのさわやかなＡＩタレントに心を奪われてばかりもいられない。

台湾・尖閣有事の際、中国の工作分子が、ＡＩやＡＩタレントを用いて日本語を駆使した偽情報で、国民や政府中枢部に攻撃を仕掛けてくる可能性、危険性は十分にあるのだ。

ＡＩ、ＡＧＩ、ＡＳＩが私たちの社会で今後どのような形で運用され、発展していくかは未知数だ。

その未知の領域に、人類の希望と不安が交錯する。

ＡＩ、ＡＧＩ、ＡＳＩについては、私たち自身がモラルを守り、正しい情報と誤った情報を適確に判断する能力を身につける必要がある。

とはいえ、日本にはＡＩに特化した法規制の動きはなく、規制の法制化にも消極的と指摘されている。

このままでは日本はＡＩ時代を生き残れない。ＡＩに関してさまざまな面で欧米に遅れをとると、世界からリーダーとは見なされなくなる恐れがある。

ＡＩは人類の叡智の結集であり、最先端の科学技術でもある。

ＡＩ時代を迎えたいま、国際社会は早急にＡＩの規範や規制づくりをする必要がある。

昨年２０２３年、Ｇ７議長国として先進７ヶ国を主導した日本は、ＡＩの分野でも世界のトップランナーを目指すべきだ。

31 人命から国の存亡まで危うくするフェイクニュース

「高速鉄道が破損した」

「地下鉄（ＭＲＴ）の線路がズレた」

２０２４年４月３日朝に起きた台湾地震の際、ＳＮＳで建物が崩壊した映像などが拡散されたが、そのなかには深刻な誤情報や偽情報、すなわちフェイクニュースがあった。

日本でも、今年２０２４年元旦に発生した能登半島地震で、Ｘ（旧ツイッター）で救助を求めるフェイクニュースの投稿が、過去の災害より多かったことを国の研究機関、地震調査委員会も認めている。

フェイクニュースとは文字や映像などの誤った情報で、公共に害が与えられるもの全般のことを指す。

フェイクニュースという言葉が広く認知されるようになったのは２０１６年ごろで、その年、ドナルド・トランプとヒラリー・クリントンが米大統領選を戦った。そのとき、両陣営合わせて約３８０0万回ものフェイクニュースが拡散され、以降、その数は増加の一途を辿っている。

選挙への介入ばかりでなく、ウクライナやガザの戦争でも銃弾とともに日々、フェイクニュースが飛び交っている。

ブルガリアのオープン・ソサエティ・インスティチュート（Open Society Institute）は、世界47ヶ国を対象に「Media Literacy Index（メディアリテラシー指数）」を調査しており、虚偽の報道や誤情報といった問題に強い国のランキングが示されている。

２０２２年の結果は、フィンランドが１００点満点中75点を獲得して1位、2位にノルウェー、３位にデンマークがランクインし、北欧諸国が上位陣を占めた。とくにフィンランドでは、フェイクニュースや誤情報を見分ける方法が学校教育に組み込まれている。

日本は23位だった。

能登半島地震の発生直後から1ヶ月の２０２４年2月2日まで、Xで相次いだフェイクニュース（偽の救助要請等）は、多くは海外から日本語で投稿されていて、閲覧された回数は合わせて１１００万回以上に上った。

フェイクニュースが相次いだ理由は、世界中のユーザーが「インプ（インプレッション）稼ぎ」に血眼になっているからだ。

これは、Xが去年２０２３年夏以降、有料プランのユーザー向けのサービスを開始し、インプレッション数に応じて収益が得られる仕組みを導入したことによる。

インプレッションとは、マーケティング用語で、ＳＮＳなどのディスプレイ上に表示された回数、すなわち、閲覧者が広告を目にした回数のことだ。

そのために、Xの利用者の多い日本を狙って、世界中のユーザーがフェイクニュースを大量に投稿。収益を得る「インプ稼ぎ」をする者が続出している。

インプ稼ぎの者にとって、地震などの緊急の際は、荒稼ぎができる格好のチャンスなのだ。インプ稼ぎであれ、稼ぎを装ったものであれ、悪意によってフェイクニュースが大量に投稿されると、それによって緊急性のある真の情報や投稿が埋もれてしまう。

救助を求める投稿など、人命にも関わるゆえに深刻だ。

能登半島地震の発生直後、Xでは石川県の被災地からの救助要請が投稿された一方、実在しない住所を挙げたり、無関係の画像を付けたりした偽情報も相次いだ。

このうち、もっとも多く拡散した偽情報のひとつで、石川県珠洲《すず》市の同じ住所で別の場所の動画を付けて救助を求める偽情報を投稿していた24のアカウントを分析したところ、半数の12は居住地がパキスタンとなっていたほか、毎日のようにアラビア語やパキスタンの主要言語のウルドゥー語で投稿しているものが少なくとも九つあった。

ちなみに、これらのアカウントで去年2023年10月以降、確認できるだけで日本に関する偽の投稿は合わせて3000近くに上った。

能登半島地震に関する投稿はおよそ160あり、合わせて1100万回以上見られたほか、2024年1月、羽田空港で起きた航空機同士の衝突炎上事故の際は、およそ70の投稿が合わせて250万回以上見られている。

Xで収益を得るために、とくに日本で拡散した投稿をコピーし、感情を刺激しそうな動画や画像を添付するなどしてインプを稼ぐ行為は、南アジアや中東地域を中心に広がっている。

Xが収益を分配する際の決済システムは、パキスタンでは公式には使えないとされているが、そうしたなかでも収益を受け取る方法がSNSを通じて広がっている。

インプを稼ぐ方法をXで指南していた人物は、能登半島地震に関連して、地震発生時の動画とともに〈今、北陸のホテルにいます〉などと書き込まれた投稿や、東日本大震災の津波の動画を今回の地震であるとする投稿など、日本語での投稿を繰り返していた。

深刻なインフレに見舞われるなど厳しい経済状況が続くパキスタン。そんな状況下で、SNSを通じて日本をターゲットに収益を得ようとする人が増えているのは、国民感情としては複雑だ。

彼らには、困難に瀕した他国の人々への憐憫《れんびん》の情など皆無だ。人の命がかかった大災害でも大事故でも、インプを上げる要素でしかない。

自分でウェブサイトを立ち上げる必要もなく、Xだけで収益につながる仕組みが導入されたことによって、偽情報を発信するハードルは一気に下がった。

これまでネット上で収益を得ることに無関係だったようなユーザーたちも参入しはじめた可能性が十分あり、情報空間の汚染がより深刻になっている。

能登半島地震のあと、とくにXで偽の救助要請が拡散されていることを国の研究機関、情報通信研究機構（ＮＩＣＴ）も摑んでいる。

災害時に日本語でのXの投稿を収集しているシステムで見ると、能登半島地震が起きたあとの24時間で救助に関する投稿１０９１件のうち、１０４件が住所などが実在しない偽情報とみられるものだった。

システムで集めているのは日本語での投稿の約１割。２０１６年の熊本地震が起きたあとの24時間では、救助に関する投稿５７３件のうち、偽情報とみられるものは１件だけだったが、今回の能登半島地震においては、偽情報は格段に多くなっていた。

東日本大震災や熊本地震の際には、ツイッターは電話がつながらないなかでも情報を共有できる手段として注目された。同時に、運営会社は情報の真偽や出所に注意するよう呼びかけていた。しかし、ツイッターを起業家のイーロン・マスク氏が買収してXになって以降、フェイクニュースの広がりに歯止めがかからない状況になっている。

２０２３年12月、国際大学グローバル・コミュニケーション・センターの山口真一准教授は、日米韓３ヶ国の計３０００人（15～69歳）を対象に、デジタル空間の情報との向き合い方をアンケート調査した。

その結果、米韓に比べ日本は情報の事実確認をしない人が多く、ネットの仕組みに関する知識も乏しいことがわかった。また、日本人が偽情報に騙《だま》されやすい傾向にある実態が浮かんだ。

情報に接した際「１次ソース（情報源）を調べる」と回答した人はアメリカ73％、韓国57％に対し、日本は41％だった。

「情報がいつ発信されたかを確認する」と答えた人もアメリカ74％、韓国73％だったが、日本は54％に留まった。

デジタル空間の構造や弊害を表す用語の認知率も調査したが、日本は5％で、アメリカ33％、韓国40％と大きな差がついた。

３ヶ国でそれぞれ広がった各15件の偽情報について「正しい」「わからない」「誤り」の三択で回答

を求めたところ、「誤り」と見抜くことができた割合はアメリカ40％、韓国33％に対し、日本は最低の27％だった。

回答者のメディア利用状況なども聞いた結果、偽情報に騙される傾向が表れたのは「ＳＮＳを信頼している人」「ニュースを受動的に受け取る人」だった。

一方、騙されにくかったのは「新聞を読む人」「複数メディアから多様な情報を取得している人」だった。新聞を読む人はそうでない人と比べ、偽情報に気づく確率が５％高かった。

この調査の結果だけでも、日本は偽情報への耐性が弱く、深刻な状況にあることがわかる。早急に、フェイクニュースに関してリテラシーを高める取り組みが求められる。

インターネットが普及して、私たちはこれまでより遙かに多くの情報に接するようになった。フェイクニュースは私たちの身近に存在している。

政治的なものもあれば、私たちの生活を混乱させるようなものもある。

２０１６年の熊本地震では、動物園からライオンが逃げたという投稿がＳＮＳでなされた。投稿は瞬く間に拡散され、地域の人々は動揺し、動物園には電話が殺到して混乱をもたらした。しかし、これはまったくの嘘で、投稿者は悪ふざけで投稿しただけだった。

２０２０年２月には、「トイレットペーパー生産の多くは中国で行われており、新型コロナウイルスの影響で輸入が止まって在庫がなくなる」というフェイクニュースが流れた。マスメディアがこの情報が誤っていることを報じ、買い占めをしないよう注意喚起をしたが、スーパーで商品棚が空になっているＳＮＳ上の映像も相まって、人々の不安を駆り立てた。その結果、「なくなる前に買おう」

と人々はトイレットペーパーを求めて店に殺到した。結局トイレットペーパー不足による社会の混乱は2ヶ月ほど続いた。

フェイクニュースは世のなかの情報に対する信頼を失わせるばかりでなく、ときとして麻薬か劇薬のように、人々を扇情し、狂わせ、社会に多大な混乱と悪影響をもたらす。大袈裟《おおげさ》でなく、その威力は一国の安全保障をも揺るがせかねない。

アメリカの研究では、真実（普通のニュース）よりもフェイクニュースのほうが拡散が速く、その範囲も広いことが明らかになったという。これはおそるべきことだ。

なぜフェイクニュースの方が速く、広く拡散されるのだろうか。

目新しいためだという。人は刺激的で目新しいものに飛びつきやすい。真実より悪夢のような目新しいニュースの方が好まれ、拡散されやすい傾向にある。

刺激的なフェイクニュースと比べて、真実は味気なく退屈だ。

フェイクニュースは怒りや不安をあおるような内容が多い。人間は怒りや不安の感情を抑え込むことは苦痛で、外に放出して楽になりたい欲望がある。そのため、フェイクニュースを拡散する動機としても、怒りや不安の感情がもっとも多いのだ。

逆にSNS上では、安心や好きといったポジティブな感情は拡散しづらいという。

では、私たちはフェイクニュースにどのように気をつければ良いのだろうか。

知り得た情報をすぐ鵜呑《うの》みにするのではなく、自分でも調べることが重要だ。

いろいろな情報源にあたっても、結局正しいのか間違っているのか、わからないことも少なくない。

とくに、新型コロナウイルスのような未知のウイルスが到来したときなどは、専門家ですら見解が異なることがある。

そういった場合に私たちができることは、その情報を拡散しないことだ。

フェイクニュースを拡散しないことは誰もが確実にできる。真偽のほどを確かめようがない情報は、自分で留めておけば、拡散は防げる。

国連教育科学文化機関（ユネスコ）は、作成したハンドブックで、問題となる情報（フェイクニュース）について、

①内容は誤っているが、発信する当事者は真実だと信じている「誤情報」
②意図的に誤った内容を発信する「偽情報」
③虚偽ではないが、損害を与える意図で発信する「悪意ある情報」

の三つに整理している。

これらを見極めるリテラシーが重要だ。フェイクニュースは、「自分も騙される」という前提で情報に接し、ネット上で話題になっている情報を即座に鵜呑みにせず、信頼性の高いソースにあたって検証し、判断しなければならない。

フェイクニュースや情報戦などの認知領域は近年、陸、海、空、宇宙、サイバーに次ぐ「第六の戦場」に挙げられ、個人のレベルのみならず、いまや国の主戦場として防衛の要となってきている。

紛争などの際、自国に有利な国際世論をつくったり、相手国の国民を混乱させるなど国家が関与す

る事例も指摘されている。

認知領域は、イデオロギーや宗教・信仰、民族アイデンティティなどで構成されるバーチャル空間であり、近年では戦争を決定づける領域として物理的領域、情報領域よりも発展した段階にあるとされている。

ロシアのウクライナ侵攻でも、ゼレンスキー大統領が逃亡したとの偽情報が流れた。

日本でも2022年8月16日、岸信夫総理補佐官（当時）の名をかたり、ウクライナを非難するツイッター（現・X）のフェイクニュース（偽投稿）が拡散したことがあった。

岸総理補佐官が自らツイッターで注意喚起した。

偽投稿は在英ロシア大使館の紹介などで拡散しており、岸氏は「フェイク（偽）だ。訂正願う」と呼びかけた。

岸氏を装った投稿には〈ウクライナのミサイルは、ザポリージャ原子力発電所の上空で爆発すべきではありません。アメリカの犯罪を繰り返すな〉と記されている。

岸氏があたかも、ウクライナが同原発を攻撃していると判断し、非難していると印象付ける内容だ。

外務省も翌17日、次のように、ツイッターで岸氏をフォローした。

〈今般、あたかも、ウクライナ軍がザポリッジャ原子力発電所にミサイル攻撃をした旨を岸信夫総理補佐官がツイッターに書き込んだかのように装う虚偽投稿が在英ロシア大使館のSNSアカウントにリツイートされましたが、このような投稿を岸総理補佐官が発信したとの事実はありません。〉

当時、稚拙な日本語の文章の投稿をまさか信じる日本人はいないだろうと思ったら、騙されて岸氏の投稿と信じてリツイートしている日本人もいた。

中国・ロシアといった権威主義国家が、こうした巧妙な操作、脅し、混乱という手段で民主主義諸国に対して、恐怖などの影響を与え、弱体化させようと企《たくら》む情報戦争を「シャープパワー」というが、これなどはまさにシャープパワーだった。

これまでは日本語で滑らかなツイートをする難しさがシャープパワーに対する砦となっていると思われていたが、稚拙な日本語でも不用意に信じる動きがあることに驚かされる。

今年2024年5月20日台湾新総統の就任式（選挙は1月13日）、9月30日自民党総裁任期満了、11月5日アメリカ大統領選投開票日など、今年は日米台の国のトップリーダーの選挙イヤーにあたる。これらの重要な変革期に、XなどSNSを通じて他国からの情報戦が行われるのは必至で、緊迫する東アジア情勢にも深刻な影響を及ぼす。

フェイクニュースの拡散は普遍的価値に対する脅威であるのみならず、安全保障上も悪影響をもたらし得る。今後は政府レベルでも一層、フェイクニュースに関する情報の集約・分析に努め、対外発信の強化、政府外の機関との連携の強化のための新たな体制を整備する必要がある。

フェイクニュース対策が、国家安全保障戦略の要となる時代を迎えた。

32 世界一危険な国のあり得ない核シェルター普及率

ここに、とある統計値がある。スイス、イスラエル、台湾100%、ノルウェー98%、アメリカ85%、ロシア78%、イギリス67%。この統計で日本は0・02%と突出して低い。これらは、各国の核シェルターの普及率である。

中国、北朝鮮、ロシアと我が国を敵視する権威主義の核保有国に囲まれ、「世界一危険な国」と諸外国から見なされているにもかかわらず、日本の核シェルターの普及率は驚くほど低い。

そんな国民の声が届いたのか。

2024年1月、東京都は外国からの弾道ミサイル攻撃に備えた対策として、都営地下鉄・麻布十番駅構内に核シェルターを整備する方針を表明した。

国際情勢が厳しいことを踏まえ、備えが必要と、フィンランドなどを参考にしながら進めていくという。

実際のシェルターの設置場所は、麻布十番駅に併設された都の防災倉庫を活用する予定だ。

これが実現すれば一歩前進となるが、時期的なものも含め、まだ暗中模索状態のようだ。

2024年3月、政府も住民を守るシェルターの整備方針を決めた。

また台湾有事なども念頭に、台湾に近接する沖縄の先島《さきしま》諸島の住民を守る対策の強化を講じている。

具体的には、石垣市、宮古島市、与那国町、竹富町、多良間村の五つの市町村に「特定臨時避難施設」として新たなシェルターをつくる方針だ。

「特定臨時避難施設」は、ミサイルの爆風にも耐えられるよう、外壁の厚さが30㎝以上ある鉄筋コンクリートの堅牢《けんろう》な構造にし、国の財政支援を受けた自治体が公共施設などの地下に設ける。施設には避難者ひとりあたり2㎡ほどのスペースを確保し、備蓄倉庫や電気・通信設備なども備え、2週間程度は身を寄せられる環境とする計画だ。

一方、有事への対応をめぐり、政府は全国の頑丈な建物など5万6000ヶ所以上を「緊急一時避難施設」に指定している。これらもシェルターに位置づけ、設備の拡充を検討する。

それにしても、日本とは何とも不思議な国である。

広島と長崎と原爆を2発も落とされた世界で唯一の被爆国であり、核の被害の凄まじさを国民は共有している。そうであるなら、被爆から国民の安全と人命を守る核シェルターの設置に力を入れておかしくないはずが、そんな声はどこにも聞かれない。それどころか、「核廃絶」という理想を掲げただけで核戦争はなくなるとご満悦の国民や国会議員が多いことにはあきれる。

現下の日本は、国家の中枢機関施設でも防衛省と首相官邸にしか核シェルターが整備されていない、世界標準からして想像できないくらい安全保障に関して無関心で無防備な国家だ。

日本人を殲滅《せんめつ》すると公言してはばからない隣国のトップリーダーからすれば、核シェルターが未整備の日本人は逃げ場がないので、数発の核爆弾を落とせば全滅できるということになる。フィクションなどではない、これはそら恐ろしい現実なのだ。

加えて日本は世界でも稀《まれ》な地震多発国だ。

核シェルターは、核攻撃以外にも地震の被災者の避難所としても利用できる。両方の利用価値がある公設の核シェルター設置は、喫緊の課題だ。

そのためにも、一定程度の人口を擁する都市や大都市での設置の義務づけを法令で定める必要がある。

日本核シェルター協会の調査データによると、日本国内では核シェルターは富裕層が家庭用に購入する程度だという。核シェルターは個人で購入するには製品にもよるが高額で、地下埋没型は100万円を超える。

それでも、北朝鮮による弾道ミサイル発射やロシアのウクライナ侵攻、中国による尖閣・台湾有事の恐れなど、世界情勢が不安定化するなか、差し迫った危機を感じてか、一般家庭向けの核シェルターへの問い合わせが相次いでいるという。

核シェルターには、シェルター内にCBRNE（＝化学〔Chemical〕・生物〔Biological〕・放射性物質〔Radiological〕・核〔Nuclear〕・爆発物〔Explosive〕）から身を守るための空気濾過《ろか》装置が必須だ。その空気濾過装置はどこで製造されているかというと、国内のシェルター販売会社が扱っているのはイスラエル製が主体（一部はスイス製）で、国産は皆無だ。この状況は二重の意味でリスクがある。

一点目は、南シナ海や東シナ海における有事や台湾有事が発生した際、流通ルートが遮断される可能性があることだ。

二点目は、何よりイスラエルは戦争を続けている当事国であることだ。いつ、空気濾過装置が入手できなくなるか予測不能だ。

また円安で、新たに空気濾過装置を導入するとなると費用がかさむ。

これでは日本の核シェルターの普及はおぼつかない。

ところで、実際のところ核シェルターとはどのようなものなのだろうか。

シェルター自体、かなりの重量があり、設置場所は基本的に自宅の庭か地下室ということになる。

地下に向かう階段と壁は重厚なコンクリート造りで、厚さ約20㎝の二重の扉があり、それを押してなかに入る。奥に進むと、広さ8畳ほどのシェルターがあり、3段ベッド2基が配置され六人程度が避難できる。

シェルターの広さは約10㎡で、壁の厚さは約80㎜。壁のなかには、透過する放射線を減らすため鉛の板が入っている。先述のように核兵器や生物化学兵器で汚染された外気を浄化する空気濾過装置が取り付けられ、外の状況は複数のカメラで確認できる。

階段下の扉とシェルターとの間には気密室と呼ばれる空間があり、大量の水や缶詰などの食料、トイレットペーパーや常備薬といった生活必需品などを備蓄し、ポータブルトイレも設置可能だ。

またエアコンや電源が備え付けられ、ポータブルトイレと食料さえあれば、外部と接触ができなくても、空気濾過装置の能力から2週間程度は生活できるとされている。

汚染された外気を浄化する空気濾過装置は平時は電動だが、手動でも使える。室内の空気は気密室に通じる排気口から外部に放出する仕組みだ。外に出られる非常口と通路も完備している。

核爆発は最初に放射線が放出され、ついで熱放射となる。放射線により発生した火球は数百万℃となり膨張し、衝撃波・爆風を発生させる。

同時に、火球による上昇気流が発生し、キノコ雲が生成され、放射性降下物を周囲に散布する。現実には想像すらできない、凄まじい世界だ。

核爆発が起これば、最低限2週間は核シェルターから外には出られない。

奇跡的に、あなたひとりだけ自宅の核シェルターに避難して助かったとする。

核爆発から2週間ほどで外部の放射性物質は1000分の1程度まで減り、人体への影響が少なくなるとされる（シェルターはその2週間ほどを過ごす施設として想定されている）。

いざ、扉を開けて外に出るとしても、防護服はどうするのか。シェルターに常備している防護服は万全か。新たに安全な食料や飲料水はどのように確保するのか。まさか、シェルターで護られたコンビニがあろうはずもない。核シェルターで助かったとしてもシェルターの外では新たなサバイバルが待っている。

核シェルターが日本で普及しない理由のひとつには、「核」という言葉を口にするとその意味するところが実現するという〝言霊《ことだま》信仰〟があると思えてならない。つまり『核シェルター』という言葉を口にすると、本当に核戦争が起きてしまうのではないか」という危惧だ。そして、その延長線上に、「起きないはずのものに準備はしない」という、日本独特の文化が根づいているように思う。

東日本大震災という巨大地震も、それによる津波や原発事故も、どこかで「起きるはずがない」と考えていた節があったのではなかったか。

そういう観点に立てば、日本で核シェルターが普及しない理由には「戦争なんて起きるはずがない」という危機や現実認識の欠落が挙げられよう。それに加えて、設置スペースとなる土地の確保の難しさ、費用、世間体などの理由が考えられる。

しかし核攻撃が人為的である以上、100％起きないという保障はない。

日本を敵視する国からミサイルが発射されると、日本に着弾の可能性がある場合、スマホなどにJアラート（全国瞬時警報システム）が一斉に緊急の警報で知らされる。警報を聞いてから避難するわけだが、仮に北朝鮮から弾道ミサイルが発射された場合は、極めて短時間で日本に到達する。

万一、弾道ミサイルに核弾頭が搭載されていたら、着弾地で核爆発が起こる。

Jアラートをキャッチしたら、自宅に核シェルターがある人は、すぐにそこに逃げ込むことができるが、核シェルターがない人は、呆然と被爆者になるしかない。

しかるに今後、東アジアを取り巻く安全環境が悪化し、国内で核シェルターが個人レベルで普及しはじめると、そこには間違いなく持つ者、持たざる者との間で分断が生まれる、深刻な事態を招きかねない。

第二次世界大戦の戦時下、日本各地に防空壕が掘られ、皆で逃げ込み、身を寄せ合ったが、そのときとは完全に異質の世界が展開する事態となる。

これはSFの世界の出来事ではない。

隣国の独裁者が間違った選択を指示しても、誰も逆らえない世界が歴然としてある。その誤った選択ひとつで、数十分後に日本は火だるまになる。

ネットにはいま、隣国が日本をあざ笑うかのように、核兵器で日本に攻撃を仕掛ける映像が溢れている。平和に浸りきった日本人は、まさかそのような事態が現実になるとは夢にも思っていないだろう。

日本国内で扱っている核シェルターの大半はイスラエル製と書いたが、いま、戦争状態にあるイスラエルは、事実上の核兵器保有国であり、核兵器不拡散条約（NPT）非加盟国だ。これまで一度も核実験を行うことなく、自前の技術力を駆使して、核保有国になった。

核保有国であることがイスラエルを国家として認めず、破壊しようとする近隣の国々への、暗黙の強い抑止力となっている。

しかし核保有国でありながら、イスラエルは核兵器保有に関しては否定も肯定もしない曖昧政策を、公式にはとりつづけている。

曖昧政策については、核兵器の有無を疑わせ、抑止効果を高めようとする狙いと、最大の同盟国アメリカに対する配慮がある。

もしNPT非加盟のイスラエルが核武装を公表すれば、イランなど周辺国はすぐにでも核武装に踏み切ると予測されるからだ。

イスラエルの安全保障の根底にあるのは、「ユダヤ人はホロコーストの恐怖から、絶えず身を守る必要がある。自分の命は自分で守る」という世界観だ。

私は外務省時代、イスラエルに勤務している間、2軒のマンションに住む機会を得たが、いずれも家のなかに防弾部屋があり、そのなかにいつでも逃げ込めるようになっていた。部屋には毒ガスマスクが完備されていたが、それはイスラエル政府が各家庭に防弾部屋と防毒マスクの配備を義務づけているためだ。

１９４８年のイスラエル建国以来、自国を敵視する国々に囲まれた国土に何度もミサイルやロケット弾による攻撃を受け、市民が犠牲になってきた歴史的な教訓の結果だ。

また、日常的に攻撃にさらされているイスラエル国民の家には、個々に核シェルターがある。その数、１００万とも言われている。

いつ、いかなる時に、イランやシリア等から長距離ミサイルやロケット砲が飛んで来るかわからない。国民の生命を守るために、核シェルターは必須の防衛設備なのだ。実際、２０２３年10月のハマスによる奇襲攻撃（大量のロケット砲に加えて地上作戦）の際も、多くのイスラエル国民が核シェルターに直ちに避難し、一命を何とか取り留めた（それでも残念ながら２３０人以上が人質としてガザに連れ去られた）。

イスラエルの「市民防衛法」では、地方公共団体や公共施設に核シェルター設置だけでなく、事業所や民間の家屋にも核シェルターの設置を義務付けている。

イスラエルには核シェルターについては過去の膨大な実績があり、国家としてノウハウが充実しているため、イニシャルコスト（初期費用）の抑制が進んでいる。

核シェルターに避難することで、ミサイル攻撃による爆撃振動・爆風に耐え、化学・生物兵器、放射性物質などの攻撃からも、国民は自らの生命を守ることができる。

ちなみに韓国では、イスラエル企業とのコラボレーションで、地下鉄へのシェルター・システムの導入が進んでおり、核攻撃や生物化学兵器の侵入を防ぐシェルターには、イスラエルの技術が駆使されている。

イスラエルでは、安全保障に対する意識が日常に溶け込んでいる。

民間の住宅にある核シェルターは、普段はくつろぐための家具や設備、装飾を備え、音楽スタジオやフィットネス・ジムなどとして利用しているなど、スペースを有効活用している。

核シェルターが、イスラエル国民の日常に溶け込んでいるのは、この国の人々がいかに危険と過酷な現実と隣り合わせであるかを示しているのだ。

日本人も「戦争なんて起こるはずがない」という甘い考えはもう捨て、世界の厳しい現実を直視すべきだ。すでにウクライナ、ガザは戦場と化した。次の戦場は、日本かもしれない。「自らの命は自ら守る」が世界の常識であることを改めて日本人に喚起したい。

33 狙われる限界集落の土地と森林

２０２４年１月に発生した能登半島地震は広い範囲に被害をもたらしたが、能登のはしっこにある石川県珠洲市の狼煙《のろし》地区という限界集落（石川県内でもっとも高齢化率が高い）は発災当初、「孤立状態」に陥った。

65歳以上の高齢者が人口に占める割合が50％以上で、人口減少が進んで限界的な状況に陥った集落は「限界集落」と呼ばれる。

総務省の調査によると、限界集落（過疎地域）数は２０１９年４月時点で２万３７７２ヶ所に上り、２０１５年の調査から４年で約１・５倍に増えた。

限界集落は日本全国に存在しており、都道府県別で見ると、山形県や福島県などの東北地方、長野県や岐阜県などの中部地方、そして愛媛県や鹿児島県などの四国・九州地方において比較的多い傾向がある。

地域としては過疎化が進む山間部や離島に集中して見られ、若者が背を向けた集落は高齢化が進み、移住する人もいないことから集落の人口が減り、地域社会としての機能が衰退し、人々が住む限界に達している。

人口が減少し、高齢者が多くなった限界集落では、住居や建物が老朽化しても修理、修繕、補修、修復などが困難で、放置されることも多い。廃墟同然になると災害などで倒壊しやすくなる。

また、ゴミの不法投棄などの場所になったりする場合も多くあり、限界集落の環境は悪化し、悪臭を放ったりする。

加えてホームレスが空き家に不法に住み付くなど治安も悪化し、犯罪が起きる確率が高くなる。たとえば、空き家を利用して麻薬などの違法な取引が行われたり、窃盗犯が盗んだものを空き家に隠したりするケースもある。

また、空き家は放火の対象になる可能性もある。

さらに状況が悪化すると、雑草が生え放題で見通しの悪い空き地では大麻などの違法な植物を栽培するなどの輩が出没することもあり得る。

限界集落では医療機関や商業施設が不足していたり、公共交通機関の利用が制限されていることに加え、生活や暮らしに必要なサービス・インフラが不足していることが多い。

とくに山間部の集落においては、それらの問題は深刻である。豪雪地帯ともなると、ますます孤立化する。

高齢者の比率が50%を超えると、独居老人世帯も多くなり、詐欺の被害などに遭う可能性もある。

限界集落に住んでいる人の多くが農業、漁業、林業に従事しているが、肉体労働のため、年を重ねるごとに体がきつくなる。そして、人手不足によって後継者がいなくなり、過疎化が進み、衰退の一途を辿る。

ただ空き家については、活用方法によってはビジネス面での展望もある。限界集落が存在する自治体の多くは、所有者に物件を登録してもらい、移住目的で物件を探している人たちへのマッチングを行う「空き家バンク」というサービスを展開している。自治体だけではなく民間でも行っていて、全国レベルで展開中である。

また、空き家を住居としてではなく、宿泊先として提供する空き家再生事業を行っているところもある。移住者がなくても、観光客として人がたくさん来ることを期待しての対策だ。

そのほかにも、空き家問題をチャンスととらえて、新しいビジネスに取り組む社会起業家も多数出てきている。たとえば、リモートワークをしながら地方で生活がしたい人と空き家を貸したい所有者をつなぐサービスを行う会社や、家を借りたくても借りることが難しい生活保護者や独居老人、低所得者、シングルマザーやワーキングプアなどの人と、空き家を貸したい所有者のマッチングに取り組む不動産会社などだ。

一方で、空き家や荒れ地となった土地の所有者と連絡が取れないケースも少なくない。当然、放置すれば荒れ放題となる。それを避けるためにも、連絡が取れない場合、所有者の許可なく行政機関で取り壊し等を執行できるような法整備や法律改正が必要だろう。

衰退した集落は、家屋や土地、森林の価格が暴落する。それらの土地や森林を狙って近年、中国人や中国の巨大企業が日本企業の名義で次々と購入している。すでに買い占められた広大な土地や森林は、日本人が立ち入れないエリアになっている。

とりわけ、水源地や防衛施設周辺あるいは国境の離島などでの土地取得が行われており、地元住民や国民の不安は増大している。安全保障上の観点を重視する国民の問題意識も高まってきている。

とくに目をひくのは、自衛隊の基地の周辺が買い占められていることだ。これは国の安全保障上、大きな問題がある。自衛隊の基地の内部が覗き込まれ、航空機などの運用や、関係者らの動向が把握される恐れがある。また有事の際、それらの買われた土地が在留中国人や日本に滞在中の人民解放軍の関係者らによって戦略拠点となる危険性がある。

いま中国経済にはブレーキがかかっているが、中国人による日本の土地物色は北海道から沖縄まで留まることなく続いている。こうした動きは日本各地で不気味に進められている。

こうした状況下、自由民主党において2020年、安全保障と土地法制に関する特命委員会「安全保障と土地法制に関する特命委員会」が発足。2021年6月には、日本の安全保障上、重要な地域での土地利用を規制する「重要土地利用規制法」が成立し、中国人や中国企業による日本の土地取得を規制しようという動きは出はじめてはいるが、実際の対策はもどかしいくらい鈍い。

中国人の土地取得の実態を国が的確に把握するとともに、仮に国民の生命、身体や財産を脅かすような土地の取得・利用の懸念が明らかになった場合、確実に対処するための法制度が必要だが、制度的な枠組みがなく、国民の不安に拍車をかけている。

中国人や中国の巨大企業の所有物となった限界集落にある土地や森林、集落は平時は意味を成さなくても、有事の際、どのような役割を果たすのか、所有者は語らず、懸念は増大しつづけている。

ちなみに、在日中国人は2023年6月末現在、約79万人でほかの在日外国人より多い。また、その数は1990年代から倍増し、2000年代も増加傾向にある。

中国には、中国人全員を対象に有事に軍事動員する「国防動員法」および、有事・平時を問わず中国政府の情報工作活動への協力を義務づける「国家情報法」が存在する。

両法とも、中国国内はもとより海外在住の中国人も対象としている。

元防衛相は両法の危険性について、２０２２年９月放送の地上波の報道番組で、「非常に恐ろしい法律だ。国際社会から見てあり得ない内容だ」と指摘しているが、至極まっとうな意見だ。

また、ある弁護士で首長経験者も「中国籍だからといって排除や差別的な取り扱いは絶対やりたくないが、対抗策の法律を用意しておく必要がある」と強調した。

政府は限界集落の抜本的な対策とともに、外国人が日本の家屋や土地、森林を購入することによる安全保障上の危険性を認識し、法整備による規制や法律改正対策を急ぐべきだ。

34 日本は自国で有人ロケットを打ち上げられない

「宇宙強国」を掲げる中国。

２０２４年4月25日、中国は独自で運用を進める宇宙ステーションに向けて三人の宇宙飛行士を乗せた有人宇宙船「神舟18号」を打ち上げた。同船は中国独自の宇宙ステーション「天宮」とドッキングし、滞在している乗組員と対面した。

三人は全員１９８０年代生まれ。宇宙ステーションには、「万が一にも失敗しない」というスローガンが、大きく掲げられていたという。

発射の一部始終は中国全土に生中継された。一歩ずつ「宇宙強国」の階段を上っていることがわかる。

中国は宇宙ステーションで他国の宇宙飛行士や旅行客を歓迎する姿勢を示し、平和利用に徹すると強調しているが、乗組員全員が中国共産党員で、人民解放軍に所属している。軍が主導する中国の宇宙開発には、軍事利用の懸念が付きまとう。

ところで、世界の宇宙関係者の間で長年、ささやかれている謎がある。

日本はいつ自国で有人ロケットを打ち上げるのかというものだ。

それがここ数年、日本はこのまま永久に有人ロケットを打ち上げられないのではないか、という否定的なニュアンスに変化している。

世界で有人宇宙飛行に成功している国は、旧ソ連（１９６１年4月）、アメリカ（１９６１年5月）、中国（２００３年10月）の３ヶ国のみだ。

日本は独自にロケットを打ち上げる技術を持っているが、現在までに有人ロケットを打ち上げたことはない。

国産の有人ロケットを打ち上げることは、宇宙航空研究開発機構（ＪＡＸＡ）にとって長年の悲願であるにもかかわらず、それが実現できないのには日本人ならではの理由があるという。聞き捨てならない。

その理由は一体、何か。

ロケットの打ち上げ時や宇宙での船外活動において、万一、死亡事故が発生したとき、「人命は地球より重い」と戦後、徹底した〝いのちの教育〟を受けてきた日本国民は、技術者も含めその責任や重圧に耐えられないだろう。であるならば自国で打ち上げなければいいという選択をしているというのだ。ＪＡＸＡの元職員に直接聞いたから本当だろう。

比較にならないと思うが、中国人民解放軍の若者は一人っ子が多いので、家系を継ぐためにも派兵を忌避する傾向が強い。そのため、人民解放軍は攻撃型の無人機ドローンを多用しているという。ドローンなら、攻撃するほうは人命を失わずに済むからだ。中国がいま、より高性能のドローンの開発に心血を注いでいるのも納得がいく。

日本人の有人ロケットに戻ると、聞くも切なく悲しい話だ。

科学には常に失敗がつきまとう。だからといって単純にリスクを避けるというのはありなのだろうか。

それが事実なら、日本人は何と臆病で発展性のない民族であることか。

2003年2月1日、アメリカのスペースシャトル「コロンビア号」が大気圏に再突入する際、空中分解し、7名の乗員が犠牲になった事故が起きた。

コロンビアは28回目の飛行を終え、地球に帰還する直前であった。

コロンビアの事故が起きたときのことを考えると、日本は国産ロケットで宇宙飛行士を打ち上げる方法（リスク）はとらず、このまま宇宙飛行士を宇宙に送り出すのはNASAなどの海外機関に依頼（依存）する道を選択しつづけると言われている。

戦後の教育の弊害、日本人のメンタリティの弱さ、繊細さがここにもある。

日本が国産ロケットで宇宙飛行士を打ち上げるためには、さまざまな環境の整備や維持システムの構築、およびロケット自体の徹底的な高信頼化などいくつも乗りこえなくてはならない壁がある。

宇宙で生活することにより人間の身体にどのような影響があるかといった生物学的・医学的問題の解決や、NASAなどに依存している宇宙飛行士の搭乗訓練のメソッド開発など、さまざまな知識や技術の蓄積も必要だ。

しかし、日本は先の戦争に敗北したために、宇宙ロケットなど飛翔体の研究の分野において、アメリカから長く制限がかけられてきた。そのため国産ロケットの技術の発展が大きく遅れ、自国での打ち上げについても不安を抱えたままでいる。

そういう背景もあり、万一、有人飛行に失敗して犠牲者が出たとき、人命優先の日本では許されないし、国民の理解が得られないのではないか、との意見が優先されてしまう。

そして、犠牲者が出ることで有人ロケット事業そのものが頓挫してしまうことだってあるかもしれない。

覇権主義国家の中国とそこが決定的に違う。

外交官として戦乱の地・中東が主戦場だった私には、「人命は地球より重い」という日本政府の感覚には違和感を覚えることが多々あった。１９９１年の湾岸戦争の際には、「金だけ出して、人は出さず」で世界に恥をさらした日本。その後２００３年のイラク戦争では、我が自衛隊は、イラクでもっとも安全なサマーワに部隊を派遣し、犠牲者を出さなかったことを誇った。

こういう日本と日本人の「人命ファースト主義」は世界からしっかり見られている。まさに、こういう自己中心主義こそ日本の弱点である。そしてそれがいつまで経っても自国で有人ロケットを打ち上げる覚悟を持てない日本の宇宙政策の脆弱さにつながっている。

35 買われる〝安いニッポン〟の絶望と未来

「日本は豊かな国」

「日本は経済大国」

それはもはや過去の話だ。

世界経済において日本は、モノの値段・給料・不動産価格などから見てもずいぶんと〝安い国〟になった。

「東京の物価は世界一高い」と言われたのが夢のようで〝安いニッポン〟になり果てている。

国際通貨基金（ＩＭＦ）によると、最新の２０２３年の名目ＧＤＰはドイツに抜かれて世界4位に転落し、２０２６年にはインドにも抜かれる見通しだ。

なぜ、日本はドイツに抜かれたのか。

ドイツの人口は日本の3分の2ほどにあたる８３００万人で、しかも直近の景気は低迷している。しかしながら、ドイツは日本を上回る物価高で、実際に取引される価格をもとにする名目ＧＤＰは大きくなる。

一方で、日本は歴史的な円安により米ドル換算の名目ＧＤＰが目減りしている。そのことが3位の座をドイツに明け渡した理由だ。

ドイツに抜かれた理由には納得がいくとしても、ではこの先、日本が再びドイツを抜いてＧＤＰ世界3位に返り咲く可能性があるかと問われると、楽観視できないのが現実だ。

話は変わるが、本質をついていると思われるのが世界の優良企業トップ50社に日本の企業が1社もないことだ。すっかり「稼げない国」「競争力の低い国」になり下がってしまったではないか!

日本経済は、これからどうなるのか。

希望はあるのか。

日本は賃金や物価が長い間上がらず、円安も重なって海外から〝安い〟と見られている。その〝安さ〟が日本経済の重石となっている。

なぜ、その〝安さ〟が重石なのか?

外国人労働者にとって、日本で働いて得る日本円が安ければ、日本で働く意欲は低くなり、他国へ流れる。そうなると、労働者不足は解消できず、外国人労働者に依存する業種は立ちゆかなくなる。ひいては日本の国力の低下に結びつくのだ。

同じ商品でも、多くの国では日本より高い。

日本は円の購買力が海外通貨に比べて低く、〝安い〟商品を求めるなど、消費者がモノにカネをかけなくなった。その消費者動向に合わせて、企業は国内でいかに低価格で売るかで価格競争を激化させている——デフレーション(デフレ)である。

皮肉なことに、その国内での価格競争の成果によってさらにモノの価格が下がり、労働者の賃金もその〝安さ〟の影響で世界標準と比べて低い。

モノの〝安さ〟を追い求めている日本は、すべての層で所得が減少している。経済支援を行ってきた東南アジアと比較しても、日本は〝安い〟。〝安さ〟で国際的な地位が低下し、国際的な日本の競争力は恐ろしいまでに低下しつづけている。

スイスの国際経営開発研究所（ＩＭＤ）が毎年発表する「世界競争力ランキング」は、経済状況やビジネス、政府の効率性などをもとに順位が決められる。日本はこのランキングにおいて１９８９年から１９９２年まで４年間にわたり１位を維持した。しかしその後下落が続き、２０２３年は過去最低の35位で、２０２２年より２年連続のワースト記録更新となり、マレーシアやタイにも抜かれている。

賃金が伸び悩む日本は、外国人にとっても魅力を失いつつある。

〝安いニッポン〟は国民生活を疲弊させるだけでなく、外国人の「日本離れ」の原因にもなっている。日本政府は外国人労働者を呼び込むために、長期間働ける在留資格や職種を拡大すべく検討しているが、〝安いニッポン〟を回避する外国人労働者も多い。

このような、以前では考えられなかった現象が起こっている。もっとも実質的には、「過剰な移民の流入防止」につながる効果はあるが……。

少子高齢化の影響で日本の勤労世代の減少は止まらず、あらゆる業種で人手不足は深刻な事態になりつつある。

首都圏を中心に、コンビニの店員の仕事はすでに優秀な外国人が担っている。その傾向は日本全国に拡大している。

一方、日本人の安い人件費と丁寧な仕事ぶりは中国などの巨大企業には魅力だ。中国企業が日本国内に工場を建設し、日本人を雇用するという〝逆転現象〟がすでに見られている。

そうなると、将来的に日本は武力を使わない侵略によって中国の植民地に成り下がる……そんな日もそう遠くないかもしれないことを、誰が否定できるのだろうか。

このまま、何も対策を打たないと衝撃的な未来が訪れるだろう。

日本がデフレ脱却を宣言するためには、需給ギャップ（一国の経済全体の総需要と供給力の差のことで、GDPギャップとも呼ばれる）がプラスになることが重要だ。日本経済が持つ潜在的な供給力より、個人消費や設備投資など全体の需要が上回ることが不可欠だ。

では長年経済成長が鈍化し、アメリカなど先進国に差をつけられる日本に浮上の糸口はあるのか。

ある！

それは、〝海外からの投資〟を呼び込むことだ。

そうすることで、停滞してきた日本経済を再び上昇へと押し上げることができる。

海外からの直接投資が増加すれば、現代のビジネス界においては投資に技術が付随することから、海外の優れた技術を獲得し、イノベーションを促進させる機会ともなるだろう。

そのためには、投資の適切な使い道と未来を担う人材の育成が重要だ。

一方で、日本に海外の投資を呼び込むためには、日本のビジネスパーソンは海外でより豊富なビジネスネットワークを築き上げなくてはならない。

しかし、最近の若手人材には海外にチャレンジしない風潮がある。

日本の心地よい生活、ぬるま湯に浸り、リスクをとってまで海外に出ようとしない。

また、企業側も目先の利益優先で、社員の海外研修や能力開発にかける費用に投資しない傾向があり、ほかの先進諸国との差は広がるばかりだ。

日本経済を再び発展軌道に乗せるためには、海外からの投資を呼び込むこと、人材にお金をかけて生産性を上げていくこと、この2点が重要だ。

しかし、問題は人材にどうお金をかけるかだ。たとえば外務省には、海外での強制的な語学研修制度がある。日本企業もこのような半ば強制的な海外留学制度を導入する必要があるのではないだろうか。

ただ現状では、大半の日本企業では海外留学は本人の希望によるなど限定的なものになっている。それでは若者のスキル向上は望めないだろう。

海外企業から投資を呼び込むことで、資本だけではなく経営スタイル、技術、人材も入ってくる。それらを活用して、日本国内で新しい科学反応を生み出し、それを日本の成長へとつなげなければならない。

36 中国の闇警察に狙われる、反中の活動家と日本の政治家たち

中国は各国の法律を無視して、秘密の警察拠点（闇警察）を世界中に設置している。その実態は中国警察の出先機関だ。

自国警察の出先機関（闇警察）を他国に設けて、勝手に捜査や取り締まりを行うのは設置先の国の主権侵害であり、国際法違反だ。

中国が闇警察を設けている理由は、反体制活動家や国外に逃亡した中国人犯罪者の監視や取り締まりを行うためと指摘されている。

「自主的に帰国をさせている」

と言いながら実際は、半ば強制的に中国に連れ戻して、罪を償わせる。闇警察を介して、直近3年間で数十万人ほどの中国人が全世界から帰国させられたとされる。

中国が他国に闇警察をひそかに設置している問題は、すでに英BBCが2022年、「5大陸21ヶ国で計54ヶ所、中国の『海外警察サービスセンター』が設立されている」と報じ、オランダやアイルランドなどがこれを「違法」と批判した。

2022年9月、スペインに拠点を置く、中国の人権状況を監視するNGO団体も2022年9月、「中国政府が少なくともアメリカ、イギリス、ドイツ、スペイン、アイルランド、カナダなど世界30ヶ国の54ヶ所に海外警察をつくっている」と中国の闇警察の実態についてリポートを公開している。

そのなかで、日本国内にも中国は闇警察を設けており、そのひとつが秋葉原のビルであると指摘され

ている。

レポートの指摘から2年後の２０２４年2月、ようやく同ビルにある中国の闇警察の拠点を警視庁公安部が家宅捜索した。詐欺容疑で書類送検（なぜか、逮捕ではない！）された中国籍のふたりの女は、実際には経営していない整体院の個人事業主と偽り、国のコロナ対策の持続化給付金１００万円を騙し取っていた。

書類送検のあと、ふたりは中国に帰国したとの情報もある。

女のうちひとりは44歳。ある一般社団法人の元常務理事で、所在地として登記する東京・秋葉原のビルこそが、中国の〝秘密警察拠点〟であることが明らかになった。

捜索を受けたビルは5階建て。街頭に出している看板はビジネスホテルだが、実際に稼働しているのは6部屋のみ。そのほかの部屋での表向きの業務は、在日中国人などに向けた免許更新だが、その実、闇警察として、中国の人権状況を告発する反体制活動家や国外に逃亡した中国人犯罪者の監視などを行っていた。

事実なら明らかに人権侵害であり、日本政府は、主権侵害の問題が認められれば闇警察を撤去させる必要がある。

日本国内では秋葉原以外にも、福岡、名古屋、神戸、大阪、銀座にも拠点の存在が指摘されている。早急に中国に外交ルートで懸念を伝えるとともに、実態解明を急ぐべきだ。

この女の交流範囲は闇警察だけではない。現役の自民党参院議員と〝ただならぬ関係〟にあるとされ、「外交顧問兼外交秘書」の肩書を持ち、参院議員会館の「通行証」まで貸与されていた過去があった。

その通行証で政府の中枢まで入り込んで、何らかの〝工作活動〟を行っていたと思われる。外交顧問兼外交秘書として議員と行動をともにし、議員が外務省や経済産業省の役人を呼びつけて行わせるレクチャーにも同席したとされている。行政府の機密情報や立法府の重要事項が漏洩している危険性もある。

この女が、日本の政治家にどこまで食い込んでいたのか。

日本の警察は今後、取り調べの課程でその事実をどこまで追求し、明らかにすることができるのだろうか。

実際の執行機関は、対外工作を任務とする中国共産党の中央統一戦線工作部だ。同機関は共産党政権を批判する海外の中国人を監視し、中国共産党のルールを強制し、反体制運動をやめるよう脅し、中国の家族にも圧力をかけて、「帰国の説得」をする活動を行っている。

FBIも中国の海外警察拠点に強い懸念を表明。イギリス、カナダなども閉鎖を視野に調査に乗り出している。

中国外務省の報道官は、国際法違反および他国の主権侵害を否定し、海外警察拠点とされる機関は海外在住中国人の運転免許証更新などをオンラインで行うサービスステーションだと主張している。

中国の海外の闇警察の活動の基盤となるのは「国家情報法」だ。

この法律の最大の懸念は、「すべての中国国民と中国企業は、中国政府の情報活動に協力する義務があり、拒否できない」という点だ。

中国国民や中国企業は、居住地が自国内であれ他国であれ、中国政府の指示があれば「スパイとして活動する義務」がある。

命令を拒否することはできない。

国家情報法は諜報活動の秘密保持を義務づけており、実際どの程度活動がなされているかは公表されず、闇のなかだ。

日本政府は「主権を侵害しており、日本国内での活動は認められない」と中国政府に伝えたが、これでは抗議の体をなしていない。

日本政府はこの際、徹底的に闇警察の実態を暴き、閉鎖を命じるべきである。中国政府を恐れているのであれば情けない。日本にいる中国人からの広範な聴取も実施すべきである。

闇警察の存在は日本の主権に関わる重大事である。「スパイ防止法」がないから中国に付け込まれるのだ。政府は欧米を見習って、中国の闇警察を根こそぎ排除しなければならない。

そのためには、スパイ防止法の導入を急ぐべきだ。

安倍政権時の２０１３年に「特定秘密保護法」が制定されたが、スパイ防止法と比べると、その適応範囲も狭い。罰則も、アメリカのスパイ防止法の最高刑が死刑であるのと比べれば、最高刑で懲役10年と軽い（詳しくは18、23項参照）。

同時に、日本を護るために経済安全保障法案にて、経済安全保障上の重要情報を扱う人物の身辺を国が事前に調べることを可能にする「セキュリティ・クリアランス制度」もまた、早急に導入すべきである（詳しくは24項参照）。

２０２４年2月、同法案は閣議決定を経て衆議院に提出されたが、ハニートラップに掛けられた経験を問わない、大臣と副大臣、政務官はセキュリティ・クリアランスの対象外とされるなど、改めるべき問題が多い。

37 対策なき技術者の海外流出

共同通信の2024年2月4日配信の記事によると、自衛隊と米軍は実施中の最高レベルの演習において、仮想敵国を初めて「中国」と明示したという。過去の演習と比べ、大きく踏み込んでいる。この演習はコンピュータを使用するシミュレーションで、シナリオの柱は台湾有事である。数年以内に、中国が台湾に武力侵攻するのではないかとの懸念が高まるなか、今回の仮想敵国の明示は日米の強い危機感の表れだ。

仮想敵国とは、言うまでもなく軍事的な衝突が発生し得ると想定される国のことだ。

そんななか、IT等のメーカーの高度な知識や技能を持つ技術者や、国の安全保障において高度な技能や技術を有する者、開発に携わる研究者等が、中国などからヘッドハンティングされて渡航し、高度な技能や技術、国の機微技術などが流出するケースが相次いでいる。

機微技術とは、軍事転用可能な技術のことをいう。武器製造のほか、軍事転用されやすい民生用の技術を含む。人工知能（AI）技術や機械学習はAI兵器に転用されるケースもある。

IT等の高度な技術や機微技術は、大量破壊兵器や通常兵器の開発等にも使われ、日本のみならず国際的な平和および安全には脅威となり、国際情勢が不安定化する。

中国がIT等の高度な技術や機微技術、機密情報にアクセスできる日本人を一本釣りする手口と手法はさまざまだ。

もっとも安価で効果が大きいハニー・トラップもあるが、日本の人材派遣・求人募集会社を経由して、あるいは直接、メールや電話をかけてくるケースもある。

中国が彼らを釣り上げる〝餌〟は、日本では手にすることのできない、目が飛び出るほどの高額報酬と、天井知らずの研究開発費。加えて高級住宅や高級車など夢の世界の提示だ。

彼らが中国にとって必要な技術を持っていると判断すれば、相手は定年直前でも、定年後の年金生活者であってもアプローチしてくる。ヘッドハンティングのターゲットに制限はない。

そして、彼らの持つＩＴ等の高度な技術や機微技術が一度漏洩・流出したら最後、日本の技術は盗用され、確実に日本の技術力は衰退する。

そして、日本の技術者の有するＩＴ等の高度な技術や機微技術を中国が〝いただいた〟ら〝用済み〟となり、日本に帰国させられる。

運良く日本に帰国できればいいが、最後のトラップ（罠）が、帰国時の空港で彼らを待っているかもしれない。ここのところ、具体的な理由を提示されないまま、日本人がスパイ容疑で突然、逮捕、拘置されるケースがあとを絶たないからだ。

企業は、国家の経済安全保障の観点からも、産業競争力や軍事面に影響する機微技術の管理が厳しく求められている。

企業人や国家公務員として正当に仕事をして得た情報は、個人の内部で秘匿されていれば問題はないが、漏洩したり流出すると問題になる。それが高度な技術や機微技術であれば、スパイ行為と見なされ、摘発の対象となる。

外国のために非公然または非合法に行う各種の情報収集・工作活動はスパイ活動と称されるが、国家の安全保障を脅かすスパイ行為に対してはどの国も法整備を行い、厳罰で臨んでいる。

国際法（国連憲章第51条）に認められたスパイから身を守る自衛権の行使は、国の固有の権利であり、国家機密や防衛機密を守り、他国の諜報活動を防ぐための当然の行為である。

今日まで「スパイ防止法」がない日本は事実上丸裸の状態で、スパイ行為が野放し状態である。世界から〝スパイ天国〟と揶揄されているが、一向に改めようという動きはない。

現状では日本にスパイ罪はなく、スパイ行為を働いても逮捕されない。スパイ行為のし放題。これでは早晩、国家の安全を揺るがす事態に陥ることは火を見るより明らかだ。

国家における情報保全措置の一環で、政府が保有する安全保障上重要な情報として指定された情報にアクセスできる人間の審査を行う、世界では常識となっている「セキュリティ・クリアランス」でさえいまだ制度化できていないこの国のことだから、スパイ防止法の成立などいつのことやら。スパイ防止法が成立してもときすでに遅しとならないかと心配するのは私だけではないだろう。

それでは、我が国の安全保障において重要な機微技術を日本を敵視する国のために、非公然または非合法に収集・譲渡した場合や、技能を漏洩・流出させたりした場合、どんな罪に問われるのだろうか。

適用されるのは、出入国管理及び難民認定法、外国為替及び外国貿易法、旅行業法違反、窃盗罪、建造物（住居）進入などの特別法や一般刑法で、刑は軽い。これでは日本は「永遠のスパイ天国」と言われても仕方ない。

ところで、１９８５年に一度だけ、この重大犯罪であるスパイ活動に対して、日本でも法整備を求めるスパイ防止法案が国会に提出されたことがある。

しかし「憲法が保障する表現の自由に抵触する」などの理由で、国会閉会にともない廃案になった。

アメリカやイギリスなどでは、スパイ防止法が制定されているが、同時に言論の自由も保障されている。

日本は憲法の保障する表現の自由を確保しつつ、他国による諜報活動を防ぐ法律を制定し、国家の安全保障体制を早急に確立する必要がある。

38 いじめ被害者を見殺しにする偽善と加害者に甘い社会構造

日本人にとっていじめは非日常ではない。日常だ。

２０２３年10月、文部科学省が「いじめや不登校などに関する実態調査」の結果を公表している。

それによると、不登校の小中学生は過去最多の約29万９０００人。前年度比22・１％の大幅増だ。

(1)不登校の児童生徒のうち、学校内外の専門機関に相談をしていない児童生徒数が約11万４０００人。
(2)90日以上欠席している児童生徒数が約５万９０００人。
(3)小・中・高・特別支援学校におけるいじめの認知件数が約68万２０００件。
(4)うち重大事態の発生件数が９２３件。

(1)から(4)までの数字は、すべて過去最多である。なかでも(3)の「小・中・高・特別支援学校におけるいじめの認知件数」が約68万２０００件という数字は、静岡市の人口67万５０００人（２０２４年２月現在）よりも多い。

驚くべき数字だが、ニュースにならない日がないくらいいじめが多い社会状況を考えると、もはや日常の出来事なのだとも言える。

しかも、いじめの被害者は自殺や死に追い込まれるなど、その悪質さは年々深刻さを増している。

「加害者にも未来がある」

これは、２０２１年2月に発生した旭川女子中学生いじめ凍死事件で教頭が発言したと報道され、批判されたものだ。この発言の根底にあるのは、いじめ被害者を見殺しにする偽善といじめ加害者に甘いこの社会の構造だ。

旭川の女子中学生いじめ凍死事件とは、北海道旭川市の中学校でいじめ、集団性的暴行が行われ、女子中学生が死亡したとされる事件である

日本には「いじめの被害者にも問題がある」という意識や社会風潮が色濃く残っていて、被害者に厳しく、加害者は罪に問われるどころか守られる傾向がある。

となると、いじめが起きると被害者の立場がどうしても弱くなってしまう。

そこまでして、なぜ、日本社会は加害者を守るのだろうか。

じつに、不思議である。

いじめは境界線が曖昧で、認定が難しいこともあるだろう。

間違った判断をしてはいけないというリスク回避の側面もあるのだとは思うが、個人や学校、職場でも、根底にあるのは見て見ぬふりの事なかれ主義だ。それがいじめの深刻化を招いている。

中学1年生の男子生徒が、用具室に立てて置かれていたマットのなかに逆さに突っ込まれ、窒息死しているのが発見された山形マット死事件（１９９３年）、中学2年生の男子生徒が、同級生たちからのいじめを苦にして自宅マンションから飛び降り自殺した大津市中2いじめ自殺事件（２０１１年）、前述の旭川女子中学生いじめ凍死事件、20歳の新人の海上保安士が三人の上司からいじめを受けて自殺した、海上保安庁巡視船「ひさまつ」自殺事件（２０２１年）など、いじめを伝える残酷で

悲痛な報道はあとを絶たない。

日本のいじめ問題が改善しない理由はどこにあるのだろうか。

日常的に目にするテレビの番組にもいじめ問題の根が潜んでいるのではないか。

ゴールデンタイムのバラエティ番組では、出演するお笑い芸人の芸風がエスカレートして、「イジり」や「いじめ芸」の領域を逸脱して、本当にいじめているのではないかと、視聴者に錯覚や勘違いを起こさせるに足るリアリティでもって番組が展開している。

そうなると、視聴者は彼らの演じるイジりやいじめが虚構であるとは知りつつも、あおり立てられる笑いとともに、いつしかそれを〝現実〟として脳裏に刻みこむ。

視聴者が小中高の思春期層であればなおさら影響は多大だ。テレビで演じられる笑いの芸があまりにもリアルなため、現実との境界が曖昧なまま堆積し、家庭や学校で何かの拍子に表出するのであろう。

そして、一度いじめの〝快感〟を知るとお笑い芸人のようにいじめの加害者として行為を繰り返すのである。自分より弱い者に向かって。

最近は、コンプライアンス違反や炎上を恐れて、昔よりは勢いが削がれてはいるとはいうものの、イジり、いじめ芸は鉄板ネタとしていまなお健在である。そこにあるのは、現実では決して許されない強者による弱者への暴力だ。

繰り返すが、日本はいじめにおいては強者の加害者に甘く、弱者の被害者を救えず、被害者の立場は弱いままだ。

いじめはなかなか表沙汰にはならず、いじめが発覚してもよほどのことがない限り、処分が課せられない。

いじめに対して日本は〝寛容な〟社会だ。大甘で偽善的、醜悪だ。

では、海外ではどのようにいじめと向き合っているのだろうか。

韓国にはいじめには厳しい罰がある。

韓国において、学生による暴力行為への処分は1号から9号まであり、暴力の内容によってその等級が決まる。1号なら被害生徒への書面による謝罪、4号なら社会奉仕、6号で登校停止。もっとも重い9号になると退学処分となる。

同じく厳罰化が進むフランスでは、学校のいじめを「犯罪」とする法律が新たに施行された。フランスでは、法律でいじめの加害者を強制的に転校させることができる。

それだけではない。

いじめによって被害者が八日間以上登校できなかった場合は加害者に最大5年の禁錮刑、または罰金が求められる。さらに、被害者が自殺または自殺未遂をしてしまった場合、加害者には最大で10年の禁錮刑が科される可能性もある。

イギリスもフランス同様にいじめが多いが、いじめに関する法律を定め、加害者に厳しい処分を下している。

諸外国に共通するのは「いじめた側に問題がある」として加害者に転校やカウンセリングを受ける

ことを強制する処分を下している点だ。

日本は真逆だ。

いじめの加害者ではなく、被害者が転校を余儀なくされるなど、被害者の立場がいまだに弱い。

文部科学省の委託を受けて、公益社団法人子どもの発達科学研究所は2022年度「問題行動・不登校調査」を実施した。

それによると、いじめ被害があったことに対して、それがいじめであるかどうかについての認識に、不登校を経験した小中高生と担任教諭らとの間に大きな差があることがわかった。

学校サイドが子供のいじめの状況を十分に把握できていない実態が浮かび上がる。

同研究所によると、日本と比べ欧米ではいじめ対策やいじめの研究が進んでいる。アメリカでは学校で銃乱射事件が起こるなど校内暴力が深刻であるが、その根底には生徒たちのいじめの問題が隠れているとされている。そのため、いじめについての予防策や対策の研究がなされてきた。

現在、欧米におけるいじめの研究で主流となっている領域は「インターネット」「LGBTQ」「職場」だ。「学校で行われるいじめ」に関しては、一定程度、研究とエビデンス（科学的根拠）に基づいた対応が進んでいることもあり、確実にいじめの減っている国が多い。

日本は学校でのいじめが減るどころか、増えている特異な国のひとつだ。

先進国のなかでも、いじめに対する日本の教育現場や政府の対応の遅れが際立つ。欧米の研究成果に学び、エビデンスに基づいた対応を一刻も早く取り入れるべきだ。

国立教育政策研究所の「いじめ追跡調査２０１６‐２０１８」によれば、小学４～６年生と中学１～３年生のそれぞれ３年間に、「仲間はずれ・無視・陰口」といったいじめ被害を７～８割の子供が経験している。そればかりか、加害も６～７割が経験しているという。

いじめの被害者は加害者でもある、という二重構造がいじめ問題を難しいものにしている。

最近はＳＮＳやネットによりいじめはさらに多様化、複雑化している。一元的な見方では、いじめ問題は一向に解決しないだろう。かといって、いじめ問題を放置しておいていいわけがない。

複雑巧妙化し、表面化しにくくなっているいじめ。いじめは当たり前に起きる。いじめをなくそうとするから、隠蔽も起きる。いじめをなくそうではなく、いじめは起こる前提で対策をしなければならない。

欧米では、学校や職場は日本のような集団主義はとっていない。これらの国々では、濃淡はあるが学校や職場において個人主義が徹底しており、他者との距離も守られている。

しかし日本では、学校や職場は集団主義で運営がなされている。そこでは個人は集団よりも優先されない。

そのため、自己主張をせず自分の意見を集団の意見に合わせること、周囲の空気を読むことが暗黙のうちに求められる。自分が異質な存在と見られることを忌避し、目立つことは自分にとって得にはならないと考え、それよりは沈黙のほうを選ぶ傾向がある。

その集団の空間でいじめが発生すると、ＳＮＳなどを介して、周りの大人も気づかない間に進行する。

「集団の空気を乱す行為は悪である」

という日本全体に蔓延《まんえん》する社会意識のなかで、いじめ被害に遭った子供たちは集団に馴染めないと自分を恥じ、そういう自分に嫌悪感や罪悪感を抱くようにすらなる。いじめの加害者は場の中心にいるので罪悪感を抱かず、いつまでたってもいじめはなくならない。

そんななか、ネットでの誹謗中傷が侮辱罪として厳罰化されたのは、ひとつの抑止力になると思う。いじめ加害者の処分厳罰化とともに、加害者をつくらないために何ができるのかを考えなければならない。

いじめは社会のあり方に強く影響を受ける。学校や職場だけの問題ではなく、いじめは社会全体の問題として捉えるべきだ。

39 日出ずる国の高齢者、70歳を過ぎても深夜労働のジレンマ

あなたは何歳まで働くつもりですか。

「70歳以上」と答えた人が39％。

自分の将来のどのようなことに不安を感じますか。

「生活資金など経済面」が最多で70％に上った。過去5年間の調査では「健康」がトップだったが、今回、入れ替わった。

これは6年前から日本経済新聞社が毎年行っている、「働き方・社会保障に関する郵送による世論調査」の調査結果を伝える最新の記事（2024年2月19日付）の内容の一部だ。

「老後は年金だけで暮らしたい」と誰もが思うもの。

しかし、ひと月あたりわずか数万の年金では現実は厳しく、貯蓄を取り崩すことになる。それも底をつくと、家賃や電気代、食料や生活雑貨の値上がりなどもあり、高齢者はとても暮らしていけない。生き延びるためにはやむを得ず、晩年も仕事を続ける必要がある。病気を押してでも働く以外に、選択肢はない。

日本では65歳以上の高齢者のうち4分の1が肉体労働を強いられている。

老体にむち打って働かざるを得ない、厳しい現実がある。

では、高齢者の働き口はというと、若者の働き手が背を向けがちな、深夜労働（夜勤）に従事するケースが多い。

深夜、高齢者が警備員の制服に袖を通し、道路を行き交う人たちのために夜通し交通整理をしている。警備会社も人手不足を補うために、高齢者の弱視や動きの鈍さには目をつぶらなければいけないのが現実なのだ。

また深夜の駅前では、高齢のタクシー運転手が帰宅客を待ち、雑居ビルでは清掃員、工場では作業員、コンビニでは店員など、高齢者が黙々と勤務している。

「労働基準法」第三七条で、深夜労働の時間帯は「午後10時から午前5時」と定められている。その時間帯の業務で、メリットとしては比較的給料が高いことが挙げられる。

深夜の労働時間帯だと、通常よりも25％高い割増賃金を得ることができる。

夜勤は、短い勤務時間でも高齢者が良い収入が見込める仕事と言える。

しかし、高齢者に限らないが、夜勤で働くデメリットも当然ながらある。

夜勤は、通常は寝ている時間に仕事を行うため、慣れないうちは体内時計が狂い、体調を崩す恐れがある。生活パターンの逆転が起き、生活リズムが崩れやすい。生活リズムが崩れると体調も崩しやすくなってしまう。体調を崩さないように、独自にリズムを整えて規則正しい生活を心掛ける必要がある。

休息についても、夜勤は日中の仕事とは異なるリズムであり、夜勤の休憩時間のみでは休息は十分ではない。十分な休息を取らずに通常の日中と同じような生活をしてしまうと、免疫力が弱くなり体調を崩しやすくなる。

1975年、日本の65歳以上の割合は8%ほどで、OECD（経済協力開発機構）加盟国のなかで、もっとも若い世代が多い国だった。

しかし、現在では65歳以上の人口が27%まで増え、このまま高齢化が進めば2050年には41%になると予想されている。

高齢化率が高くなると、現役世代（15〜64歳）の負担は大きくなる。高齢者ひとりを支える現役世代の人数は1950年には一二・一人だった。それが2023年ではふたり、2050年に至っては一・三人になる計算だ。

世界でも類を見ないスピードで進行している日本の高齢化は、2025年には五人にひとりが75歳以上になる超高齢化社会を迎える。高齢化は加速し、寿命は延びつづける一方だ。

「高齢化のスピード」に「高齢者率の高さ」が加わることで、さまざまな問題が噴出することが予測されている。

それが「2025年問題」だ。

2025年には三人にひとりが65歳以上の高齢者になる。以降、2040年までは高齢者の数が増加しつづけていくと予想される。

これからの社会は、若者は減少し、高齢者は激増する。

実際、加速化する少子高齢化で年金は目減りし、年金を当てにできず、冒頭のように70歳を過ぎても深夜労働を余儀なくされる時代が到来したというわけだ。

「日本では、70歳を超えると、深夜の肉体労働かホームレス、刑務所行きかだ」と海外では超高齢化社会の日本を揶揄する声が聞かれるようになった。

金銭的に余裕のある高齢者は老人ホームに入居するが、生活難、生活苦から自ら命を絶つ高齢者、孤独死する道を選ぶ高齢者もいる。

日本では、自殺者総数の3分の1にあたる1万人が60歳以上で、発見されるまでに数週間から数ヶ月かかるケースが毎年見られている。孤独死だ。

また、生活が破綻し、ホームレスになる高齢者もいる。

なかには、わざと軽犯罪を犯して刑務所行きを選ぶ高齢者もいる。

現在、どこの刑務所でも、腰が曲がり手すりを使いながら歩いていたり、足を引きずりながら構内を行き交う受刑者が多く見られる。車椅子を必要とする高齢の受刑者もいる。

２０１３年からずっと老人の犯罪数は若者の犯罪数を上回っている。

警察は、高齢者の一部は貧困から逃れるために犯罪に走っている可能性が高いと見ている。刑務所では、朝昼晩と食事が与えられ、建物のなかで雨風を凌ぎ休むことができ、世話をしてもらえる。それが目的で軽度の犯罪を実行して刑務所に入ろうとする高齢者があとを絶たない。

いまや、ひとつの企業で定年まで働きつづける人は少数派だ。そのため、すでに触れた通り、定年後に支給される年金額も、大半の高齢者にとっては安心した老後を過ごすには十分とは言えない。

そんな現実に、政府は高齢者雇用を後押ししている。

70歳までの定年延長、就業機会の確保を企業の努力義務とする「改正高年齢者雇用安定法」を２０２１年に施行した。

厚生労働省の２０２３年調査によると、定年制を廃止したり定年を65歳以上に設定したりする企業の比率は30・８％を占めた。

経済協力開発機構（ＯＥＣＤ）も２０２４年１月、企業の定年の廃止や就労控えを招く税制の見直しで、高齢者や女性の雇用を促すよう訴えた。

では、もらえる年金額は日本は外国と比べてどのような水準にあるのだろうか。

日本の場合、20歳から60歳になるまでの40年間の保険料をすべて納めると、老齢基礎年金（国民年金による老齢年金）の場合、満額で79万５０００円（年額）受け取ることができる。

日本と同様、高齢化のスピードが加速しているフランスも、総人口における65歳以上の人口の割合が２０２１年時点では21・０％となり、「超高齢化社会」は目の前である。

日本同様、昨今では高齢者や単身者の孤立や孤立死が問題となっている。

しかし、フランスでは最低年金額が設定され、全国民に月額約１１００ユーロ（２０２４年４月現在のレートで約18万円）が保障されている。

日本とフランスは高齢化社会の進行という同じ問題を抱えているが、フランスにおける高齢者の生活スタイルは、日本のそれとは少し異なっている。

日本では定年退職後も日々の生活を維持するために働きつづける人が少なくないが、フランスでは60歳になると多くの人がリタイア（退職）して、それぞれの趣味や関心のある活動に積極的に参加して自由な時間を楽しんでいる。

退職後に何かしらのボランティア活動をする人が多い。

フランスでは高齢者を社会的弱者ととらえるのではなく、人生の偉大な先輩、そして社会を変える力を持つ存在として敬重している。

それも、最低年金額が設定されているのが大きいのではないか。

多くの高齢者が、自主性・自立性を保ち、自分の生活を自分でコントロールしたいと考えている。

一概に比較はできないとはいえ、日本とフランス、どちらが安心の老後を過ごせるだろうか。

賛否あるだろうが、日本もフランス程度に最低年金額が設定されると、老後の生活に変化が生まれ、孤立死の問題も減じるのではないか。国会で議論が必要な時期に来ているのかもしれない。

GDPでドイツに抜かれ、世界第四位になった日本だが、まだまだ経済大国である。その日本の高齢者問題が深刻化している原因のひとつは、古き良き日本の伝統と言える「同じ屋根の下で親と子供がともに暮らす」という生活スタイルが、完全に崩れたことにある。

戦後の経済成長とともに、東京や大阪など都市部に集中した若者の世代が核家族を形成し、いまや高齢者となった。その子供たちもまた親の元を離れ、核家族となっている。

さらに現在、核家族以上に伸びが大きいのがひとり暮らし、つまり単独世帯だ。厚生労働省の調べによると、1960年には300万世帯しかなかった単独世帯は、2022年には約1785万世帯、全体の32・9%を占める。

核家族とひとり暮らし世帯の増加により、かつて高齢の親を支えてきた家族の機能は、すでに失われてしまった。

また、過疎化により昔ながらの近所づきあいが希薄化するなど、かつて地域が担ってきた機能は、地方においても都市部と同様、低下しているのが現実だ。

個人主義の進んだ現代日本では、子供の世代が高齢の親世代を支える余裕はない。

そのため日本の高齢者は都市部でも地方でも孤独で孤立し、年を重ねてもなお、生きるために働きつづけなくてはならない。

かたや、少子高齢化で介護人材などの労働力不足にあえぐ日本は、中東や東アジアの国々から労働者を受け入れている。それらの国は出生率も高く、人々の家族主義は強い。

このままでは、日本の国力は衰退する。

労働の肩代わりを担ってもらおうと容易に受け入れると、日本国内の外国人の人口が増えつづける。そして日本の文化や生活スタイルに溶け込もうとしない人々が、日本に独自の文化や伝統を持ち込み、築きあげるからである。

高齢者の深夜労働は、日本の福祉政策の不備であり、国力の衰退の象徴として図らずも世界に提示されている。

日本への侵略をひそかに狙う国々は、数十年後の滅びゆく日本を見据えている。

それをさせないためにまずは、高齢者が深夜の労働をしなくても済むよう、貧困の問題を解決すべきである。具体的には、無年金者や年金の少ない高齢者については、財源の問題はあるが、フランスのように一定額の年金を支給するのも一考である。そのうえで、希望者には労働の従事を認めるなど、現実に沿った制度改革が必要だ。

　高齢者への支援策は、高齢者を支える現役世代の貧困の連鎖も食い止めることにも結果的にはなる。なぜなら、高齢者が豊かに暮らす姿は、現役世代の未来の希望につながるからである。

40 長時間労働を美徳とする文化が過労死を生む

〈1日20時間とか会社にいるともはや何のために生きてるのか分からなくなって笑けてくるな〉（原文ママ）

2015年、大手広告代理店勤務の24歳女性がこのようにツイッターにつぶやいて飛び降り自殺した。この過労死事件は社会に衝撃を与え、海外メディアでも大きく報じられた。

女性は、「一日2時間睡眠、週10時間睡眠」など、常軌を逸した勤務を繰り返した挙げ句、精神的にも肉体的にも追いつめられていった。

最高裁は2000年、女性が長時間労働からうつ病となり自殺したのは、勤務先に責任があるとの判断を下した。

この痛ましい事件は、長時間労働とそれにともなう睡眠不足が、健康障害を引き起こし、いかに危険であるか、警鐘を鳴らしている。

日本人の成人の五人にひとりが睡眠の悩みを抱えているという。

平均睡眠時間は6時間18分と先進国で最低レベルの〝寝不足大国〟だ。だが、その平均睡眠時間さえ、長い労働時間の悪影響を受け、満足に確保できない人もいる。

長時間労働のしわ寄せが命を蝕《むしば》む。長時間労働は日本を代表する社会問題のひとつで、「過労死(karoshi)」という単語は英語でも定着している。

日本では、次の2種類を過労死と正式に認めている。

過労を原因とする心血管疾患による死亡と、仕事が原因の精神的ストレスによる自殺だ。

長時間労働による自殺や健康障害を防止するため、厚生労働省は実際の時間外労働時間を月45時間以内にすることを提唱している。

だが、実際の時間外労働の限度は雇い主と労働組合の裁量に任されていて、現行法では月45時間の上限を超える水準で時間外労働を設定することも可能だ。その抜け穴を使って、企業は社員、とくに新入社員に対し、過度の時間外労働をしばしば強要する。

政府は2023年、初となる「過労死等防止対策白書」を公表した。それによると、調査対象1743社の約23%が、過去1年間で月80時間以上の残業をした社員がいたと回答した。

また、全国の労働局も違法な長時間労働放置を繰り返す企業の摘発に乗り出したが、まだまだ長時間労働が根強くはびこっているのが現状という。

ある報道番組で取り上げられた、入職5年目の官僚の例を見てみよう。

仕事を終えて毎日午前2時半に就寝し、午前6時には起床、わずか3時間半の睡眠時間だ。

寝不足は心筋梗塞、脳卒中、うつ病・自殺等のリスクを高める。自治医科大学のデータによれば、6時間未満の睡眠時間は、7〜8時間の人に比して、死亡率が2・4倍高くなるという。3時間半の睡眠時間となれば、その死亡リスクはとんでもなく高いだろう。

この官僚のある月の残業時間は120時間。平均しても100時間を超える。1ヶ月に100時間の残業が続くのは、「過労死ライン」と呼ばれる。

新型コロナ下、多忙を極めた内閣官房の対策推進室では、残業が月378時間に上った職員もいた。

かくいう私も、霞ヶ関では同様な働き方をしていた。

約26年間勤務した外務省時代、もっとも苛酷な労働環境だったのは、2004年から2008年まで、中東第二課でイラク班長を務めていた時期だ。

2003年のイラク戦争勃発後、日本はイラクの復興支援のためにイラク南部にある都市サマーワに自衛隊を派遣した。1991年の湾岸戦争で、日本は金だけ出して人は出さない〝小切手外交〟と揶揄された反省からだ。ただし当時、自衛隊を海外に派遣する恒久法はなく、「イラク特措法」と呼ばれる法律を急遽制定し、その枠組みで自衛隊は「非戦闘地域」には派遣できることにした。

国会では、自衛隊の派遣に反対する野党から連日50問程度の質問が、私が所属する中東第二課に集中して出された。

それら国会答弁を作成するために私は、連日朝5時ごろまで働き、その後2時間くらい外務省の仮眠室で寝て、朝7時からの大臣勉強会に備えるという日々を送った。

完徹の日もあったと記憶している。

正直、先述の官僚の比ではないほど、働いた。

それでも当時は国家公務員としての誇りとやりがいを感じることができる時代で、また30代前半と若かった私は、長時間労働を苦にすることもなく、走り抜けることができた。

しかし、いまや政治主導、官邸主導などで国家公務員がそのしもべとなり下がり、何かと国家公務員自身バッシングを受ける。そのため、国、そして人々の生活を支える存在として、国民のために国の予算を有効に運用し、暮らしやすい社会づくりに貢献するという本来の使命が失われつつある。

やりがいが失われ、徒労感だけが残り、それが精神的にも大きな影響を与えて、「過労死」によりつながりやすくなっているのではないだろうか。

では、なぜ国家公務員にはそのような働き方が許されるのか。

そのカラクリは、こうだ。

官僚、つまり国家公務員は民間企業と異なり、「労働基準法」が適用されないのだ。

残業時間は人事院規則で決められ、月100時間、年720時間が上限だが、重要法案の作成などの特別業務があれば残業時間は無制限になる。

精神・行動障害による国家公務員の長期病休者は2021年度に4760人と、この20年で倍増した。さらに亡くなった人のうち、公務災害、いわゆる労災と認定されたのは、2016年度と2017年度の2年間に七人。自殺者も四人含まれている。

この話は官僚に限らない。ありとあらゆる業種、職業で、労働者の長時間労働、睡眠不足、過労死の問題が起こっており、メディアでとりあげられているのは氷山の一角だ。

睡眠と長時間労働は密接に関係する。

長時間労働は睡眠不足を招き、睡眠不足が続くと、集中力や認知機能、運動機能が落ちていく。2週間の睡眠不足は二日間の徹夜に匹敵するという。また、睡眠不足は産業事故のリスクを約8倍高めるとも言われている。

なぜ、長時間労働はなくならないのか。

戦後、高度経済成長とともに、勤労と自己犠牲の精神は長らく日本人のなかに根付いてきた。日本の会社員の長時間労働の理由のひとつは、終身雇用にある。日本はいまだ社員を定年まで雇うのが原則だ。売り上げが落ち、仕事が減っても、解雇されるケースは少ない。アメリカでは受注が増えれば社員を増やし、受注が減れば社員を減らすのが普通だが、日本ではいまいる社員の労働時間を増やしたり減らしたりして対応している。最近の景気回復と人手不足を受け、正社員は残業して仕事をこなしている。転職の機会が乏しいため、会社に無理に働かされても簡単には仕事を辞められない。

また、ヨーロッパでは長い時間働く人は生産性が低いと見られるが、日本は生産性よりも働く時間が長い人が評価される風土がいまだに残っている。

内閣府の調べでは、日本では一日12時間以上働く人の5割超が、「上司は残業する部下を評価するはずだ」と考えている。

それだけではない。日本は社員ごとの業務の範囲が曖昧なため、生産性が高い人に仕事が集まりやすいという面もある。

自分の仕事が終われば帰宅できる欧米とは違い、日本はチームで仕事を進める。優秀な人が長い時間働いて仕事をこなし、結果的に昇進するという側面は否めない。

『ワシントン・ポスト』紙は〈日本人は本当に死ぬほど働いているのか？〉という見出しで記事を掲載した。

過労死で自殺した日本人のケースを紹介し、アメリカでは家族と一緒に過ごす時間をつくるために生産的に働くことが重要視されているが、〈日本語にはワーク・ライフ・バランスという言葉は存在しない（引用者注：新聞記事掲載当時）。しかし働きすぎて死ぬKaroshiという言葉は存在する。〉と指摘し、アメリカとの違いを強調した。

『ワシントン・ポスト』紙のみならず、海外メディアが日本の過労死について報じるとき、英語には「過労死」に匹敵する言葉が存在しないためか、Karoshiと書いたあとに〈働きすぎで死ぬこと〉との説明を追記しているケースが目立つ。

それほど、欧米で過労死は珍しく、日本の「働きすぎ文化」が異質に映るのだ。

長時間労働などによる、労働者の睡眠不足や過労の問題は、大きな経済損失を日本に与え、国力を蝕んでいる。「睡眠不足で日本のGDP（国内総生産）は2・9％損なわれている可能性があり、最大で15兆円」という、アメリカのランド研究所による推計は有名だ。


欧米では、長時間労働の問題に対し、どのように政府が取り組んでいるのか。

EUは退社から翌日の出社まで11時間空ける勤務間インターバル制度を企業に義務付けている。

アメリカは時間外労働の割増賃金を通常の1・5倍に設定し、通常業務時間内で仕事を終わらせたほうが経営に有利な仕組みを導入している。

名目GDPで日本を追い抜いたドイツの例を見てみよう。

公益財団法人「日本生産性本部」によると、2022年の就業1時間あたりに産み出す国の付加価値値を示す「労働生産性」は、ドイツが日本に比べ約7割も高い。人口は約８４５０万人と日本の３分の2だが、日本を追い抜いたのはこうした生産性の高さにも理由がある。

ドイツは日本に比べて労働時間が短い。

経済協力開発機構（ＯＥＣＤ）の２０２０年の調査では、週50時間以上働く労働者の割合は日本が15・７％に対し、ドイツは３・９％と４分の１だ。

ドイツの労働時間が短い背景には、日本に比べ残業が厳しく規制され、前述のＥＵの勤務間インターバル制度もある。日本では法律で定められている残業への割増賃金の支払いもドイツにはなく、従業員も残業のメリットは感じにくい。

また、日本の新卒一括採用と異なり、ドイツでは職務を明確に決めて雇用契約を結ぶ「ジョブ型雇用」が一般的だ。ジョブ型では自分に与えられた仕事が終われば帰る。日本のように仕事が終わったのに、同じ部署の人の仕事が終わるのを待つということはまずない。だらだらと働かざるを得ない日本とは雇用形態のうえからも異なるのだ。

ドイツでは法律で、日・祝日は薬局など一部例外を除いて営業が制限され、スーパーマーケットも含めてほとんどの店舗が開いていない。日本のような24時間営業のコンビニもほぼ見かけない。消費者には不便だが、社会全体で労働と休みのメリハリをつけている。

長時間労働を美徳とする日本の職場環境を変えるには、こうした欧米の取り組みに学び、企業の行動を変容させる仕組みづくりに政府が本腰を入れて取り組まなくてはならない。

41 外国人労働者82万人受け入れ。多国籍社会への光と影

２０２３年7月、埼玉県川口市で病院に１００人近くの外国人が集結した騒動が発端となり「川口クルド問題」として、トルコから来たクルド人たちと地元住民との軋轢《あつれき》がクローズアップされる事態となった。

同市ではいま、拡大するクルド人のコミュニティのゴミ出しから一部では犯罪行為まで、日本社会の生活習慣やルールを尊重しないふるまいが問題視されている。

そんななか、人手不足解消のため、政府は２０２４年度から5年間で最大82万人の外国人労働者を受け入れる。大阪の堺市とほぼ同人口の外国人労働者を日本に受け入れることには、光と影がある。

光の部分は、当然ながら労働者不足の解消だ。

「最大82万人」は、２０１９年の特定技能制度導入時に設定した5年間の受け入れ見込み人数の2倍以上で、深刻化する人手不足を解消するため、外国人労働者に依存する傾向がさらに強まる。

特定技能外国人を含む外国人労働者は２０２３年10月時点で２００万人を突破し、11年連続で過去最多を更新している。

特定技能とは何か。

特定技能は人手が不足する分野で外国人労働者を受け入れる在留資格で、在留期間が通算5年の「1号」と、熟練した技能が求められ、家族帯同で無期限就労が可能な「2号」がある。

特定技能1号には、特例で無期限就労が可能になることもある「介護」を含め、現行の「建設」

「農業」など全12分野がある。さらに２０２４年3月、政府は4分野を追加することを決定した。

追加されるのは「林業」「木材産業」と、バス、タクシー、トラックの運転手として働く「自動車運送業」、運転士、車掌、鉄道関連の技術者らの受け入れを想定する「鉄道」。これらの人命をあずかる職種も対象となる。

政府は昨年２０２３年8月、特定技能2号の対象についても、1号に合わせる形で2分野から11分野に拡大した。

外国人労働者の受け入れ企業は、日本語研修や教育訓練の実施が求められる。

また、外国人労働者の配偶者や子供への生活支援が社会的な課題となる。公的機関でも多言語対応や、児童生徒への日本語研修や母語が外国語の者への教育の整備を加速する必要がある。

外国人労働者の受け入れ拡大は人手不足解消になるにしても、言葉の壁や文化の違いだけでなく、受け入れ企業側の認識不足によってすでにさまざまな問題が発生していて、法律なども含め問題は山積みだ。

とくに問題視されているのは次の3点だ。

⑴長時間労働を強いる企業

外国人労働者であっても日本で働く以上、労働基準法を遵守しなければならない。

しかし、日本語が得意でなかったり、日本の法律に詳しくなかったりする外国人労働者は多く、不当な長時間労働を強いられているケースは少なくない。実際に技能実習生を受け入れる企業の違反事項でもっとも多いのが不当な長時間労働の問題だ。

⑵安い労働力で使い捨て

技能実習生で問題視されているのが、低賃金の問題だ。

本来、技能実習は「外国人に日本の技術を学んでもらい、母国で生かしてもらおう」という制度だ。しかし、人材不足が著しい業界では、技能実習生が主要な労働力を担っている現場が多い。加えて「安い労働力で任意で解雇できる」という間違った認識がなされているようだ。

この背景には、技能実習生を受け入れるために発生する、監理団体への支払いや採用のための費用など、技能実習生ひとりにかける人件費がかかり、賃金を上げにくい実情もあるようだ。

⑶劣悪な労働環境

外国人労働者は、日本の職場において弱い立場に置かれるケースが少なくない。

本来はそのようなことはあってはならないが、日本語の習熟度が低く、専門的な技能を持たない外国人労働者は、景気後退期などには解雇の対象になりやすく、再就職も容易ではない。

このような状況を悪用し、外国人労働者に対して、危険で不衛生な労働を押し付けたり、不合理な労働条件を承諾させたりする企業があとを絶たない。

労災隠しや割増賃金の未払いなど、現在判明しているよりもさらに多くの問題が存在しているものと思われる。

ただ、このようにさまざまな問題点が指摘されているとはいえ、人手不足の解消は喫緊の課題だ。

そんな企業にとって、ハングリー精神や向上心がある勤勉で優秀な若い外国人労働者の確保は、プラスの材料と言える。

また、企業が海外に販路を広げようとするとき、現地に詳しい外国人労働者が社内にいれば、海外進出に向けての足がかりとなる。というのは、現地の習慣・法律・言語の違いが大きなハードルとなるからだ。


一方で政府が進める82万人の外国人労働者の受け入れには、冒頭の「クルド人問題」のように〝影〟の部分もある。

まず、国民のなかに大量の外国人受け入れに対する漠然とした不安があることだ。現在、在日外国人は約３２０万人。

国は欧米並みに在留外国人が人口の１割を超える時期を２０６７年ごろと想定しているが、それより10年ほど早まるペースだ。

いまの子供たちが働き盛りになるころには、日本は本格的な多国籍社会となる。

82万人で止めるか、さらに受け入れを続けるか。

これまで生活してきた生活環境、文化、宗教観の違いも大きい。

また、外国人労働者による犯罪に対する法律の整備も火急に行うべき課題だ。

外国人労働者と帯同するその家族は、それらに関して日本社会とどう折り合いをつけるか。

「郷に入りては郷に従え」の精神をどこまで持てるか。

外国人労働者とその家族が日本社会に根を下ろせば、２０００年続いた島国の日本の国体を変化させないとも限らない。

大量の移民を受け入れた末、欧米ではいま、日本とは真逆の移民排除に舵を切っている。岸田政権のとった82万人の外国人労働者受け入れ政策が日本社会に及ぼす影響を市民レベルでも注視し、メディアも逐次、報じなくてはならない。

82万人のなかには今後、冒頭の川口市のように不法行為をする外国人が出てこないとは限らない。そのような場合、不法行為を見逃さず、取り締まり、住民の不安を解消し、治安を維持するべく、地方自治体に丸投げではなく、国がきちんと対処をするべきである。

外国人を受け入れる際に留意すべきは、あくまでも不法行為をする外国人の居住・労働であって、特定の民族を排斥対象とすることはあってはならない。

国が外国人の不法行為の取り締まりを強化することは、外国人への恐怖や偏見を軽減し、今後、避けることのできない「外国人との共生社会」を実現するための唯一の方法だろう。

42 日本を棄てて海外に永住する日本人女性たち

〈日々上昇を続ける物価、仕事ばかりの毎日、給与も上がらない。そんな日本の〝普通〟にうんざりして、海外に活路を見出す人が増えている。〉

フランスの『ル・モンド』紙は、このように日本を〝見棄てる〟人々の姿を伝えている。

〈仕事の都合を考慮して有給休暇を取れない、上司より先には退勤しづらい。日本のそんな時代遅れな習慣にしばられずに、別の場所で未来を描きたい。そんな日本人女性は少なくない。〉と。

外務省は、１９８９年から「３ヶ月以上海外に在留している日本人の在留届出数」などをもとに、「海外在留邦人数」を公表している。

それによると、「海外への永住者」は、２０２３年度は57万４７２７人と過去最高を記録した。男女比は、男性21万６３９７人、女性35万８３３０人と、女性が圧倒的に多く、しかも毎年、女性の永住者は増えつづけている。

法務省によると、２０２２年10月１日の時点で海外に住む日本人は約１３０万人だ。

海外在留邦人は「長期滞在者」と「海外永住者」に二分される。

海外在留邦人の過半数を占める「長期滞在者」は、留学やワーキングホリデー、ビジネス等を目的として、「海外での生活は一時的なもので、いずれ日本に戻るつもりの邦人」と定義されている。

在留先はアジア諸国が多い。

一方「海外永住者」とは、その名称の通り、当地での「永住」権を取得するなど、生活の本拠を我が国から海外へ移した人々だ。

永住先は「長期滞在者」と異なり、アメリカやヨーロッパ諸国が多いのが特徴だ。海外での永住権を取得するには、一定の猶予期間が必要になるため、初めは留学やワーキングホリデー、あるいは海外での駐在など、長期滞在を経験する人が多い。

とくに、女性はそのまま当地でパートナーと出会い、永住に移行する人々も少なくない。永住するからには、彼女たちを日本から押し出す、何らかのプッシュ要因が強く働いているはずだ。

それは何か？

人口動態のなかでも、人口移動は歴史的にも何らかの強い意図や動機がなければ、絶対に起こり得ない。

外国という異なる世界に飛び込もうとする際、誰もが言語や生活習慣等への不安を感じる。

さらに近年では、日本経済の凋落と円安などのために、海外に出るための金銭面でのハードルが急激に上がっており、最初の一歩を踏み出すのが、かつてより難しくなっている。

しかし、そのハンディをものともせずに、日本人の海外移住者（永住者）は年々、増加しているというのだ。

世界一長寿である日本の女性は、自らの長い人生を見据えたとき、希望と現実の距離の開きに、不満や不安を覚えている。彼女たちにとって、日本は明るい未来を展望できるような、希望の持てる国ではなく、生き辛さを感じる国なのだ。

そうなると、「日本がダメなら海外で」と考える人が出てきても、不思議ではない。実際に、賃金や労働環境、社会の多様性、寛容さといった面で、日本よりもアメリカやオーストラリア、ヨーロッパに魅力を感じる人が徐々に増えている。

彼らは、「はじめに」で触れた「海外に目を向けない若者たち」とは異なり、根底には未来を描けない日本社会に対しての諦念や絶望がある。

海外に目を向けない若者も深刻ではあるが、日本に見切りをつけている若者が一定数いて、増えつづけている現実はより深刻である。

なぜ、彼女たちは日本を離れて（棄てて）海外に移住、永住するのだろうか。日本を生き辛いと感じる具体的な要因は何だろうか。

海外移住の理由の筆頭は、おそらく経済的な理由からである。

日本では1980年代終わりにバブルが崩壊した後、非正規雇用が加速的に増加し、1990年代以降、給与水準が停滞している。

さらに2022年には、ユーロやドルに対する円の価格が大きく下落。まだ世界第四位の経済大国であるとはいえ、格下げ感はますます強まった。

そしていま、歴史的な円安が起きている。円安の影響が物価に波及しているのに加え、労働者の実質所得は長期にわたりいっこうに上がる兆しはない。限られた所得で生活するために、生活を切りつめ、安い食料や生活用品を求める人々の需要に合わせて、安価な商品が市場に出回る、という悪循環が形成されている。

今日、日本人の平均収入はドルに換算すると、韓国、イタリア、フランスよりも低い。

経済協力開発機構（ＯＥＣＤ）によると、２０２１年の日本の平均年収は3万９７１１ドル（約５４０万円）で、加盟国38ヶ国中24位。７万４７３８ドル（約１０００万円）のアメリカと大きく差が開いている。

国税庁の「民間給与実態統計調査」でも、日本において民間企業で働く人の２０２１年の平均年収は４４３万３０００円で、これはＯＥＣＤの平均給与5万１６０７ドル（約７２２万円）と比べてかなり低い。

収入の問題と並んで、より良いワーク・ライフ・バランスを可能にする海外の労働条件も、移住を目指す一因だ。

日本の企業では、平日の仕事終わりの夕方や週末、そして有給休暇を必ずしも享受できるとは限らない。週40時間という所定労働時間の制限はあるが、多くの場合、かなりの〝サービス残業〟をともなっている。

有給休暇を利用する権利があったとしてもなきが如しで、従業員がその半分以上の日数を取得することは滅多にない。

出産後の1年間の育児休暇はさらに取りづらい。女性にとって妊娠は、キャリアの終わりを意味する場合も珍しくない。

男女平等の達成度が低く、ジェンダー後進国とも言われる現在の日本では、たとえ能力で男性より秀でていたとしても、勤務先の企業で女性が得られる可能性は依然として限定的だ。とくに総合職で働く女性が子育てをしながら、男性と同じように働き、会社で評価されるのは日本では難しい。

さらに、核家族での子育てと仕事の両立で、どうしても負担は女性のほうが多い。子育てをしながらの勤務にはさまざまな困難があり、両立ができなくなり、やむなく会社を辞めざるを得ないケースが多々ある。

それまで積み上げてきたキャリアを捨て、働くことをあきらめざるを得ない女性を待っているのは、家事全般をこなし、子供や高齢者の親の面倒を見るという専業主婦だ。専業主婦に憧れる女性は少なくないが、それも夫の給料次第で、大半は子育てをしながらパートタイムに従事することになる。そこにあるのは、日々の家庭生活に追われ、子供の未来に夢を託すだけの、息の詰まるような日常だ。

そのような女性の姿を間近で見聞きしたり、また自らも経験している若い女性たちは、日本での将来に夢を持てず、海外移住を決意する。

さらにその心の奥深いところには、かつての家父長制由来の性差別的かつ男尊女卑的な鬱屈した日本の風土に我慢ならない側面もあり、それとの決別の覚悟を持って旅立つのだ。

今後も、日本を見捨てる女性の海外移住は続くと思われ、それは日本の少子化と人口減少に拍車をかけることにつながっている。

日本を離れた女性が海外に行くと、高い給与水準や、成果主義で成果に見合った報酬を得やすいことから、日本よりも豊かな生活を送れる場合もあるだろう。しかし、オーストラリアでは、6割超の日本人の若者が最低賃金以下で働いているという調査結果もある。

さらに、病気や離婚、失業など想定外の事態をきっかけに、貧困やトラブルなど、さまざまな困難に巻き込まれるケースもある。

極端な話、悪意のある国のスパイにさせられたり、犯罪に巻き込まれることがないとは言えない。

また、日本人が日本を離れる理由は、日本の国際的地位を低下させている。彼らが捨てるほど、日本は魅力のない国、女性や若者が輝けない国であるのだと、海外の人々の目には映るのだ。

社会が大きく変わらない限り、新たな社会をつくっていかない限り、日本を見捨てる人々、若い女性の海外移住は止まらず、日本に住む日本人の数が減少し、取って代わって移民の国となる運命を辿るかもしれない。

しかし、海外移住希望者を減らせる望みはある。

そのためには、日本社会が若者や女性の働く環境のさらなる改善や、育児支援などの政策を推進する必要がある。

また、日本政府は海外にいる日本人の保護とともに、一度流出した人材が海外から戻ってくる「人材循環」や、研究者、技術者などの知的労働者が自由に移動・交流・協働する「頭脳循環」の整備を促す政策を強化するべきだ。

幅広い分野で高いスキルを持つ人材が中長期で日本に戻って働いたり、ビジネスをしたりできる仕組みが求められる。

現在、日本では二重国籍は認められていないが、多くの国では、海外に流出した自国民の帰国を促そうと二重国籍を認めている。

実際、インドのように海外に移住した元国民とその家族に対して、国民とほぼ同じ権利を与えて帰国や投資などをしやすくしている国もある。

こうした国籍についての制度を含め、海外に住む日本人の帰国を促すような柔軟な政策を早急に検討すべきだろう。

女性や若者が、将来に絶望して日本を棄てるのではなく、自分の可能性を広げるために海外に行く。その後、帰国しても活躍できる。そんな自由で希望の持てる国づくりを目指すべきだ。

43 内部告発で浮かび上がる労働者に冷たい不平等社会

「ホイッスルブロワー」

英語圏では企業の不正会計や公務員の汚職などを告発する人々をこう呼ぶ。警笛（ホイッスル）を吹く人（ブロワー）という意味だ。

日本ではともすれば「密告者」「裏切り者」の語感のある内部告発者だが、アメリカでは確固たる内部告発者制度で守られている。ホイッスルブロワーは「勇気のある者」を讃える言葉として使われているくらいだ。

２０２３年5月5日、アメリカ証券取引委員会（ＳＥＣ）が、規制当局による執行措置を行う際に役立った情報を提供した内部告発者に対して、過去最大となる約2億７９００万ドル（約３７０億円）の報奨金を交付したと発表した――情報提供者の身元判明につながり得る情報は開示しない連邦政府の方針に従い、ＳＥＣは内部告発者および不正行為を告発された企業の名前を明らかにしていない。ＳＥＣが初めて報奨金を出したのは２０１２年で、これまでに支払いを受けた情報提供者は２０0人に上るという。

ホイッスルブロワーによる内部告発は企業の不正をただすとともに、社会的使命を帯びているという一面もある。

２０１７年6月、のちに経営破綻したある大手企業が、自動車のエアバッグの欠陥により多数の死者を出した問題は、全米規模のリコールになる一大スキャンダルへと発展した。

その発覚や原因解明には、元従業員三人による運輸委員会への通報や、司法省やＦＢＩへの捜査協力が大きな役割を果たした。

この企業のケースでは、アメリカ政府が同社に課した罰金のうち１７０万ドル（当時の為替相場で約１億９０００万円）が、元従業員三人への報奨金にあてられた。

アメリカでは、こうしたホイッスルブロワーへの報奨金があるので、不正を見つけたら進んで告発する人も珍しくない。

大きな企業不正が起きた場合、所管の当局が法令に基づいて企業に巨額の罰金を科す。そのうえで、罰金のうち10～30％をホイッスルブロワーに報奨金として分配するという制度があるのだ。

アメリカの法律事務所では、内部告発をしたい人をサポートするビジネスが盛んで、その宣伝や広告も多いと言う。

ホイッスルブロワーからの成功報酬は法律事務所の稼ぎ口にもなっている。人の通報を促すだけでいい。

法律事務所の存在は、通報への心理的なハードルを引き下げる意味でも、大きな効果がある。

内部告発者にとっての最大の危惧は報復を受けることだ。報奨金はそのリスクに立ち向かうための勇気にもなる。

巨額の報奨金が出れば、たとえ会社に居づらくなって辞めても、生活には困らないからだ。

内部告発者には同時に社会的使命も帯びている側面もある。彼らが意識しているにせよ、していないにせよ、この企業に関して言えば内部告発者の存在がなかったら、欠陥のあるエアバッグをつくりつづけ、その先も死者を出していたと考えられるからだ。

外からは見えづらい企業の不正を明るみにするのが内部告発だが、日本のホイッスルブロワーたちはどんな扱いを受けているのか。

日本では「内部告発者はリスクを負うだけだ」と言われる。

２０２４年２月、勤務先の不正を従業員が安心して通報できるようにする内部通報制度に関して、消費者庁は就労者１万人を対象とした調査結果を公表したが、その結果は衝撃的だ。法令違反や内部規程違反を勤務先や行政機関などに「相談・通報したことがある」と答えたのは４７６人。うち約17％が「後悔している」、約13％が「良かったこともあれば、後悔したこともある」と答えた。「解雇」や「降格」「嫌がらせ」などの不利益な取り扱いを受けたとする回答もあった。

制度の認知度が半数程度だったということも問題だが、それ以上に内部告発者のなかに後悔する人がいるという事実を、日本社会は重く受け止めなくてはならない。

日本では２０２２年６月、内部告発者の保護を強化した「改正公益通報者保護法」が施行されている。

改正公益通報者保護法では、従業員が３００人超のすべての事業者（企業、団体、官公庁など）に対し、内部通報の受付窓口の設置を義務づけたほか、窓口の担当者には罰金刑（30万円以下の罰金）

付きの守秘義務を課した。

だが、内部告発者に対する解雇や降格、本人の意に沿わぬ配置転換といった報復があった場合、事業者へのペナルティは盛り込まれていない。人事などの措置が報復によるものなのか、ほかの事情に起因するものかを行政が判断することは困難であるため、というのが政府の言い分だ。

このような現行制度のもとでは、内部告発者に災いが降りかかるリスクは大きいままだ。

さらに日本にはアメリカのように、内部告発者に報奨金が出るような制度はない。日本では不正を告発すれば損することはあっても、得することは何もないのだ。

日本も、内部告発者を保護するのは当たり前のアメリカと同様、内部告発者を優遇して通報を奨励する仕組みをつくるべきだ。

内部告発に関する制度のほかにも、日本ではアメリカと比べて企業の不正防止で大きく劣っている点がある。

法律や社内規定の不備、内部告発のしづらさに加え、そもそも内部告発者に冷たい日本では、仮に従業員が不正を知っても、その多くが沈黙するだろうことは想像に難くない。

企業の不正は多くの取引先や利用者に少なからぬ不利益をもたらす。それを暴くことは社会的に大きな意味がある。にもかかわらず、我が国では内部告発者だけに大きなリスクを背負わせている。

繰り返すが、企業不祥事はその企業の内部者による通報を契機として発覚することも少なくない。

しかしいまの日本の制度では、水面下にある企業の不正を見つけることはできない。いきなりアメリカの水準まではいかなくても、ここはしっかりとした内部告発者の保護制度への見直しが必要だ。

アメリカ以外の諸外国の公益通報者保護制度はどのようになっているかというと、イギリス、カナダ、オーストラリア、ニュージーランドは公益通報者（＝内部告発者）保護制度の整備が比較的進んでいるが、フランスやドイツはあまり進んでいない。両国には内部告発（密告）に対する強い抵抗感が存在するという。

現行の改正公益通報者保護法には、下記のような不備と問題があると、ある弁護士事務所は指摘する。

(1)現行法は民事ルールであり、本法に違反しても事業者に対して刑罰や行政処分が課せられることはない。これでは、公益通報者は一方的に不利益を受け、保護されない。これは現公益通報者保護法が内部告発者の意見を聞いて成立した法律でないことを表している。

(2)公益通報者が事業者から解雇など不利益取扱いを受けた場合には、労働審判手続きを申し立てたり、最終的に訴えを提起したり、裁判をすることしか事業者に対抗する手段がない。

(3)公益通報者が受けた不利益について提訴し、勝訴したとしても、現行法では原状回復という形になるが、現実には原状回復などあり得ない。それが現行法下での司法の限界だ。

(4)現行法は、公益通報者の保護については「国は積極的に関与しません。公益通報者自身の力で解決してください」と言っているような法律だ。事業者が公益通報者にどんなに不当な取扱いをしても「国が事業者であるあなたを罰することはありません。そのことは保障します。安心してください」という法律である。

(5)人事権は常に事業者側にある。公益通報者に対する報復感情が強い多くの日本企業においては、公益通報者は引き続き不利益取扱いを受ける。

(6)「公益通報者の不利益取扱いとは、労働者としての将来を奪われることである」ということが現行法では認識されていない。

(7)現公益通報者保護法は「事業者から不利益取扱いを受けたら、公益通報者自身の努力で解決してください」という法律だ。事業者にとっては、裁判に訴えられても、公益通報者が勝訴判決を受けるまで不利益取扱いはできる。よしんば、公益通報者が勝訴判決を得たとしても、元の状態に戻せばそれだけで済む。

これら不備や問題点のある現行法のもとでは、勇気を持って内部告発をしたとしても、事業者側がひそかに降格や退職強要などの報復を行うことは可能だ。

たとえば、次のような不利益が告発者側に生じることが想定される。

①報復人事

内部告発への仕返しとして、報復人事が行われるケースがある。パワーハラスメントともいえる配置転換などの異動や降格の懲罰人事だ。

場合によっては、建前としては昇進という形で、現在の業務とはまったく関係のない部署に異動させられることもある。

②解雇

解雇という形で告発者を会社から排除しようとするケースもある。

しかし、会社は自由に労働者を解雇できない。不当解雇は違法であるため、正当な解雇理由が必要だ。

そのため内部告発以外の問題がない場合、報復人事を通して自主退職へと追い込むパワハラなどが行われることもある。

③人間関係の悪化

内部告発の発覚によって、同じ部署や経営幹部などから「あいつは情報を売るから気をつけろ」といった噂を流され、社内の居場所をなくされることもある。

このように日本社会では、アメリカのような内部告発は事実上不可能だ。事業者側は一方的な法律で守られる強者で、従業員側は弱者という構図が浮かび上がる。

政府は、国内の企業や社会の公益のために内部告発をした公益通報者が不利益な取扱いを受けないよう、公益通報者保護制度の実効性を高める取り組みを、早急に行うべきだ。

このままでは日本は「労働者に冷たい不平等社会」との誹《そし》りを免れない。

44 大地震に備えて日本版FEMAの設立を

日本は、東日本大震災や能登半島地震など数年ごとに巨大地震に見舞われる、まさに地震列島だ。２０２４年２月下旬にも、千葉県東方沖を震源とするマグニチュード（Ｍ）５・２の地震があり、千葉県や埼玉県で最大震度４を観測するなど群発地震も発生しており、気象庁が今後の地震活動に注意を呼びかけている。

政府は、「30年以内に70～80％の確率で巨大地震と津波が本州の南の海底にある南海トラフによって発生する」と推測している。

また、首都直下型の大地震が起こる可能性も指摘されている。

台風などと違い、地震が怖いのは、発生する日にちを予測できないことだ。

万一、巨大地震が人口と経済の集中する首都圏を直撃すると、いかなる事態を引き起こすか。

東京都の人口はおよそ１４１１万人（２０２３年度）だが、首都直下型大地震が発生した場合、死者数は東日本大震災の死者約２万人を遥かに超え、32万３０００人に達する可能性があるという。

世界有数の大都市を壊滅させることになると同時に、日本が国家として生き残れるかどうかの大きな試練となる。

さて、大地震が発生したら、被災直後に私たちが過ごす場所は大きくふたつに分かれる。そのまま自宅での避難生活に入る場合と避難所での生活だ。いずれにせよ、ライフラインが大きな被害を受ける。

耐震性があって住居が倒壊の危険がなく、自宅が住める状態の人は火災などの危険が迫っていない場合を除いて、在宅での避難生活が基本になる。その場合、救援物資が届くまでの間、食料や飲料水など最低でも1週間分の備えが必要だ。

そのうえで、在宅での避難生活を続けるためには、自宅を自分にとって〝住みやすい避難所〟にすることが大切だ。

避難所は首都圏では基本的に、地震で家が壊れ、住むことが難しくなった人、あるいは自宅倒壊の危険性がある人が行くことになる。

現在、東京都区内で指定されている避難所の収容人数はおよそ320万。都民の実質4分の1しか収容できず、全員が殺到したら大混乱になり、助かる命も助からなくなる恐れがある。

避難する可能性がある人は、いまからでも長期間の避難生活を想定して準備をしておくことが必要だ。

また、被災直後の避難所には、交通や通信が混乱するなか、自治体の担当者が不在ということも十分考えられる。そんなときは、避難者同士で協力し合い、避難所を運営しなくてはならない。避難所は、誰もが気軽に行って〝上げ膳・据え膳〟を求めるものではないことは肝に銘じておきたい。

東京都の被害想定では、停電や断水、交通網などのライフラインが復旧するには数日から数ヶ月間かかると予測されている。

では、日本は大地震に直面する危機にどう備えるべきか。

電気・水道・ガスなど生活・生存に不可欠なライフラインの確保が最優先だが、同時に、安全保障についても万全の備えと対策が求められている。

潜在的な脅威として、中国が２０１０年7月に制定した「国防動員法」の存在がある。日本の大地震にどうして中国の動きを心配しなくてはならないかというと、同法は、有事の際に中国人民に対して、中国政府の統制下に服する義務を課しているからである。

日本在住の在留中国人は約79万人と、在留外国人約３２２万のなかでもっとも多い（法務省出入国在留管理庁２０２３年6月末調べ）。首都圏直下型大地震等が起こった場合、恐ろしいのは、混乱し、弱った日本を叩くにはいまがチャンスとばかりに中国が国防動員法を発令するケースだ。

その場合、動員・徴用の対象となるのは中国国内の中国人ばかりではない。在日中国人（日本国内で就職している中国国籍保持者や留学生含む）も動員・徴用の対象となるのだ。

このような国防動員の任務を完遂する義務を負った人々の「人口圧」が日本の安全保障・防衛に重大な影響を及ぼす可能性がある。

徴用とは、国家が国民に強制的に一定の任務を行わせるという意味だが、生存に関わる生活必需品や戦略物資が不足したとき、この国防動員法により徴用が実施される可能性がある。

それが具体的にはどのようなものであるかはわからないが、常時、日本列島に夥しい数の弾道ミサイルを向けて敵視しているような国が自国の留学生に、「日本のために、ボランティアをやって奉仕しなさい」というような善意の指示を出すわけはないと考えるのが自然だ。

地震で街が壊滅的打撃を受けて多くの死者が出ているなか、国家の指示により、よもやその機に乗じてテロ行為のようなことを働き、日本や日本人にさらなる打撃を加えるなどということだけはないことを祈るのみである。

新型コロナウイルス発症時、報道もされ社会問題化したが、首都圏のドラッグストアで、中国人留学生らしき一団がこぞってマスクを棚ごと、在庫ごと買い占めている姿を多くの日本人は目撃している。彼らが買い占めた大量のマスクはどこに消えたのか。高額で再度、日本人に売りつけたのか。あるいは、パンデミックの最中の本国に送ったのか……そのような事態が起こるのは十分考えられる。

あのとき、彼らはどこから指示があってあのような奇怪な行動をとったのか。これはいまだに謎である。いずれにしても店頭から根こそぎマスクを購入したことによって、店頭から消え、そのため、入手できない日本人は、自らマスクを手づくりするはめになった。

コロナ禍において一部の在日中国人によるマスクの大量買い占めを、中国の「工作」と呼ぶのは深刻にとらえすぎかもしれない。しかし、国防動員法が制定されたいま、その影響が日本にも及ぶことを考えれば、彼らの行動を最大限警戒することは理にかなっていると言わざるを得ない。

災害等に乗じた中国の「工作」を防ぐには、残念なことではあるが、中国人の行動を最大限警戒するしかない。性善説ではなく性悪説に立つしかないのだ。

日本は自然災害の多い国だ。

環太平洋火山帯上に位置する日本列島には世界の活火山のおよそ1割にあたる110あまりの活火山がある。日本の最高峰・富士山もそのひとつだ。

さらに北海道から沖縄まで日本の都道府県には確認されたものだけで約2000の活断層があり、

世界で起こるマグニチュード6以上の地震のおよそ2割が日本で起きている。

では、日本の地震対策は万全かと言えば、否定的にならざるを得ない。かねてより思っていたことだが、改めて考えると、ひとつの大いなる疑問が浮かぶ。それは、これほど地震に見舞われる国に、なぜアメリカの連邦緊急事態管理庁（ＦＥＭＡ〔フィーマ〕）のような災害対応の専門機関が存在しないのか、ということである。

ＦＥＭＡは災害のリスクに事前に備え、被害を最小限に抑えて、いざ災害が起きたときには迅速かつ継続的に対応する。

日本では、大地震が発生すると、気象庁、消防庁、自衛隊などの組織が防災や災害対応にあたる。政府機関全体を統括する組織としては、緊急事態対応・危機管理を担当する内閣官房と、防災を担当する内閣府が指揮を執り、警察庁、消防庁、海上保安庁、防衛省など現場で活動する各組織の調整を行う。

しかし、状況全体に目配りし、調整を行う内閣官房と内閣府のマンパワーは数百人程度にすぎない。それに比べて、ＦＥＭＡの人員は2万人超。全米各地に10の地域オフィスがある。

２０２４年1月現在、人口3億３５８９万人のアメリカと1億２４０９万人の日本と、国土の広さの違いもあるので単純な比較はできないが、日本も対緊急事態対処のマンパワーは数千人必要なのではないか。

さらに、日本では内閣府などの省庁は基本的に2年以内にほぼすべての職員が異動するため、防災や危機管理のノウハウが蓄積されにくい。一方、ＦＥＭＡは多くの職員が長期間従事して高度な専門性を身につけている。

現在の日本では、大規模災害が起きるたびに、政府の人材不足を補うのは自衛隊である。２０２４年１月２日に発生した能登半島地震でも、自衛隊はさまざまな仕事を引き受け、道路が寸断されたうえに大量の雪や瓦礫《がれき》がある厳しい状況で救援活動を行った。

しかし、このようなことが続けば自衛隊の負担が大きくなりすぎる。

自衛隊の究極の任務は外敵に対する国防だ。大規模な災害派遣活動は、自衛隊の即応態勢と訓練を維持するための障害になっている。国防に空白があってはならない。

２０１１年３月の東日本大震災後には、ロシアの空軍機が日本の防空識別圏に接近したり侵入したりした。また、中国の国家海洋局の小型機も、東シナ海の公海上などで複数回、海上自衛隊の護衛艦に接近した。

これらの出来事は、領海侵犯に対する日本の対応能力や、災害救援活動中に日米同盟が実際に機能するかどうかを試すためだったと考えられる。

日本版ＦＥＭＡの設立は、東日本大震災後も含めて過去にも議論されたが、構想は棚上げされた。日本を取り巻く安全保障環境が悪化し、自衛隊本来の任務である国防の重要性が増しているいま、常設の災害対応部隊を完備した機関の設立を真剣に検討する必要がある。

官僚ではなく政治家が先頭に立ち、省庁間の縦割りや既得権益の壁を乗りこえて、あらゆる災害状況に迅速かつ柔軟に対応できる日本版ＦＥＭＡを早急に創設するべきだ。

45 何年勉強しても英語が話せない（英語習得術を公開）

文部科学省は２０２３年7月31日、２０２３年度の全国学力・学習状況調査（全国学力テスト）の結果を公表した。

とくに耳目を引くのは、中学3年生が対象の英語で、「話す」技能の平均正答率が12・４％に留まったという点だ。

中学校でほぼ3年間も学んできて、英語で話すなどの表現力が身についていないとしたら衝撃的だ。

外務省時代、そして現在、海外ビジネスコンサルタントの仕事で、英語は元より外国語抜きの日は一日もない私にしてみれば、このままでいいのかと日本の将来が心配になる。

大丈夫か、日本の若者たち！

大丈夫か、日本の英語教育！

と、思わず声を上げたくなる。

3年間と言えば、外務省に入省後、すぐに私に与えられたミッションの期間と同じだ。

「アラビア語を3年間でマスターせよ」

「外交交渉、将来は天皇陛下や総理大臣の通訳を務められるレベルにまで到達せよ」

総理通訳は、おおむね5年から10年にひとりしか任命されない。

ミッション通り、私は、エジプトでの3年間の語学研修制度で世界最難関と評されるアラビア語を完全にマスターした。

私と彼らでは、年齢的に10歳の開きがあるが……。

先の全国学力テストの「英語」の平均正答率を技能別で見ると、「聞く」が58・9％、「読む」は51・7％で5割を超えた。一方、「書く」は24・1％に留まり、「話す」に次いで低かった。

英語は世界の共通言語。自分の考えや気持ちを英語で話す、伝え合うことなしには、世界を相手に仕事はできない。

外国語（英語）ができない日本人が多いということは、それだけ日本が国際社会から取り残されていく、海外の情報も、外国人とのコミュニケーションも疎遠になっていくことを意味する。

「これからはAIの時代だから、どんな国の言語だろうが、通訳はスマホがやってくれる。英語ができなくても問題ない」と考えているとしたら間違いだ。

技術的にはそうかもしれないが、スマホの通訳機能を介するとあまりに無機質だ。外国人とやりとりし、気持ちが通じ合うという喜びもない。気持ちが通じ合うことで得られる新しい発想や相互理解は望むべくもない。

人間は、自分でも想像を絶するような試練を迎えたとき〝火事場の馬鹿力〟を発揮することがある。私もまさにそういう状況であった。幸い、私の場合は現地で良い教師に恵まれた。アラビア語の習得は過酷だが、最短でマスターする近道は、「考えて、とにかく話す」ことだと教わった。

要は「アウトプット・ファースト」ということだった。

ある日突然、あなたは外国に連れて行かれる。

そして「さあ、これからは英語で話して」と言われたらどうするだろうか。

ここで中川外国語塾、ワンポイントレッスン！

英語が話せない、もしくは英語で話せる自信がないなら、まずは日本語で考えてみることを勧める。実際にやってみると、このプロセスは、意外にも新鮮であることに気づく。

話が少し変わるが、大学受験で、「話す」能力を問うのは意味がないと私は思う。なぜなら、受験生はあらかじめ想定される質問に回答を用意し、それを先生に確認してもらったうえで、暗記して発声するだけになるからだ。そこには何をどう伝えるかを「考える」プロセスが欠落している。考えるプロセスが存在しない以上、実務で使える外国語力はつかないのだ。

受験勉強の英語であっても、まず「考える」機会をつくることを最優先させるべきだと思う。

さらに、「考える」のは、「英語で」ではなく、まず「日本語で」考えることが大切だ（しかし、かくいう私も、受験勉強をしたときに英語で何を話すかなどは考えたこともなかった）。

まず「日本語で考える」というアラビア語習得の際に知った勉強法は、私にとって新鮮であると同時に発見でもあった。

エジプトでの語学研修が始まると、私はまずカイロ・アメリカン大学に通い、アメリカ、フランス、インド等の外交官やジャーナリストと同じクラスで、毎日アラビア語でプレゼンテーションを行った。すると、アラビア語を知らない私は、自然と日本語で考えることになる。自分のこと、家族のこと、日本のこと、日本人のことをどのように異国の外国人に伝えるかを日々考え抜いた。それによって語学センスとコミュニケーション能力が鍛えられた。

そして、少しレベルが上がると、相手国のこと、相手の国の人のことを考えられるようになり、理解しようとした。

一方で英語の場合、ことは少し複雑だ。

なぜなら、私たちはすでに中高で受験英語にまみれ、大学と合わせて最大10年分のインプット（しかし、ほとんど覚えていない）があるからだ。そのため、英語は覚えるものという固定観念が植えつけられている。あるいは変に「英語なら少しはできる」とのプライドが邪魔をすることもある。

日本では「英語は日本語に訳してはだめだ」とか、「英語は英語で考えなければ話せるようにならない」という、いわゆる「英語脳」神話がはびこっている。その神話にとりつかれて、いまだに多くの日本人が、英語を日本語を介して学んではいけないと考えているようだ。それで結局英語を満足に話せない。嘆息。

逆に言えば、もう一度初心に帰り、私のアラビア語のようにゼロからスタートするつもりでやるべきだ。変なプライドは不要。覚えたはずの単語はこの際、きれいに忘れたほうが習得は速いだろう。

そこで、外国語（英語など）習得で大切なことを以下に記していく。

外国語が話せるようになるためには、外国語の単語を考えるより前に、日本語の単語での表現を考えることが大切である。これが日本の外国語教育には一番欠けている。

まず、「日本語で何を話すか」を徹底的に考える。

考え抜くことで「日本語脳」を鍛える。まさに「アウトプット・ファースト」である。

日本語を基軸にして外国語をマスターしようとすると、あなたは日本語のバリエーションの豊かさに気づくはずだ。

ある表現や言葉を、別の表現や言葉に瞬時に言い換える力、これこそが外国語を習得し、自分の力にする大きな要素なのだ。


繰り返すが、外国語（英語）で話すとき、重要なのは日本語脳で考えること。

日本語を大事にして外国語を学ぶ。日本語で考える「脳」を訓練することが重要だ。日本語を見つめなおすことが自ずと日本、日本人を見つめなおすことになる。

日本語脳で考えることは、日本人なら意識すれば難しいことではない。生まれたときから誰の脳にもあるものだからだ。

アラビア語を習得するにあたって、私は「日本語ファースト（日本語を基軸に話す）」を基本にすることを決めた。

そして、「日本語ファースト」の発想で、私は、日本語の水準に少しずつ外国語（アラビア語）力を引き上げていった。すると、母国語と外国語の運用能力とが次第に陸続きになるのだ。

それを繰り返すことで、短期間のうちに私はアラビア語を完全に習得できたのだと思う。

英語に限らず、一定程度外国語ができないままでいると、これからの時代を生き抜くことは難しい。

日本はエネルギーも、農産物も自給できない持たざる国であり、否が応でも諸外国との貿易、交流なしでは日本人の生活が成り立たないからだ。

しかも、ただ単に外国語ができるだけでは足りない。日本語力もさらに磨かなければならない。基本的に我々は母語で思考するのだから、日本語力が低下すると、必然的に外国語の能力も落ちる。引いては、世界で生きるための能力の低下につながる。

では、どうやったら日本語力を高めることができるのだろうか。

他人の痛みを自分の痛みとして感じる心、美的感性、もののあわれ、懐かしさ、家族愛、郷土愛、日本の文化・伝統・自然を愛する祖国愛、名誉や恥といった社会的・文化的な価値にかかわる感性・情緒などを自らのものとして受け止め、理解できる力を育てなくてはならない。

この力は美しい四季の風土のなかで、私たち日本人のなかに元々培われている感情であり、感受性である。それが自然と日本語に、日本語で考える表現力に結びついている。

世界標準からすると、自らのアイデンティティを軽んじているのは日本人くらいではないだろうか。たとえば、いまも戦争が続く中東の地では、イスラム教（スンニ派、シーア派）、ユダヤ教が存在し、言語もアラビア語、ペルシャ語、ヘブライ語（イスラエル）、トルコ語と多様であり、たえず自身のアイデンティティを確認する機会があるからだ。

日本語脳を鍛えるうえで、欠くことのできないのが読書だ。読書の力は大きい。

繰り返すが、外国語は母語の延長線上にある。日本人にとっては日本語の先だ。

日本人は日本の文化や伝統を身につけて世界に出ていくことが肝要である。日本の文化や伝統の大切さを真に認識することが、他国の文化や伝統の大切さを理解することにつながっていくからだ。

引いては、そのことが豊かな日本語と外国語を話す土壌となるのである。
そのために、日々の読書は欠かせない。

46 任期を終えたBBCの元東京特派員のエッセイから見える日本の危機

〈日本には良い面がたくさんあり、一方で問題も抱えています。日本が変わることのできない理由のひとつは、ほとんどの人にとって心地よい空間ということです。では、日本に必要なものは何か。日本は何をすべきで、何をすべきではないのか。それは結局のところ、日本の人たち自身が決めなければならないのです。〉

昨年2023年末まで英公共放送BBCの東京特派員を10年以上務めた記者が、日本滞在を終え、個人的な思いを英語と日本語で綴ったエッセイ、「日本は未来だった、しかし今では過去にとらわれている」が配信二日間で300万人の閲覧を記録した。

SNSでは賛否両論、怒濤《どとう》の反響が相次ぎ、BBCの編集者たちを「前例がない反響だ」と驚かせたという。

BBCでは海外特派員が任期を終えたあと、駐在国への考えや取材体験のまとめ、いわば「さよならエッセイ」を書く慣行がある。

執筆者は、ルーパート・ウィングフィールド＝ヘイズ氏、55歳。

2012年10月から東京支局で、日本や周辺諸国の状況などを母国イギリスや世界中に伝えてきた。いまは、上海を拠点とするアジア特派員に任命されている。

中国語を学んでいた台湾の大学で、1990年代前半に出会った日本人女性との間に三人の子供に恵まれ、日本に移り住んだ。長野県の山間部に別荘も持つ。

ちなみに東京の前はエルサレム、モスクワ、北京に駐在。南シナ海での中国の軍拡動向や中東の民主化運動「アラブの春」、中国の死刑囚からの臓器移植問題も取材し、複数のジャーナリズム賞を受賞したベテラン記者だ。

エッセイのあらましは日本経済は強力で欧米に恐れられていたものの、80年代以後は低迷していると指摘。〈変化に対する根強い抵抗と、過去へのかたくなな執着が経済の前進を阻んできた。そして今や少子高齢化が進んでいる。〉とのことだ。

日本に対して持つ愛情、深いつながり、混乱やいらだちといった複雑な感情がうかがえる。

エッセイはこう締めくくられている。

〈日本は次第に、存在感のない存在へと色あせていくのだろうか。それとも自分をつくり直すのか。新たに繁栄するには変化を受け入れなくてはならない。私の頭はそういっている。しかし、日本をこれほど特別な場所にしているものをこの国が失うのかと思うと、心は痛む。〉

ウィングフィールド氏の言う、日本を〈特別な場所〉にしているものとは、本来私たちが持ちつづけてきた、自然豊かな国土と高齢者を敬う国民性、独自の文化を尊重する精神性を述べていると思う。そういうものが彼の言うAIなどの技術革新や、AIロボットの出現などで壊されていく未来を、愛惜の念を持って憂いているのだ。

論理と愛惜のはざまで揺れる思いがにじむ。

私は、外交官も記者も仕事内容はじつは非常に似ていると思う。両者とも赴任国との出合いを大切にし、その国の政治、経済、文化などさまざまな角度から知ろうとする姿勢が大切だからだ。多くの人に会い、外交官は情報収集（ときにはインテリジェンス）、記者は取材を行う。外交官の得た情報は基本的に公にすることはなく、記者は記事にして表に出していく。クローズとオープンの違いはあるが、アウトプットに変わりはない。

そして赴任期間が終了すれば、大使であれば霞ヶ関本省に「離任報告」という公電を打つのが慣例だ。今回、ウィングフィールド氏は離任報告のようなものを公開したにすぎない。

それにしても10年の日本勤務というのはずいぶんと長い。ＢＢＣの基準からしても通常は３～４年、長くても５年というから倍だ。

外交官も最長赴任期間は原則５年だ。

単に一定期間長くいればその国のことがわかるかというとそうでもない。その国を離れて初めて、本質が見えてくることがある。

じつは日本人も、日本にずっといては祖国のことはわからない。海外と行き来して、初めて日本の良さも、良くないこともわかるものだ。

私は１９９４年に外務省に入省し、26年間の外交官としてのキャリアを終えたあと、いまはシンクタンカー、ビジネスコンサルタントとして世界の多くの人々とつきあいがある。

毎月、イスラム教の聖地、サウジアラビアにも出張している。

そんな私からすると、いの一番に言えるのは、世界で、日本ほどすばらしい国、東京ほど魅力のある都市はないということだ。

これは私の素直な肌感覚だ。

どんな数字やデータよりも、そこに住んでみないとわからない空気感、雰囲気というものがある。おそらくウィングフィールド氏も、そういうなんとも言えない「心地よい」日本を心底好きだったのだろうと思う。

しかし、外交官も記者もひとたびその愛する思いを文章にしてしまうと、そこは「職業病」、心地良さはしばし忘れ、鋭い物言いにならざるを得ない。

外交官が「この国、大好き」とだけ書いて、本国に報告するわけにはいかない。

ましてや日本の外交官は祖国の「弱点」に目を向けざるを得ない。

「日本は未来だった。しかし今では過去にとらわれている」というタイトルはたしかに刺激的だ。そのタイトルだけで多くの閲覧回数が生まれよう。

エッセイは日本の官僚主義、社会の高齢男性中心主義と彼らの変化を嫌う傾向、自民党による長期支配と硬直化した政治、移民を排斥し家父長制を支持する保守派の動きにも言及。取材などを通じて自らの目に映った、「外の世界に疑心暗鬼で変化を恐れる日本」を描写している。

これに反論するのは、論理的には簡単かもしれないが、まずはどれも正しいというのが私の率直な印象だ。

大谷翔平選手、芦田愛菜さん、佐々木麟太郎選手などいまの若い世代は、硬直した日本を変えてくれそうな気がする。私もそう切に願いたい。

しかし、旧態依然とした官僚主義はまさにいまここにある。その一方で東大卒業生は、国を良くするために官僚になろうという意思を持たず、収入のいい外資コンサルに流れている。そのためか、日本政府の国家プロジェクトも公正な入札を行えば、日本に進出著しい外資コンサルが次々に勝利していく。

彼らは制度構築に柔軟で応用力に富むからだ。

こうして日本という国家の中枢が外国に侵されていく。

日本の官僚制度はここ30年、いやこの半世紀、ずっと変革が必要と言われてきた。国家公務員は入省時にランクが決められ、総合職（キャリア）、専門職、一般職（ノンキャリア）のカテゴリーから抜けることはできない。インドのカースト制度のほうがまだましとの指摘もある。

キャリア官僚の生活は安定し、ノンキャリアは卑屈な人生を送る。公正な競争はそこにはない。生涯、同じ土俵に立つことはない。

優秀なキャリアはその場所に留まるが、最優秀キャリアはその問題性に気づいて、辞めていく。世界で一番安住できるシステムのなかにいては、自らの「脳」が腐ると。

できないキャリアはラッキーとしがみつく。

できるノンキャリアは期待が消えた瞬間にさっさと見切りをつけ、できないノンキャリアはキャリアに気に入られようといとまがない。

キャリアの政治家へのおもねりは、第二次安倍政権以降の政治主導のころから、見るに堪えられない。敗北したキャリアの行く末もだ。

官僚制度の歪な悪弊は現代の、そして将来の日本を象徴している。

そして、その日本の政治の劣化も目を覆うばかりだ（裏金、世襲、利権、過激ダンス懇親会など枚挙にいとまがない）。

私は〝職業外交官〟として、「日本を棄てる若者」（42項参照）に対しては言葉が見つからないが、日本の本当の問題は、この国の若者が日本をより良くするために、世界の荒波に挑戦しようとしないことだと思う。真に憂う。

戦争の時代と言われればじめたいまであるからこそ、若者たちには日本人としての誇りを持ち、日本をより良くするために世界の荒波に挑んでいただきたいと思う。何よりそれが若さの特権なのだから。

幕末から明治維新にかけて、果敢に海外に雄飛し、日本の近代化のために一身を捧げたジョン万次郎、小栗忠順、高杉晋作、高橋是清とまでは言わないにしても、大切なのは志の高さであると思う。

それは英語ができないからとか、外国語ができないからとかいう問題ではない。とにかく海外に飛び出さなくては、本当の日本は見えないし、わからないのである。

現代の若者たちを見るにつけ、総じて日本に未来はないとするウィングフィールド氏のエッセイに私は残念ながら反対できない。

ただし、このまま手をこまねいているわけにはいかない。私は日本人だからだ。

日本を愛する外国人記者の警告には感謝するが、まだ遅くはない。私たちもまた明日への一歩を信じて、前に踏み出さなくてはならない。

47 未成年者への性被害対策が不十分で犠牲者を生みつづけている

日本政府は今年2024年3月19日、子供に接する仕事に就く人の性犯罪歴を確認し、犯罪歴があれば、就労を事実上制限する新たな制度の導入を柱としている「こども性暴力防止法案」を閣議決定し、国会に提出した。

こども性暴力防止法案は「日本版DBS」とも呼ばれ、イギリスの制度を参考にしている。DBSとは、大人が学校や塾・スポーツクラブなど子供と接する職業に就こうとする場合、性犯罪歴などがないことを証明する制度のことで、すでにヨーロッパの主要国で運用が始まっている。

しかし、日本社会は性犯罪に関しては、先進国に類を見ない恐るべき甘さだ。子供への性犯罪に及んだ人物が刑を終えると、再び子供と接する職業に就くのを許している。過去に子供を相手に性加害に及んだ人物が、再び子供と関わる仕事に就くなどあっていいわけがない。法整備は当然の流れだ。

この法案を後押ししているのは、ジャニーズ事務所（現・SMILE-UP.＝スマイルアップ）のジャニー喜多川元社長（2019年死去）による、長年にわたる少年たちへの性加害問題だ。

いま、ジャニー喜多川元社長の性加害に苦しんできた元少年たちが、実名で自らの性被害を告白しつづけている。

ある元タレントは中学1年の夏、ジャニーズ事務所に履歴書を送り、オーディションに合格。入所から約3ヶ月後、ジャニー喜多川元社長からホテルに誘われ、その晩に性被害に遭った。当時13歳。「頭が真っ白になった」

「恐怖心で体が動かず、寝たふりをした」

その後もホテルに誘われ、1年半で10回ほど被害に遭った。

テレビ出演など活躍の場は増えたが、耐えきれなくなり、中学2年のときに事務所を退所。

学校に行けなくなり「自分に価値はない」と自己嫌悪にさいなまれた。

夢を断たれた喪失感、いまなお残る性被害のトラウマによる精神的ダメージは、はかりしれないものがあるに違いない。

被害を受けた人のなかには、うつ病を患い自殺願望を持ちつづけたケースや、実際に自殺をしたケースもある。

性被害に遭った少年は、大人になっても家族や警察にも相談できず、ひとりで悩み、苦しんできた。

性的虐待を我慢すれば、デビューできる可能性が高まる。

しかし、それを拒否して退所すれば圧力や忖度《そんたく》によって一生、日本の芸能界では活躍できない。夢をとるかリスクをとるか。この不条理な選択肢に人知れず、少年の心は千々に乱れる。

アイドル志望の若者たちは、前途ある人生を無残に破壊されてきた。

しかし、長年性加害という歴史的な重罪を重ねながらも、次々とスターを送り出してきた希代の汚れた芸能界のドンに、メディアも社会も甘かった。最後まで罪は隠蔽《いんぺい》され、華やかな実績のみが強調され、牢獄にたたきこまれることもなく人生を終えた。

この人物に鉄槌を下したのはイギリスのＢＢＣだった。

２０２３年３月７日に放送された52分間のドキュメンタリー番組『Ｊ－ＰＯＰの捕食者：秘められ

たスキャンダル』によって、ジャニー喜多川元社長の性犯罪を告発し、実相が白日の下にさらされた。

放送後、制作を担当したBBCのジャーナリストが日本外国特派員協会で記者会見を開き、同席した被害者のふたりも自身のつらい経験を語った。

被害者のひとりであるカウアン・オカモト氏は「こうやって記者会見を開くことで、日本のメディアが取り上げなかったとしても世界で取り上げてもらえる」と語った。

被害者たちは、日本のマスコミよりBBCのほうが信用、信頼できると判断したのだ。

そこから始まったジャニーズ王国の崩壊劇、おそるおそるそれを伝える日本のメディアの報道は理不尽で、矛盾だらけの安っぽい茶番でしかない。

これまで性加害の事実を知りつつ隠蔽しつづけた日本のメディアは、まさに醜悪で、世界中から軽蔑のまなざしを向けられて当然だ。そこには〝報道の使命〟が欠如しているからだ。

BBCはジャニー喜多川元社長について「日本の芸能界でもっとも影響力のある人物」と紹介。そのうえで、疑惑がありながら事務所は具体的な対応を取らず、日本の大手メディアも頰かむりして報道しなかったことを伝えた。

CNN、米ニューヨークタイムズ、米ブルームバーグ、フランスや中国、中東などの海外メディアが、ジャニーズ事務所の会見を次々と伝え、先進国日本で長年隠蔽されてきた、少年たちへの性犯罪の驚くべき実相は世界中に広まった。

フランスのAFP通信は会見開始からまもなく「日本のボーイズバンド事務所、創設者の性的虐待を初めて認める」と速報。ジャニー喜多川元社長をめぐる一連の経緯に加え、公表された外部専門家による調査報告書の内容も詳細に報じた。

ロイター通信はジャニー喜多川元社長について「日本に衝撃を与えた性的スキャンダルの渦中にある、Jポップ界の大物」と言及。「スターを目指す少年たちへの影響力を利用し、性的虐待を行ったとして告発されている」と報じた。

その後、今回のBBCの番組によって多くの被害者が名乗り出るようになった。

ジャニー喜多川元社長による性加害問題をめぐっては、900人以上が補償を求め、スマイルアップは補償に向けて「被害者救済委員会」を設置。今年2024年1月31日時点で被害者計190人と補償内容について合意し、うち170人に補償金を支払ったという。

しかし、どれだけ賠償金をもらっても、被害者が若くして心身に受けた傷と恐怖と怒りは生涯消えずに残る。


最近日本では、教師や塾講師といった教育関係者による子供を狙った性犯罪が多発している。ジャニーズ問題の影響もあってか、これまで隠蔽されてきた子供への性犯罪の問題がいま、クローズアップされつつある。

日本では、未成年への性犯罪を防止するための制度化の議論はなかなか進まなかった。その状況を動かしたのは、2023年4月のこども家庭庁の発足と「キッズライン事件」だ。

2022年9月、連続わいせつ事件を起こした被告の男に対し、東京地裁は懲役20年の判決を言い渡した。男はベビーシッターのマッチングアプリ「キッズライン」に登録し、シッターを装って男児に接近。2019年までのおよそ5年間、犯行を重ねた。

被害者は5〜11歳の男児20人で、起訴事実は強制性交罪や強制わいせつ罪など計56件にも及ぶ。件数の多さやマッチングアプリを利用して子供に接近していたという手口など「キッズライン事件」の衝撃は大きく、子供の被害を未然に防ぐための制度づくりを急ぐべきだとの声が急速に高まった。


性被害防止の対策を進めてきた欧米諸国では、性犯罪前歴者の情報を国が管理し、国民に開示している。欧米の先進国において、未成年者の人権を守ろうとする意識は日本と比較できないほど高い。

欧米では、法律で暴力的な性犯罪を行った者はデータベース化し、一人ひとりにコード番号を付けて、出所後も追跡できるようにしている。

1994年、アメリカのニュージャージー州で施行された「性犯罪者情報公開法」は、被害者女児の名前が由来となり「ミーガン法」という通称で知られている。

現在は、州によって内容は異なるものの、ミーガン法は全米に広がった。

性犯罪者の帰住先（出所後に住む場所）近辺の地域住民や学校に情報提供したり、指名手配犯のように顔写真が載ったポスターが店や電柱に貼られていたりする州もある。

近年は、犯罪者のデータベースをインターネット上で公開することを義務づける法律もでき、世界中誰でも閲覧できるようになった。

そのため、たとえばアメリカでは性犯罪歴のある人を教員として採用してしまった場合、生徒の親から「ちゃんとチェックすれば防げたのではないか」と学校側が訴えられるケースが増えている。

それほど、アメリカは未成年者への性犯罪対策を厳重に行っている。

スウェーデンには１９９４年に設立された犯罪被害者庁があり、そこで子供を含む性被害者を支援している。

かつては、スウェーデンでも性犯罪に関して被害を訴え出ても、加害者を有罪にするのは困難だった。ましてや子供の性犯罪となるとハードルはより高かった。

強姦等は多くの場合顔見知りによって行われるので、その後の生活の変化も激しく、被害者にとっての負担は甚大。裁判手続きも複雑だった。

そこで生まれた「犯罪被害者補佐人制度」は被害者に寄り添いながら、被害届を出す重要性を説明し、提出を促す。

こういった施策がスウェーデンの被害者たちの背中を押し、最近は泣き寝入りすることなく、被害届を出しやすい環境になった。

ドイツでは２０１０年から、子供と接する職場への就職・配置には「無犯罪証明書」の提出が義務付けられた。２０１２年には対象をパートタイム職員やボランティアにも拡大している。

フランスでもドイツと同様の仕組みが整備されている。

一方日本では、いまだ子供を性犯罪から守る対策は万全とは言えない。

子供の性犯罪を回避するためには、教師が子供とふたりきりになる場所や状況をつくり出さない、学校外では基本的に接触を禁止する、校内に防犯カメラを設置する、性犯罪者には専門医による治療を行い再犯を防ぐなど、欧米諸国を参考にしながら、安全確保措置の導入を急ぐべきだ。

子供への性犯罪がいかに重いか。

それは、性加害を受けた子供が、意味もわからないまま強制的に性被害を受けてしまうことにある。引いては心に傷を負ったまま、長い人生を過ごさなければならなくなる。子供への性犯罪は、殺人と並んで人間が犯すもっとも醜悪な罪である。

性被害に遭わないためにも、子供たちは家庭や教育の現場で年齢に応じた正しい性教育を受ける権利がある。ただし、行きすぎた性教育には弊害があるという慎重な意見もある。

同時に、ネット上に溢れる性的表現のある広告等の扱いについても、一定の規制が必要だ。そうした性的な広告は、子供たちに性に関する誤った知識や意識を植え付けてしまう。

欧米ではこうした広告は厳しく規制されている。

芸術と表現の自由を重んじるフランスでも、未成年者が閲覧できる状況でのポルノ的および暴力的要素のある媒体や広告は刑法典によって違法行為とされている。

性教育、性的表現の媒体のいずれにおいても、日本の対応は先進国として決定的に遅れている。恥ずべきと言わざるを得ない。

48 安倍元総理暗殺を許した日本の警察の非力

2022年7月8日、奈良市の大和西大寺《やまとさいだいじ》駅前で、選挙の応援演説中に安倍晋三元総理が銃撃された事件は世界中に速報された。

発生直後、警察庁警備局の担当者は、当時の警察庁長官から「警護警備計画書を見せろ」と言われ、「いま、奈良県警本部警備部から取り寄せているところです」と答えたという。

都道府県警が作成する警護計画を警察庁が事前にチェックする仕組みになっておらず、共有すらしていなかったのだ。

警察の警護警備の不備が招いた結果だった。

反省を踏まえ、警察庁は要人警護の運用を大きく見直し、警護計画を警察庁が事前審査する仕組みを導入するなど、運用の指針を定めた国家公安委員会規則「警護要則」を28年ぶりに改正。都道府県警任せの形を改めて、警察庁の関与を強化することにした。

要人警護の基本中の基本が行われていなかったとしたら、警察の劣化と言わざるを得ない。

要人警護の重要性を認識していなかったのは警察だけではない。

安倍元総理暗殺から1年後の2023年4月15日、今度は和歌山市で岸田文雄総理の演説会場に爆発物が投げ込まれる事件が起きた。和歌山県警は自民党県連側との事前協議で、聴衆の身元を確認する受付の設置や金属探知機の活用などを求めたが、いずれも自民党県連側に拒否されていたとの事実が明らかになったのだ。

警察庁の公安部門の担当者は、安倍晋三元総理を銃撃した当時42歳の無職の男が逮捕されると、すぐに資料を調べたという。

過去にテロ行為を企てた人物などがリスト化されている資料を調べても男の名前はなかった。公安当局にとって「ノーマーク」の人物だったのだ。

警察当局は、組織に属さず人知れず過激化してテロを起こす危険性のある人物を「ローン・オフェンダー（ＬＯ）」と呼ぶ。ローン（Lone）は「単独の」「ひとりだけの」、オフェンダー（Offender）は「攻撃者」「犯罪者」という意味がある。

つまり、たったひとりでほかの人や物を傷つけることで独自の考えを示したり、広めたりしようとする人物を指す。行為はテロと同じでも、ローン・オフェンダーは組織のメンバーではないという特徴がある。

警察は銃撃事件を受け、ＬＯについて、⑴特定の主義主張に基づいて殺傷行為などを行う　⑵要人や重要施設などに危害を加える　⑶爆発物や銃器に関心を持ち製造・入手する――の３類型に改めて整理した。

安倍元総理銃撃事件の容疑者の男が単独の犯行であったかどうかは、裁判中につき確定はしていないが、ＬＯの特徴は満たしている。

とくに⑴については、日本を敵視する国がすでに送り込んでいるとみられる工作員の手によって、日本人が弱みを握られたり洗脳されるなど、ＬＯに仕立てられる可能性（危険性）は十分にある。

警察は、ＬＯにはＳＮＳ投稿などの「予兆」があることも多いことから、ネット上の情報収集を強化している。

しかし、事件を起こす前にＬＯの存在を把握するのは容易ではない。

安倍晋三元総理銃撃事件、岸田文雄総理襲撃事件で失った信頼を回復するため、警察庁は交番での相談や交通取り締まりで不審人物の情報を把握した場合に、公安部門に情報を集約させる取り組みを一部の警察で始めた。

より幅広い情報収集が狙いだが、国民の行動を警察がどこまでチェックすべきか、やりすぎれば国民の自由を侵害しかねないという民主主義国家ゆえの難しさ、ジレンマもある。要人警護と同様、ＬＯ対策もどこまで徹底するか、そのバランスもまた問われている。

一国のリーダーがＬＯによって暗殺されたケースは、安倍元総理の事件だけではない。

安倍元総理が銃撃されたとの報を受けたとき、私は27年前のイスラエルのイツハク・ラビン首相が暗殺された日のことを思い出した。

ラビン首相は、パレスチナ人との和平を市民に促すための集会に参加していた折り、テルアビブの中心部で暗殺されたのだ。

ユダヤ人がユダヤ人に殺される。

イスラエルというのはそういう国なのか、とショックだった。

それまでは、暗殺・テロは敵対するパレスチナ人によるものだったからだ。

なぜ、イスラエル警察はラビン首相の暗殺を防げなかったのか。

犯行に及んだ人物はイスラエル秘密警察もマークしていた極右青年だったにもかかわらず、ラビン首相は暗殺された。

ラビン首相が暗殺されたのはテルアビブの中心の広場で、日本で言えば東京の日比谷公園のような場所。

ラビン首相の暗殺がイスラエル社会に与えた影響は計り知れない。

暗殺後、イスラエル人は何週間もの間、ラビン首相暗殺の映像を自宅や近所のカフェで繰り返し見ていた。興味深いのは、多くの若いイスラエル人が街頭に出て、自分たちの未来をつくるためにより積極的な行動をとるよう政府に要求したこと。

そして何万人もの人々が、ラビン首相の家の前や彼が暗殺された場所で何日間も集まって、首相暗殺とイスラエルという国のこれからについて議論をしたことだ。

ラビン首相暗殺の場所は、その後「ラビン広場」と改称され、ラビン首相の銅像と暗殺の詳細図が設置されている。毎年事件の起きた11月4日には人々が集まり、花を捧げ、ろうそくを点して追悼の意を捧げる。


安倍元総理暗殺事件からもうすぐ2年になる。

容疑者の男は殺人や銃刀法違反などの罪で起訴され、現場の状況は様変わりした。事件現場は道路整備が終わり、近くには小さな人工芝の広場や花壇が設けられていた。

時折、花壇に花や飲み物などを供えたり、足を止めて手を合わせたりする人の姿が見られるが、不審物への対策などとして、花以外のものは供えないよう協力を呼びかけている。

安倍元総理の暗殺の場所は、ラビン首相のように「安倍晋三広場」などと改称されることもなく、安倍元総理の銅像や暗殺の詳細図の設置等もされてもいない。命日に人々が集まり、花を捧げ、ろうそくを点して追悼の意を捧げるには、花壇はあまりに小さく、道幅も狭い。

銃撃事件を受けて、奈良市には慰霊碑といった、事件があったことを示すものを設置するよう求める声が寄せられた。

市はこの場所を緑地帯にする案、「歩道」にして近くに慰霊碑などを設ける案、従来の計画どおり「車道」にして慰霊碑などを設けない案の三つを示し、有識者や住民などから意見を聞いた。

その結果「車両や歩行者の通行の妨げにならない場所に何か残せたらいい」といった慰霊碑などの設置に賛成する声もあったらしいが、「市民としては思い出したくない」とか「住んでいる人や、子供たちがやすらぎ、集える場所になるようにしてほしい」など、設置しないほうがいいという意見が多く寄せられたという。

市はこれらの意見を踏まえて、当初の計画通り「車道」として整備し、周辺に花壇を設ける一方、慰霊碑など弔意を示すような「構造物」はつくらないことを決め、工事は終了した。

いかなる事情があるにせよ、暗殺の現場に慰霊碑ひとつ設置できない。これが現代日本の現実である。

さて、ラビン首相の暗殺によりユダヤとパレスチナ、民族間の和平への道は断絶され、イスラエルの歴史は変わった。

もしラビン首相の暗殺がなければ、１９９６年に右派のネタニヤフ首相が勝利することもなく、パレスチナとの和平はもっと早く進展したかもしれない。そして、いまごろはパレスチナ国家が出来ていたかもしれない。

パレスチナとの和平はもはや消滅したとも言っても過言ではなく、イスラエルはいまも立ち直れていない。イスラエルの行き先はまったくもって不透明だ。


安倍元総理の暗殺によってこれからどう日本の歴史が変わるかは、日本の国民次第だ。安倍元総理の遺志をこの国のリーダーが引き継ぐのかどうかも。

暗殺事件から2年、総理在任中、短い期間ながらも仕事に帯同した者として間近で接して思ったのは、安倍元総理は、世界への外遊数もだが、中東への訪問数も群を抜いていたことだ。派手なパフォーマンスこそないものの手元のメモは見ず、アラブのような異国の文化、価値観を有する外国要人にも自らの言葉で説得力を持って語る政治家だった。


要人警護については、私は外務省で約26年間勤務し、天皇陛下、総理大臣や外務大臣のアラビア語の通訳として海外に同行するだけでなく、現地の大使館でも受け入れ先の責任者として、数多くの経験を積んできた。

途上国ではすべて予定通りに進むことはないが、要人が背後から銃撃されるような隙だらけの警備体制は絶対敷かれ得ないと思う。

海外、とりわけ中東のようなリスクの高い国では、日本の警備関係者もピリピリしていて良い仕事をしていると感じた。

それだけに、日本国内での、あの奈良での出来事は、まさに油断以外の何物でもない。日本の警備関係者は悔やんでも悔やみきれないと思う。

思い出に残っているのは、２０１５年１月の安倍総理のエジプト訪問だ。

私は当時、在エジプト日本大使館で総務の総括をしていた。

エジプトのような途上国での総理の受け入れは、道路事情が悪いため非常に激しい交通渋滞があったり、警備の問題があったりなど、正直何が起きても不思議でなく、来訪前から出国まで生きた心地がしなかった。

ちなみに、総理を迎える準備は相当に前から行う。

私の外務省時代の平均的な感覚では、現地に総理を迎える2～3ヶ月前から受け入れ準備は始まる。岸田総理が２０２４年4月10日に国賓で訪米することの公表が、２０２４年１月26日だったことからも明らかだ。

短い場合は、総理の訪問が決定するのが2ヶ月を切ってということもあるが、この場合は、本省の主管局も受け入れ国の大使館も大慌てである。大使館での受け入れ態勢は、滞在日数にもよるが50～60人程度。中小国ではそれだけの人数の大使館員はいないので、周辺国を中心に世界各国から「ロジ」のプロが集められる。

ロジとはロジスティックスの略で、元々は軍事用語で兵站《へいたん》の意味だ。兵站とは、戦闘部隊の後方にあって人員・兵器・食糧などの前送・補給にあたり、また後方連絡線の確保にあたる活動機能のこと。首脳会談の例だと、総理の宿舎や配車、会談場所の手配、食事のメニュー、報道陣の対応、航空券の手配、交通手段の手配等、その他諸々がロジに位置づけられる。

ロジの要諦は配車と警備と宿舎の手配だ。

とくに、総理の宿泊にふさわしい格があり、かつ警備上問題のない宿を探すのは、途上国では大変だ。

ただ中東産油国であれば、受け入れ政府が宮殿などを無償で提供してくれる。

話は安倍総理のエジプト訪問に戻るが、このときは東京から事前に警備・警護チームが来て、総理の行事ごとの動線また受け入れ国エジプトの警備担当との打ち合わせも綿密に行った。

総理官邸からも、大勢の秘書官が来た。

総理リエゾン、官房副長官リエゾンは、「秘書官」とは別にベテラン外務省員をひとりつける。リエゾンとは外務省用語で連絡係のこと。

エジプトのロジで一番の難関はカイロ市内の交通渋滞だ。総理車両には先方警察による先導車がつくので、渋滞にそれほど巻き込まれずに済むが、問題は後続の官房副長官や秘書官の車両である。先方警察も総理には最大の注意を払うが、副長官以下の車両が車列についてきているかまで目が行きとどかず、結果的に、安倍総理のエジプト訪問の際も車両が離れてしまい、外務省幹部から叱責されたことを思い出す。

ほかにも、中東での総理受け入れは欧米やアジアと違い、困難を極めることが多い。時間の感覚が異なるため、アポはすべて直前になるまで決まらないのだ。

たとえば、2023年7月の岸田総理のサウジアラビア訪問では、ムハンマド皇太子との会談時間のアポは総理のサウジ到着時点でも決まっていなかった。

また、サウジアラビアという国は王族の滞在場所が首都のリヤドだったり西岸の都市ジッダだったりと、急に変更になることがある。

総理の動きも周辺要人の動きも直前まで決まらないため、警備は困難になるが、そこは一定のシミュレーションの下に動かざるを得ない。


いずれにせよ、総理が訪問する予定のある場所は、あらかじめ念入りに動線や周囲の状況、建物の高さ、窓の数・位置なども確認しておくことが鉄則である。

また、配車のミスは絶対許されないため、大使館は万全を期すが、残念ながら過去には、官房副長官の空港到着時に配車がなされずに副長官が激怒した事例もある。

およそ総理が訪問するような国の日本大使館には警察庁からの出向者がいるのが普通で、霞ヶ関の警察庁と直接連絡を取り合い、総理訪問の最低1週間前には現地に乗り込んで現場視察を行う。

総理がしばらく訪問していない国であれば、1ヶ月前には一度下見をし、いったん日本に帰国し、総理訪問1週間前に再訪する場合もある。

大使館のロジ総括（司令塔）は通常ナンバー2の公使クラス、またはナンバー3の参事官クラスが行う。

先に触れた安倍総理のエジプト訪問時、私はロジ総括の重責を担った。

総理を迎える前日は、大使館で関係者全員が参加する「ロジ会議」を開催する。分単位の時系列に、誰が何をするのかがわかる、いわゆる「接遇要領」を作成する。

基本的な行事と日時が決まっていないと作成できないため、中東諸国では作成は直前になるか、あるいは作成できないこともある。

当日は、総理一行が到着したあとは、総理リエゾンが総理宿泊先に設置するロジ本部に対し「総理、●時●分に、宮殿着」などを無線で事細かに連絡し、関係者全員がその情報を共有し、各々の持ち場で次の行動をしやすくする。

一日目が終了すると二日目の行動を確認する会議を行う。

アポの状況などが刻々と変わる場合もあり、必須の会議だ。

プレスについては、日本からの同行プレスと現地プレス、それぞれ大使館受け入れ側の担当を分けている。日本からの同行プレスの対応をロジ面で一手に追うのは霞ヶ関、外務省の報道課長の役割だ。首脳会談のあとに直ちに情報が出ないなど不手際が発生すると、報道課長が火だるまになる。

また、総理が予定通りの行動をしないこと（たとえば2023年6月の岸田総理のウクライナ電撃訪問など）があれば、報道陣の怒りの矛先は報道課長に向くことになる。

私は2017年から2019年まで報道課長の代理を務めていたが、メディアにはよく怒られたものだ。

現地の警察との連携は、大使館の警察アタッシェと東京からの警察庁プロ集団が担うが、中東のような現地で英語が通じない国では、現地語（アラビア語）を話せる外務省員が協力することも多い。アタッシェとは外交使節団の任務に協力する、外務省以外の各省から派遣される職員のこと。

食事も総理の好みに合わせて滞在中に体調を壊さないように最大限の配慮を払う。総理が現地の食事を好まない場合は、大使夫人などが日本食をつくる場合もある。


中東で私が間近で接した、日本の警察の用意周到、万全な要人警護の優秀さ。あの警護体制の一部始終を再確認し、欠落があれば補完し、警察の誇りを取り戻してほしいと切に願っている。

私の専門の海外に目を向ければ、世界が多極化して、とくにグローバルサウスの影響力が増していくだろう今後の国際秩序において、これまでにも増して総理および要人のグローバルサウスへの訪問が増えることが予測される。

改めて懸念されるのは、海外における要人の警護体制だ。

ウクライナ、ガザと戦争の影響を受け、より世界情勢が予断を許さない状況にあるなか、総理が世界のどこにいようと、国際情勢が瞬時にわかり、必要な判断が行えるようにしなくてはならない。

そのため、外務省からは総合外交政策局の幹部、内閣からは国家安全保障局（ＮＳＣ）の幹部が必ず同行する。

とくに外務省には、海外の大使館に警察庁から派遣されるアタッシェの語学力、現地警察とのコミユニケーション能力の強化を求めたい。

これまでのように英語一辺倒では到底十分な意思疎通はできない。鉄壁の要人警護体制には、現地語を通じた現地情報収集の強化が欠かせないからだ。

加えて警察庁にも、海外での警護に関わる職員には外務省並みの多様かつ強力な語学研修制度が必須と申し上げておきたい。

これらは、日本の国際的地位を盤石なものにする強力なツールとなり得る。

49 中国の犯罪組織にカモにされる、闇バイトに走る日本の若者たち

今年2024年4月16日、栃木県那須町の河川敷で焼損した夫婦の遺体が発見された。死体損壊容疑で最初に逮捕された25歳男性は、指示役とみられる28歳男性から「千数百万円の報酬を受け取った」と供述しているという。

28歳男性は、上位の指示役について「知らない人物から突然非通知で電話があり『処理』を頼まれた。会ったことはない」と供述したことが判明。当初は誰かを脅す程度だと思っていたが、やりとりのなかで遺体の処理を頼まれたと理解し、25歳男性に「指示をした」と話しているという。

指示役が何者なのか、正体が見えない、いわゆる闇バイトの事件である。

ラクをしてお金を稼ぎたい。正直、誰もが思う夢であり、願いだ。

そこにつけこむのが闇バイトの怖さだ。

警視庁によると、2023年に特殊詐欺に関わったとして検挙された793人のうち、約63%が10代から20代の若者だ。高校生も逮捕されている。なぜ、日本の若者は闇バイトに手を染めるのか。

X（旧ツイッター）をはじめとしたSNSの募集広告、地元の先輩、友人からの紹介などを通じ、普通の若者たちが簡単に闇バイトに応募し、知らぬ間に犯罪に加担している。

「日給3万円・スーツ支給・仕事はものを受け取るだけ」

「客宅に行ってキャッシュカードを預かるだけのバイト。月に100万円稼げます！」

「パパ活　楽にお金を稼ぎたい人！　一緒に写真を撮るだけで給料アップ！」

「簡単な電話かけの仕事。短時間、高給、即支払い」

「簡単なパソコンでの仕事です。高給日払い」

など、募集広告には「高給」「簡単」「短時間」「即日払い」といった甘い言葉が並ぶ。

仕事の内容は抽象的で曖昧だが、高額な報酬や条件にひかれ、気軽な気持ちで名前や住所など個人情報を記入して応募する。すると、その先には底なし沼が待っているのが闇バイトの怖さだ。

闇バイトの応募には、住所、本人の携帯電話番号、両親の連絡先に加えて、保険証や学生証、運転免許証など、顔写真付きの身分証明書の提示が必要だ。その段階で、応募者の個人情報は丸裸にされる。

一度、闇バイトを始めてしまうと「辞めたい」と思っても、闇バイトの中身を知ったという理由で辞めさせてもらえない。仕事を断ろうものなら、応募した際に登録した個人情報をもとに「家に行く」「周囲の人に危害を加える」と脅される。

親や家族にも相談できず底なし沼にはまり、意図しない悪行を重ねつづける。逮捕されるまで抜け出せないのが実情だ。犯罪グループは、一度雇った人間を闇バイトという犯罪行為に利用するだけして、あとは〝捨て駒〟として切り捨てる。

捨て駒とされた人間を、待ち受けているのは重い刑罰だ。

応募してくる若者たちは闇バイトの犯罪性に無知で、まさか自分が逮捕されることなど露ほども思っていない。ましてや自分の悲惨な将来を想像できる者などいない。

若者の社会問題への無知、無関心が犯罪のハードルを下げている。

警視庁の生活安全総務課によると、2023年度にSNS上で警告した闇バイトの件数は1万6240件に上った。

この数字は、情報の監視を委託している「インターネット・ホットラインセンター」が、XなどSNSのサイバーパトロールや一般からの通報に加え、AIも活用して、犯罪実行者を募集する闇バイトの情報を収集、分析した結果だ。

同センターでは、闇バイトであるかどうかは、強盗を意味する「タタキ」といった言葉や「100万円以上稼げます」など高額な報酬をうたう文言や文脈から判断する。

2023年5月、東京・銀座の老舗の高級腕時計店に覆面姿で侵入した四人組の少年が従業員に刃物を突きつけて、高級腕時計74点、被害額計3億円あまりを奪って逃走した事件があった。展示ケースをたたき割るという荒っぽい手口とともに、この強盗事件が社会に衝撃を与えたのは、実行犯全員が闇バイトに応募してきた少年による犯行だったからだ。

闇バイトが引き起こす事件では、首謀者や指示役を解明できたケースが少ない。グループのメンバーさえ互いの名前を知らず、連絡手段に匿名性の高い通信アプリが使われるからだ。

警察庁はこれらの集団を「匿名・流動型犯罪グループ」と新たに名付けて、対策の強化に乗り出している。

最近の特徴としては、日本人の特殊詐欺グループの拠点がアジアを中心に世界各国に広がっていることだ。

外務省海外邦人安全課もホームページで、日本人の若者に海外での闇バイトに安易に応募しないよう警鐘を鳴らしている。闇バイトの誘いに応じて海外に渡航、特殊詐欺事件に加担して現地警察に拘束されるケースが多発しているからだ。

闇バイトは応募した直後から〝見えない指示役〟に命じられるがままに行動を求められる。途中で詐欺とわかり、グループを抜けて帰国しようとするものなら、パスポートを返してもらえず軟禁され、暴行を受けたりするケースも珍しくない。

闇バイトの被害者はボロボロにされたうえ、ほとんどは泣き寝入り状態だ。沼にはまり込んで人知れず苦しみ、絶望の果てに自殺する者も出ている。事件が発覚するのはごく一部だ。

2023年、海外の拠点が摘発され、現地から移送され、日本の警察に逮捕された日本人の容疑者は69人にのぼった。

2022~2023年、特殊詐欺グループが全国各地で強盗事件を引き起こした「ルフィ事件」の拠点があったフィリピンのほか、カンボジア、ベトナム、タイなど闇バイトの主導者が暗躍し、摘発されるのは、東南アジアが多い。

東南アジアは日本との時差が少なく、家賃が安いうえに現地当局へのワイロがまかり通る。通信に欠かせないSIMカードも簡単に手に入る。同じアジア人種の日本人が生活していても、それほど目立たないといった利点もある。闇バイトの規制が厳しい日本国内よりも、海外拠点は〝リゾートバイト〟として求人をするため、比較的人が集まりやすい。

そして何より、海外であるために日本の捜査機関が摘発するのが難しい。

海外での闇バイトに応募した実例を挙げる。

これはフィリピンで、27歳の日本人女性が実際に行った詐欺電話事件についての裁判官とのやりとりの一部だ。

「ツイッターで『闇バイト』と検索して見つけました」

「（渡航に使った）チケットは？」

「いきなり送られてきました。そうなると、行かざるを得なくてフィリピンに渡航しました」

現地に到着すると、空港にはふたりのフィリピン人が迎えに来ていた。

「ホテルに着いてからは？」

「廃業となったホテルで、個人の部屋をあてがわれましたが、きれいな部屋だった」

このホテルこそが「ルフィ」などと名乗る日本人特殊詐欺グループの男らが、特殊詐欺や強盗の実行役を集めて行った一連の広域強盗事件、通称「ルフィ事件」の活動拠点だった。

ここで女性は、特殊詐欺グループの幹部のふたりの日本人男性と出会った。ホテルでは、雇われた複数のフィリピン人が食事づくりや掃除を行い、組織のメンバーの生活を支えていた。

女性はまず、面接でこれから彼女がやる「特殊詐欺」のルールの説明を受けた。その後「かけ子」となり、電話をかける練習を行った。

「かけ子」とは、振り込め詐欺やオレオレ詐欺などの特殊詐欺事件において、被害者に電話をかけて騙し、現金をＡＴＭに振り込んだり、訪問者に預金通帳・印鑑を渡すように誘導する役割を担う者のことだ。

一方「受け子」は、お金を騙しとる相手から現金を直接受け取ったり、宅配便などで送られてきた現金の入った荷物を受け取る役目をする者のことだ。

また、金融機関の職員や警察官などの公務員、あるいは息子の会社の上司や同僚などを名乗って被害者宅を訪ね、現金やカード類を受け取るケースもある。

そうして被害者から騙しとったカードを使い、金銭をATMから引き出す係のことを「出し子」という。

つまり「かけ子」は「受け子」「出し子」が行う詐欺行為の前段階・準備段階を担う存在で、電話をかける行為そのものが犯罪なのだ。

この女性の場合、本番は滞在四日目だった。

「受け子が稼働している地区にかけました。この日だけで1件刺さりました」

「刺さるとは？」

「電話の相手が、私がかけてきた電話のことを信じるという意味です。(受け子が被害者宅を訪問して）キャッシュカードを預かり、ATMで引き出しました」

「四日目にして犯罪が成立したということですね」

「はい」

「抵抗感は？」

「ありません。『自分にはこの仕事がやれる』と思いました」

「自信を持つことができたということですか」

「はい」

フィリピンから彼女がかけた電話は、都内在住の高齢者宅につながった。

彼女は女性警察官を名乗り、「口座が不正に残高照会されている」と告げた。

その電話のあと、グループの共犯者が「財務局」職員を名乗り、被害者宅を訪れてキャッシュカードを預かり、そのカードでＡＴＭで計約４１４万円を引き出した。

２０２３年７月28日、この事件でかけ子を務めた女性に、東京地裁は懲役３年の実刑判決を下した。

闇バイトを首謀するのは日本の犯罪グループだけではない。

２０２４年、福岡県警は16歳と27歳の在日中国人男性ふたりを特殊詐欺事件の現金引き出し役として、また受け子の35歳の日本人男性を窃盗罪で逮捕した。

事件は、銀行協会の職員らを装ったこれらの人物によって実行された。

「カードが不正利用されている」

と日本人男性が福岡市の高齢女性の自宅に電話。その後、受け子が職員を装って訪問し、キャッシュカードや通帳を窃取した。

出し子のふたりがこれらのカードを使って、コンビニのＡＴＭで計約60万円を引き出した。

この事件を行った三人とも、所在不明の中国人詐欺グループが募集した「闇バイト」に応じた末の犯行だった。

受け子の被告はインターネット上の個人融資に関する掲示板で「借りるよりも簡単に金を稼げる」と誘われ、上位者と連絡を取り、事件を実行した。

被害者となる日本人に電話をかけ、また実際に顔をさらして接触して事件を行う、逮捕されるリスクの大きい受け子とかけ子は日本人。顔を見せない事件の首謀者は絶対安全圏の海外にいる。

日中混合の詐欺グループとはいえ、電話で自由にあやつられ、カモにされるのは気のいい日本人だ。市民レベルの犯罪であれ、なんであれ、中国の犯罪者に手玉にとられて、好き勝手にあやつられ、人生を破滅させられ、牢獄に行ってどうする。

愚かな日本人よ、いい加減、目を覚ませ。

2018～2019年、警視庁が摘発した四つの特殊詐欺グループの首謀者はいずれも中国人だった。金に困ったカモとなる日本人を募って渡航させ、中国から日本の高齢者らへ詐欺の電話をかけさせていた。

中国の若者が犯罪に走る背景には深刻な就職難がある。中国の国家統計局が昨年2023年7月に発表した16～24歳の6月の失業率は過去最高の21・3％だった。

日本も、海外の捜査当局の連携など国家レベルでの対策が必要だ。

しかし、闇バイトであれ、被害が出ないと動かない日本の警察。

ここは国民一人ひとりが賢くなり、自己防衛をするしかない。

約382億3900万円――これは2023年1月から11月まで特殊詐欺により騙しとられた総額

だ。

闇バイトに向かわせない対策はあるのか。

日本の若者が闇バイトに応募する背景には、若者の貧困も大きな要因に挙げられる。

「普通の仕事」よりも、「闇バイト」のほうが「コスパがいい」と感じる若者がいても不思議ではない。

貧困の若者への就職支援、生活支援等の強化も必要だろう。

また、日本人は犯罪に対するリテラシーが低く、それが罠とも知らず、簡単に闇バイトに応募する。

そんな日本人の弱点は海外の犯罪組織には知れ渡っている。

これ以上、カモにされることは、国益の損失であり、ここは何としても防がなくてはならない。

若者たちが安易に闇バイトに応募し、犯罪に手を染めることがないように、闇バイトが犯罪であるという認識を持たせ、SNSやスマホについての教育は18歳より前に義務教育や高校でしっかりとするべきだ。

また同時に、家庭や地域でも行うべきである。

そして、万一、闇バイトに応募してしまった場合には、ひとりで悩まずに、すぐに周囲の大人や警察に相談するように、しっかりと伝えなくてはいけない。

いま、この瞬間も、平和ボケでリスク管理の弱い日本の若者を、海外の犯罪組織が虎視眈々と狙っている。

闇バイトをさせて荒稼ぎをするべく。

おわりに

世界に誇れる日本

この本では、おもに日本や日本人の弱点に焦点を当ててきたが、弱点は裏返せば長所でもある。私の専門分野である中東を例に挙げると、「日本人は時間を守り、規律正しく、勤勉な歩く『コーラン』である」と高く賛辞を惜しまないのは、現在のエルシーシ・エジプト大統領である。『コーラン』はイスラム教徒にとって、聖典であり、信者が守るべき神の命令なども記されている。日本人は「それに値する」と一国の大統領から評価される誇り高き存在なのである。

「日本が先進国となったのは、教育制度が優れているから」

そういう認識が、アラブ諸国には定着していて、それを具現化するために、JICAの事業の一環として、エジプトの小学校では「エジプト・日本教育支援パートナーシップ（EJEP）」と呼ばれる、日本の小学校で学科授業以外に行う「特活」（特別活動）が行われている。

２０１８年9月から、エジプトには本格的に日本式の「特活」や学校運営方法を取り入れた、35の公立の「エジプト日本学校（ＥＪＳ）」が新設、開校された。

日本の「特活」を世界に普及する初の試みであり、学級会では、行事などのテーマを児童の話し合いで決めるなかで、自分の意見を主張し、相手の意見も尊重できるようにしている。

また学級指導では、手洗いや歯磨きなどの生活指導や、あいさつ、友達を思いやる心などを身につけさせている。

日直は交代で、クラスのリーダー役を経験、学級の世話も体験してもらう。

こうした教育や指導は、これまでエジプトではなかったものだ。

日本の素晴らしい伝統や文化が、自然とエジプトの子供たちの心を育んでいるのである。


エジプト日本学校は日本人子弟が通う日本人学校とは違い、現地の子供が通う公立学校である。

ミニ特活に加えて、児童の朝自習、掃除、職員も互いの授業を参観して助言し合う校内研修や、職員会議なども取り入れている。

ＥＪＳはスタートして間もないが、早くも成果が出ているという。

⑴自己主張の強い人が少なくないエジプトだが、ほかの児童の話をよく聞き、他者の意見を尊重するようになった。⑵遅刻する児童が減り、校内のケンカも減った。⑶家で掃除や、手伝いをする子が増えてきた──等々。

カーメル駐日エジプト大使はＥＪＳについて「日本の経験から学び、エジプト社会の進歩と、教育分野の包括的な改革を目指すもの。教室や小学校を小さな社会と見なし、この社会を通じて児童に道徳心を植え付け、人格形成などに役立つと願っている」と期待している。

車は車線を守らず、ゴミを平気で道端に捨てるような人もまだ多い、混沌としたエジプト社会で、日本の特活が受け入れられつつある現実には、胸を張りたい誇らしい気持ちになる。

私は、これこそ世界に誇れる日本人の素晴らしさを表していると思う。

調和をつくり、維持する能力

２０２２年3月23日、ゼレンスキー・ウクライナ大統領は、日本の国会でオンライン演説を行った。そこには、日本人への尊敬が込められていた。

「日本の発展の歴史は著しい。調和をつくり、調和を維持する能力が素晴らしい。環境を守って文化を守るのは素晴らしい。ウクライナ人は日本の文化が大好きです。それはただの言葉ではなくて本当にそうなのです」

「２０１９年、私が大統領になって間もなく、私の妻が目がよく見えない子供のためのプロジェクトに参加しました。それはオーディオ・ブックのプロジェクトで、日本の昔話をウクライナ語でオーディオ・ブックにしました。これはたったひとつの例ですけれども、日本の文化はウクライナ人にとって非常に興味深いものです。ウクライナと日本、距離があっても、価値観がとても共通しています。心が同じように温かいです」

日本が戦後、他国と戦争をすることなく、平和国家として生き抜いてこられたのは、ゼレンスキー大統領も賞賛するように、日本人の調和をつくり、調和を尊び、調和を維持する能力のおかげである。

私は中東という戦地で長く仕事をしてきたが、残念ながらアラブ人は、数多くの戦火に見舞われ、個々が戦い、自らを守るという時代を生き抜いてきたため、調和する、連帯するということが得意でないように思われる。

「アラブの連帯」というスローガンはあるのだが、その大義であるパレスチナ問題はいまだ解決されないまま、２０２０年8月には、アラブ首長国連邦がイスラエルとの国交正常化を果たした。

その後、バーレーン、スーダン、モロッコも続き、アラブ諸国の〝裏切り〟は続いている。

その彼らからも「日本人の平和を愛する、調和を重んじる精神を尊敬している」とよく言われる。

こういう高評価を諸外国から得る一方で、日本人は一人ひとりがいま、孤独感、疎外感を深め、強めているように思える。

日本人のなかにある調和の重要性、心の温かさをいまこそ取り戻すべきである。これからの時代にあって、日本が世界で生き抜くためにも、とても重要なものだ。

そして、調和を保つには、一人ひとりが、温厚篤実《とくじつ》で心の温かさを有していなければならない。

ゼレンスキー大統領は、日本を「アジアのリーダー」とまで持ち上げた。

それは中国を意識したものでも、アジアをまとめるという意味でもなく、二極化が進む時代に、アジア的、日本的な「調和」の精神で、むしろ世界の二極化・分断化を回避する、双方の橋渡しをする力を日本には発揮してほしいという強い願いなのだと思う。

そのためにも、私たち日本人一人ひとりが、世界の日の当たる部分だけではなく、日の当たらない部分も含め、バランス良くアンテナを張り、交流し、手を差し伸べていくことが肝要だ。

護れ、日本と日本の美しき花鳥風月

日本にずっと住んでいると、当たり前に思えるかもしれないが、四季折々の美しい自然、花鳥風月は世界でも類を見ない。

私の故郷、京都府長岡京市は大阪府との境目にある。

美しい西山のふもとにあり、平安京の前に10年間（７８４～７９４年）だけ都だった、人口約８万の市だ。

長岡天満宮など、緑や花々が美しい。

外務省に入り、20代で砂漠の国エジプトで長く語学研修を受けて帰国したとき、目にした日本の自然の美しさ、秩序のある日本の街並みに圧倒されたのをいまでも鮮烈に覚えている。

その後も、中東の荒々しい土地や、果てしない砂漠を見るたびに、日本の自然の美しさがいかに尊く、貴重であるかを身にしみて実感する。

絶対に、失ってはいけない大切な国土であり、祖国であると。

この本は、日常の些事から世界情勢まで、世界から見た種々の日本人への違和感（弱点）を挙げ連ねているが、それは祖国日本を愛するあまりの私の過度の愛情表現にほかならない。

末筆ながら、本書の執筆にあたり、安全保障関連の本、雑誌、新聞等を幾つか参考にしました。さまざまな観点や視点からのアプローチが必要と判断したからです。ご協力に心より感謝申し上げます。

令和6年5月吉日

中川浩一

中川浩一（なかがわ・こういち）

1969（昭和44）年、京都府生まれ。慶應義塾大学卒業後、1994（平成6）年外務省入省。1995～1998年、エジプトでアラビア語研修。1998～2001年、在イスラエル日本国大使館、対パレスチナ日本政府代表事務所（ガザ）勤務、アラファトPLO議長の通訳を務める。2004～2008年、外務省中東第二課イラク班長、2001～2008年、アラビア語の天皇陛下、総理大臣通訳官。2008～2011年、在アメリカ合衆国日本大使館勤務（オバマ政権の中東政策をフォロー）、2012～2015年、在エジプト日本大使館勤務（「アラブの春」後の中東情勢をフォロー）。大臣官房報道課首席事務官、地球規模課題分野別交渉官などを経て2020年7月、外務省退職。現在、日本国際問題研究所客員研究員、ビジネスコンサルタント。著書に『総理通訳の外国語勉強法』（2020年1月、講談社現代新書）、『プーチンの戦争』（2023年6月、幻冬舎）、『ガザ』（2023年12月、幻冬舎新書）がある。

世界は見ている、
ここが日本の弱点

発行日　2024年5月30日　初版第1刷発行

著　　者　中川浩一

発 行 所　株式会社育鵬社
〒105-0022
東京都港区海岸1-2-20 汐留ビルディング
電話 03-5843-8395（編集）
http://www.ikuhosha.co.jp/
株式会社扶桑社
〒105-8070
東京都港区海岸1-2-20 汐留ビルディング
電話 03-5843-8143（メールセンター）

発　　売　株式会社扶桑社
〒105-8070
東京都港区海岸1-2-20 汐留ビルディング
（電話番号は同上）

編集協力　落合篤子・坂口香津美（株式会社スーパーサウルス）

装　　丁　新 昭彦（ツーフィッシュ）

ＤＴＰ制作　株式会社ビュロー平林

印刷・製本　サンケイ総合印刷株式会社

Printed in Japan ISBN 978-4-594-09671-7

本書のご感想を育鵬社宛にお手紙、Eメールでお寄せください。
Eメールアドレス　info@ikuhosha.co.jp